READING MAPS

新版

読図の基本がわかる本

水野隆信

紙地図+コンパスから
デジタル機器による読図まで
基礎をマスター!

Chapter 1 地図を知る

Chapter 2 読図のための必須知識

Chapter 3

コンパスワークの基礎

Chapter 4

山歩きでの実践テクニック

Chapter 5

さまざまなアウトドア用地図

Chapter 6 地図の便利な使い方

Chapter 7 地図を持って出かけよう

READING MAPS

Chapter1

地図を知る

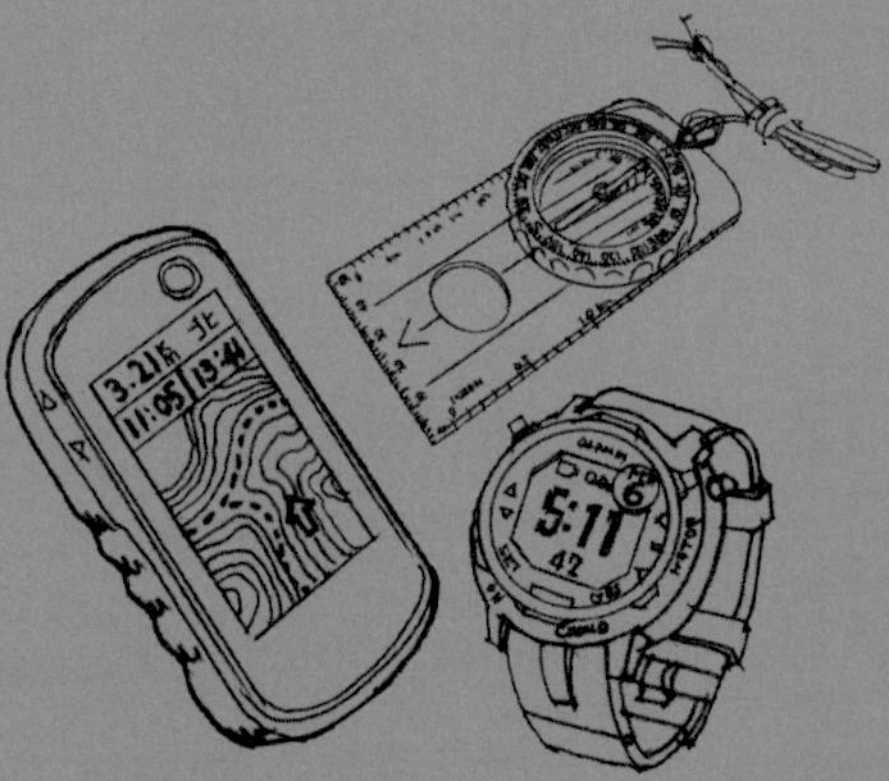

地図のおおもとは地球儀

地図投影法から地図の限界を知る

丸い地球の形状をそのまま再現したものが地球儀である。地球儀は、地球上の距離、方向、面積を正確に表すことができるのが特徴だ。そして、この地球儀を平面にしたものを地図と呼んでいる。

丸い地球を平面の地図にするためには、さまざまな投影の方法がある。しかし球体を平面図に写しとるための完全な方法はなく、それぞれに長所と短所が出てくる。したがって、地図の大きさ、縮尺、使用目的から考えて、距離、面積、方位のどれに重点を置くかを決めて投影法を選択することになる。

一般的な地図は、写真用の大きなフィルムで平面をつくり、その上に地表面をのせ、真上から平行線を当て、地形の影をフィルムの平面に写し込む。これは「正射影」と呼ばれ、地表の物の影が地図上に示される。ただし、この方法は狭い範囲なら問題ないが、地球全体や日本全土のような広い面積をカバーしようとする場合、地球の丸さがひずみというかたちで出てしまう。

現在、世界中で使われている地図は大きく分けて次の3つの基本投影法が使われている。

❶方位図法（平面図法）、❷円筒図法（メルカトル図法）、❸円錐図法

これらは、地球儀にどのような面を当てるかによる、いわば図解的な区分といえる（左ページの図参照）。

この3つを基本として、さまざまな投影法がアレンジされている。使う地図がどんな投影法を使って、どの程度のひずみがあるのかを知っておくことが大切だ。

地球はどれほど丸いのか？

地球は丸い。しかし、どのくらい丸いかは、あまり実感できない。地球の半径は約6400km。正確には赤道の部分で測定する赤道半径が6378kmで、北極と南極を結ぶ中心線上で測定する極半径が6357km。赤道半径のほうが21kmほど長い。つまり地球は完全な球体ではなく、300分の1ほどの割合で扁平になっているのだ。その理由は、地球が自転しているせいだと考えられている

グローブボール（マップハウス）

地図投影法の種類

❶ 方位図法（平面図法）

地表のかたちを平面のスクリーンに投影した図法。中心（接点）からの方位角が正確に表記されており、全体のかたちは円形になる。ただし、中心から離れるにつれてひずみが大きくなる

❷ 円筒図法（メルカトル図法）

地球に円筒形のスクリーンを巻きつけ、地球のかたちを投影したあと、開いて平面にする。緯線を水平線、経線を垂直線で描くことができる。ただし、北極・南極のかたちは大きくひずむ

❸ 円錐図法

円錐形のスクリーンを地球にかぶせる。扇形で、経線は頂点から放射状の直線で示され、緯線は同心円弧。面積や角度のひずみは小さい。ただし、地球全体の2/3程度しか投影できない

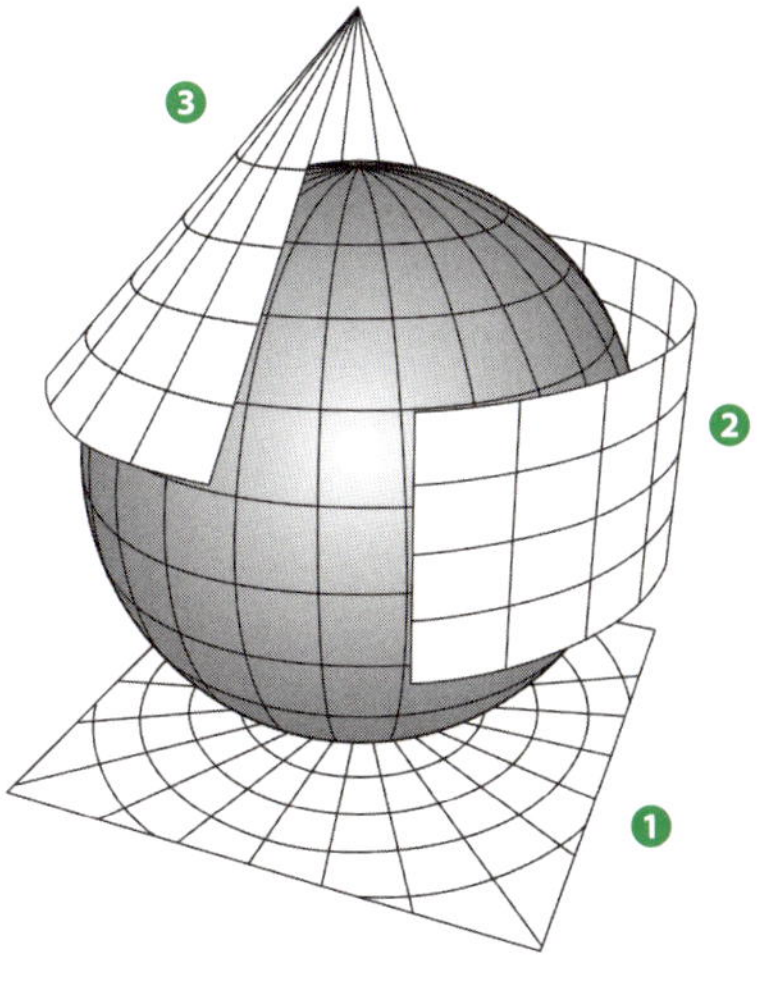

『地理情報データハンドブック』（一財）日本地図センターより作成

日本の地形図はユニバーサル横メルカトル図法

地形図は正確な長方形では表せない

日本の地形図は昭和40年頃からユニバーサル横メルカトル図法（UTM）という投影法が使われている。これは先ほど説明した円筒図法を応用したものだ。

通常のメルカトル図法では赤道で地球の表面に接すると仮定した円筒に投影するが、円筒と地球の接合面付近しか正確に面積が写せないため、中緯度にある日本では、ひずみが大きくなる。そこで円筒を横にし、北極と南極を結ぶ経線で接する円筒を想定し、投影している。

この方法なら、接している経線付近では極めて正確な地図をつくることができる。ただし、すべての地形図を一本の経線（中央経線）で投影すれば、中央経線から遠いところのひずみが大きくなるため、中央経線の両側3度の範囲、合計6度の幅だけを投影地帯として、地図を作成している。これを6度ずつずらしながら、日本全体を連続して投影したものが日本の地形図で、その地図の基準となっている中央経線をUTM座標と呼んでいる。

日本付近のUTM座標は、東が国後島西端で東経147度。西は与那国島で東経123度であり、その間6度きざみに座標がずれている。

この投影法では、緯度経度で図郭を定めているため、地図の形は上辺が短く、下辺が長い台形になる。東京付近の5万分の1の地形図では、上辺が下辺より約0・9㎜短い台形になる。つまり距離にすると45m短くなっている。

ユニバーサル横メルカトル図法の原理

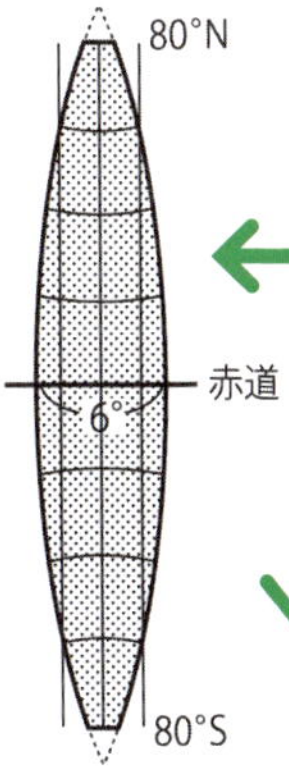

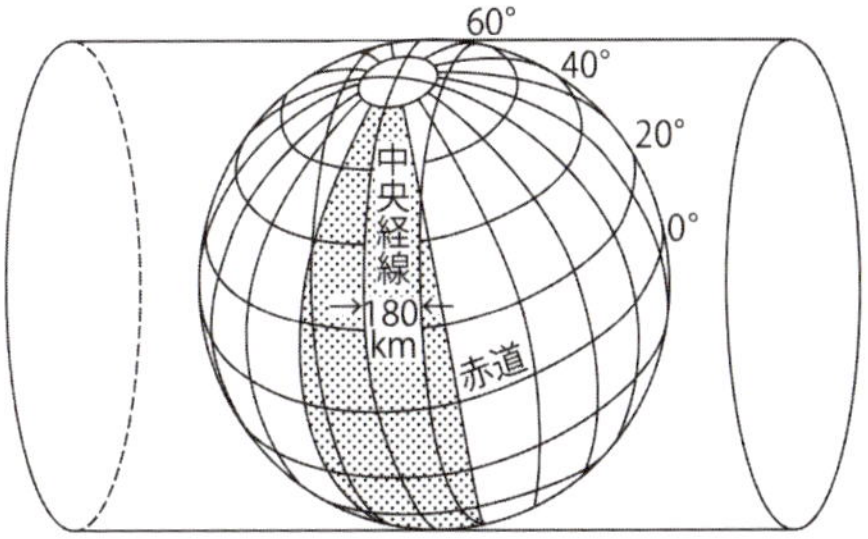

メルカトル図法も円筒に接した部分にはひずみはない。横メルカトル図法はその考えに基づき、中央子午線で円筒に接するように90度回転させて地球上の経度と一致させ、地図を作成する

中央子午線（中央経線）から離れれば離れるほどひずみが出るため、横メルカトル図法では、6度ずつずらしながら東西3度の幅で投影させていく

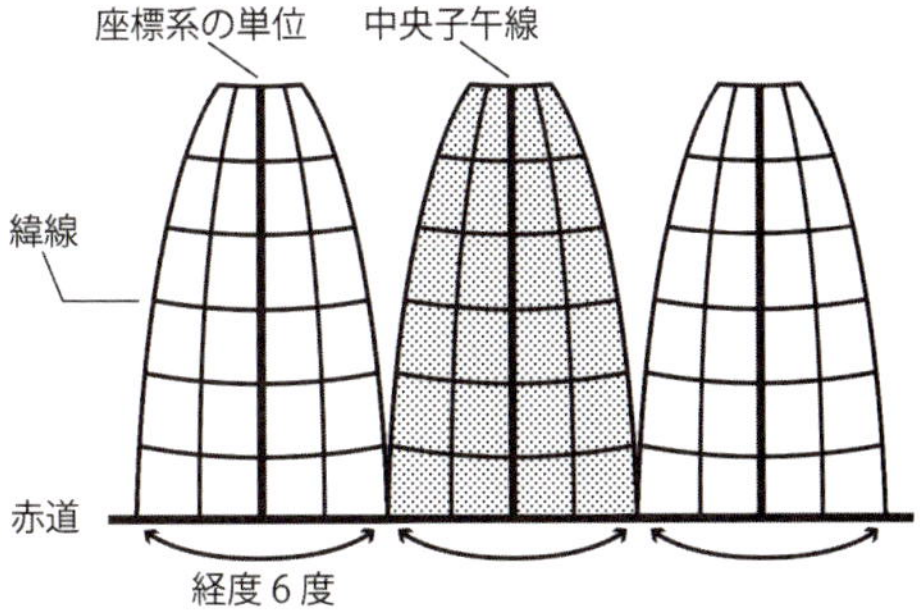

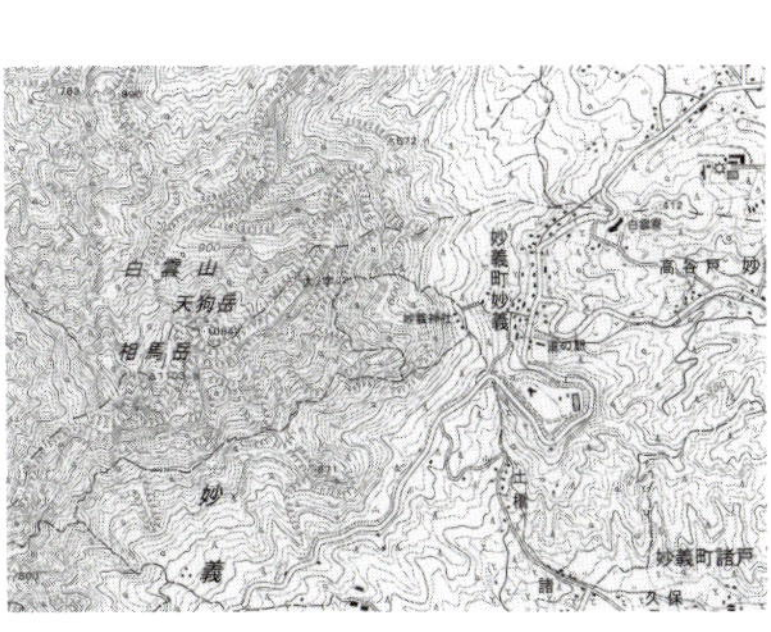

上図のように、6度ずつずらしながら日本全体を投影してできたものが日本の地形図だ

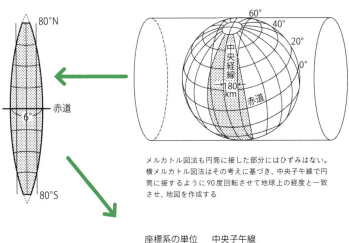

日本全土をカバーする一般図

国土地理院刊行の地図——❶

基本図を読みこなせ

国土全体を網羅する地図は一般図、または基本図と呼ばれ、さまざまな場面で文字どおり基本となる。日本は明治以降、国をあげて正確な測量をして、全国的な統一の基準で地図をつくりあげている。

日本の地図を総括する国土地理院では、2万枚以上の地図を発行している。そのなかで、日本全国をカバーしているのが、20万分の1地勢図と5万分の1、2万5千分の1の地形図だ。

5万分の1の地形図の場合、日本全土で1291枚（正確には面という）発行しており、2万5千分の1になると、なんと4419枚を発行している。仮に2万5千分の1すべての地図を張り合わすなら、日本本土だけでも約70m四方のスペースが必要になる。南西諸島や沖ノ鳥島なども正確な位置に置けば、130m四方のスペースが必要になってしまう。

現在、さまざまな会社が独自に発行している地図のもとがこの基本図で、全国の統一基準によって平面位置や高さが正確に測定されている。とくに地形図は国土の利用、保全のうえでも重要な意味をもつ。つまり、地形図さえあれば、日本全土の様子が見えてくるのだ。

国土地理院刊行のおもな地形図
（使用目的による分類）

一般図（基本図）
多目的使用を前提に、ある地域の地形、水系、集落、交通、土地利用などの様子を、特定の内容に偏ることなく表現した地図。代表的なのは、国土基本図、地形図、地勢図、地方図、国際図など

主題図
海図、地質図、湖沼図、土地利用図、地籍図、人口分布図、交通図などのように、ある特定の主題を選んで、とくにその主題がわかるように作成したもの。一般図と比べてその種類はきわめて多い

特殊図
一般図、主題図のいずれにも分類しづらい地図である。たとえば、盲人用地図、写真地図、立体地図、鳥瞰図などがある

国土地理院刊行の一般図の縮尺を比較（三崎）

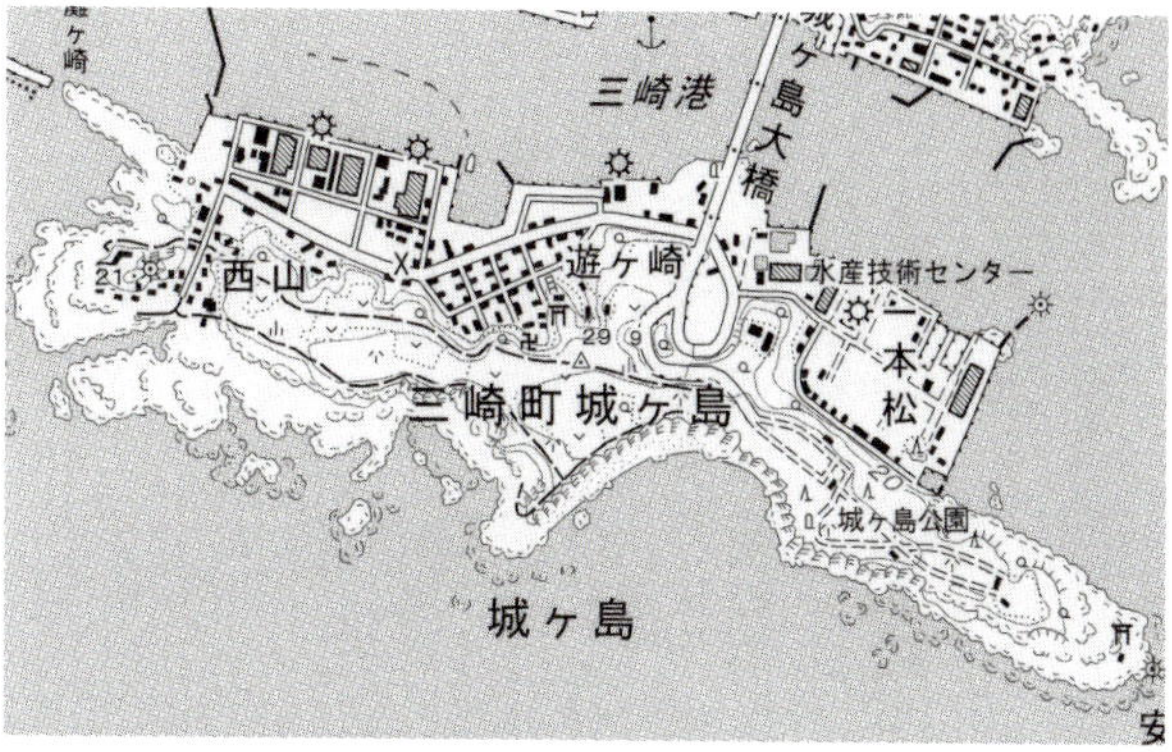

2万5千分の1の地形図

平成27年2月1日現在、4419枚の地図が発行されている。この地図さえ手に入れればその地の様子がほとんどわかる。アウトドア派にとっては必須、まさに基本図だ

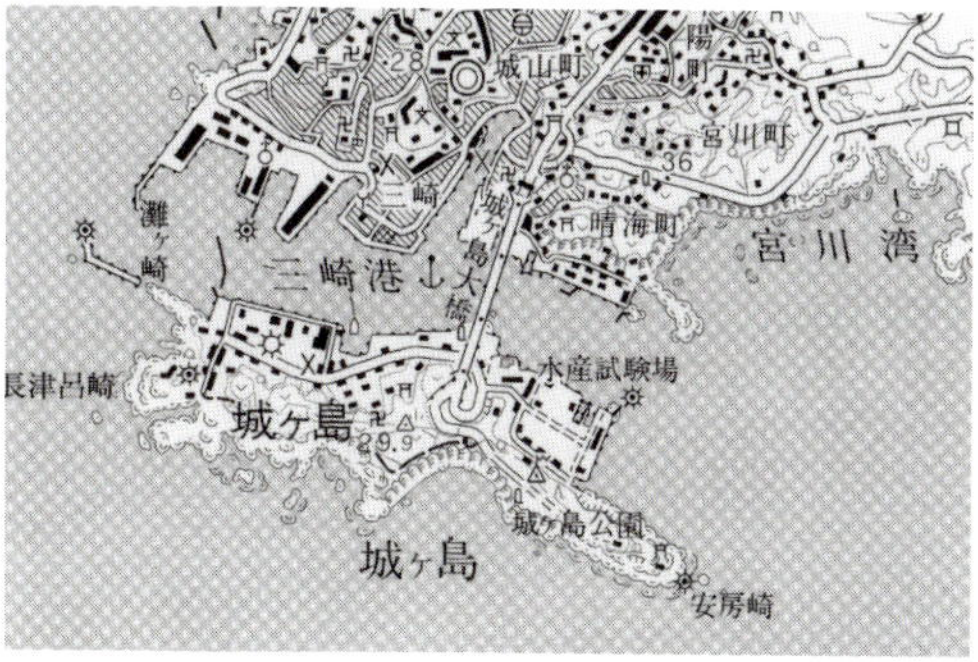

5万分の1の地形図

2万5千分の1の地形図をもとにつくられており、平成21年5月1日現在、1291枚を発行している。登山はもちろん、林道サイクリング、ツーリングにも重宝する

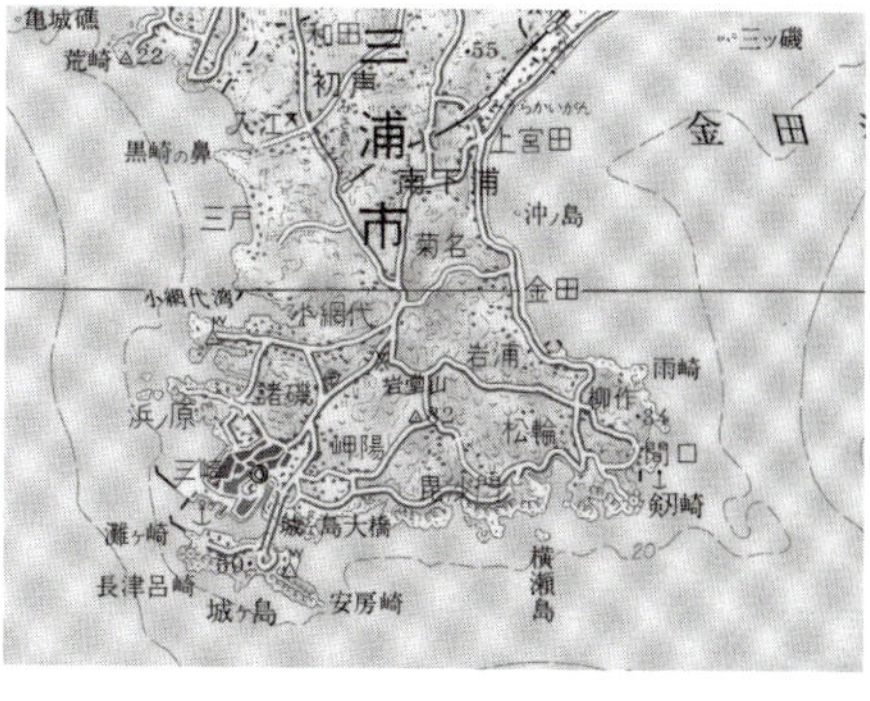

20万分の1地勢図

全国で130枚発行されている6色刷りの地図。道路に関する情報がきわめて正確で客観的なため、長距離ツーリングやドライブにも最適だ

国土地理院刊行の地図 ❷

特定のテーマに絞られた主題図

地図から人と自然の営みが見える

一般図である地形図には地形、道路、集落、地名、さらに行政界など、多くの情報が盛り込まれている。これに対し、特定のテーマに絞って描かれている地図を主題地図（主題図）と呼んで区別している。

たとえば、交通網のみを示した交通図や人口分布図、観光地で発行される観光地図などもこの主題図にあたり、国土地理院だけでなく、各行政機関や団体がさまざまなテーマで作成している。

国が発行している主題図では、商業地や農業など土地利用の実際の状態を示した土地利用図や土地の高低や地形分類を示した土地条件図のような人間の営みを表現するものと、沿岸海域地形図や火山基本図のような自然の様子についてテーマを絞り、データ化したものがある。

これらは、今後の開発計画や災害防止に役立たせるためにつくられている。たとえば、土地利用図を見てみると、土地利用の状況を現地調査および空中写真や資料などで分類し、色分け表示している。地図を通して林の植生の分布を調べるだけで、そこが自然林なのか、人工林なのかがわかるため、地形図だけでは見えにくい部分もイメージすることができる。地形図だけでは情報が足りないと感じたときには併用すると効果的だろう。

ただし、主題図は人の営みをテーマにしているため、経年変化が大きい。国土地理院の発行一覧などから、地図の最新情報を確認しておこう。

国土地理院刊行のおもな主題図

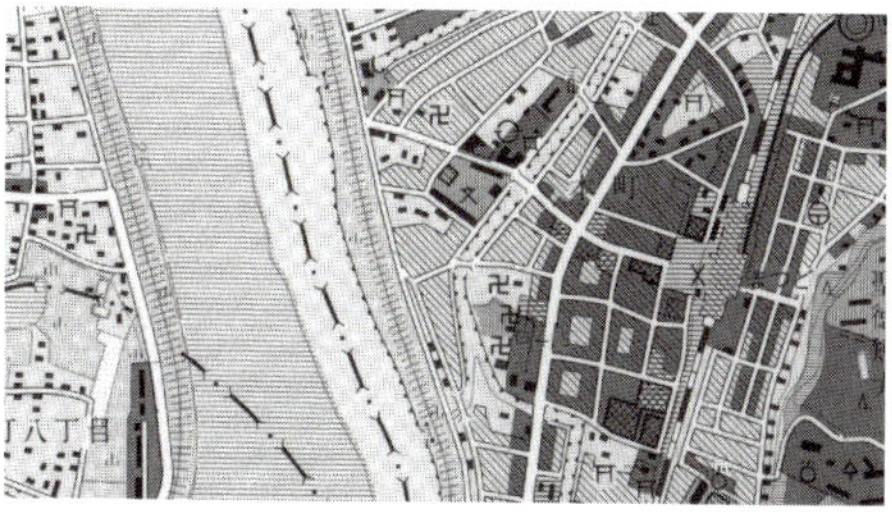

2万5千分の1土地利用図

都市の商業、工業などの機能区分、農地の利用区分、林地の植生区分など、計34区分が表示されている。国土利用の実態がよくわかる

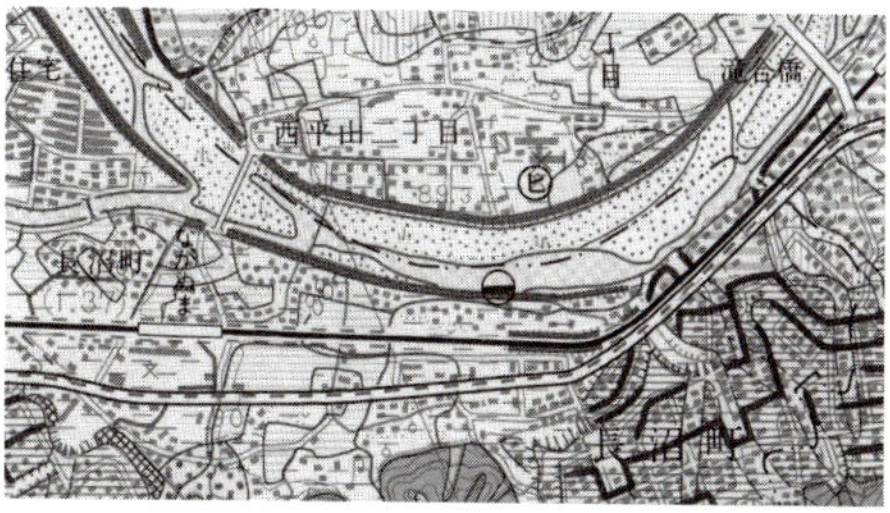

2万5千分の1土地条件図

全国の主要な平野とその周辺について、土地の微細な高低や表層地質によって区分した地形分類が示されている。防災や地理研究に活用される

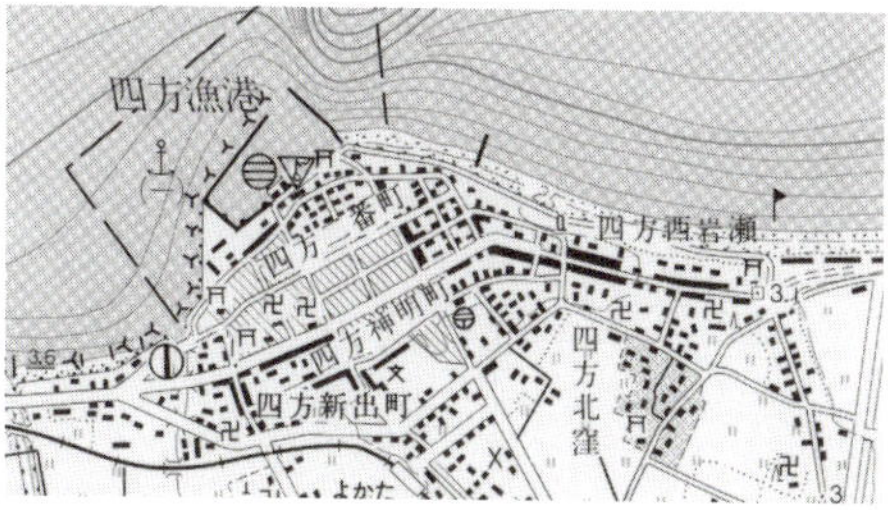

2万5千分の1沿岸海域地形図

主要な海湾、内海を対象に海域の状況を表示している。等深線、底質、透明度などの自然要素と海底の構造物、規制海域等の情報があり、マリンスポーツに利用可能

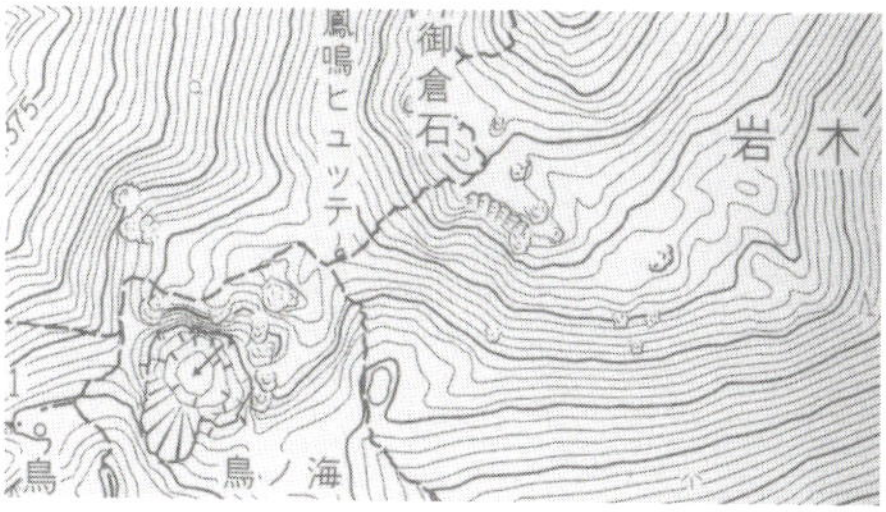

1万分の1火山基本図

日本の火山のうち、現在活動中のものや将来活動が予測されるものを対象にしている。詳細な地形や温度分布を表すものを特別に火山基本図と呼んでいる

アウトドアで使う地図とは?

国土地理院刊行の地図——❸

基本は地形図、特定のテーマには専門地図を

アウトドアでスポーツやキャンプをしたり、自然のなかを歩こうと思ったら、どんな地図が必要だろうか。

山に行くときに役立つ地図は、どこまで車が入り、水場がどこにあり、どのくらいの時間がかかるかなどのデータが入った登山用地図だ。また、同じ登山でも写真撮影が目的なら、どんな花がいつの時期に咲いているのか、ある程度わかる地図が欲しい。もちろん、データがありすぎても旅の楽しさはなくなるが、必要な情報が正確に入った地図がいちばん役に立つことは間違いない。

現在アウトドアで活躍する地図は、基本図としては国土地理院刊行の地形図。主題図には、国土地理院の地図、各社から発売されている登山用地図やロードマップなどがある。目的に応じて選ぶことができるし、少し専門的になれば、沢登りには遡行図、カヤッカーには川地図という専門地図まで発行されている。

また、10月に富士山に登りたいとする。天候は?気温は?　バスは動いているのか?　山小屋は営業しているのか?　自分の技術や体力で大丈夫だろうか?　など、あれこれ気になることが出てくる。その場合、まずは地形図を手に入れることだ。そして、地形図から登山口を選び、登山口のある市町村の観光課に連絡し、そこで情報または情報をもっている人の話を聞く。そうすることで、徹底的に情報を集めることができるはず。つまり、地図にはどこで情報を集めたらよいかのヒントも書き込まれているのだ。

アウトドアで使うさまざまな地図

アウトドア用に発行されている地図はさまざま。基本図である地形図（前列中央）以外は、どれも地図をベースにしながら、それぞれのアクティビティーの内容に特化し、より必要性の高い情報が盛り込まれたものが多い。目的に応じて使いやすい地図を選ぶようにしよう

『関東周辺の山ベストコース100』（山と溪谷社）、『アルパインクライミングルートガイド』（山と溪谷社）、『山と高原地図 槍ヶ岳・穂高岳 上高地 2024』（昭文社）、1/25000地形図『穂高岳』（国土地理院）

国土地理院刊行の地図を手に入れるには？

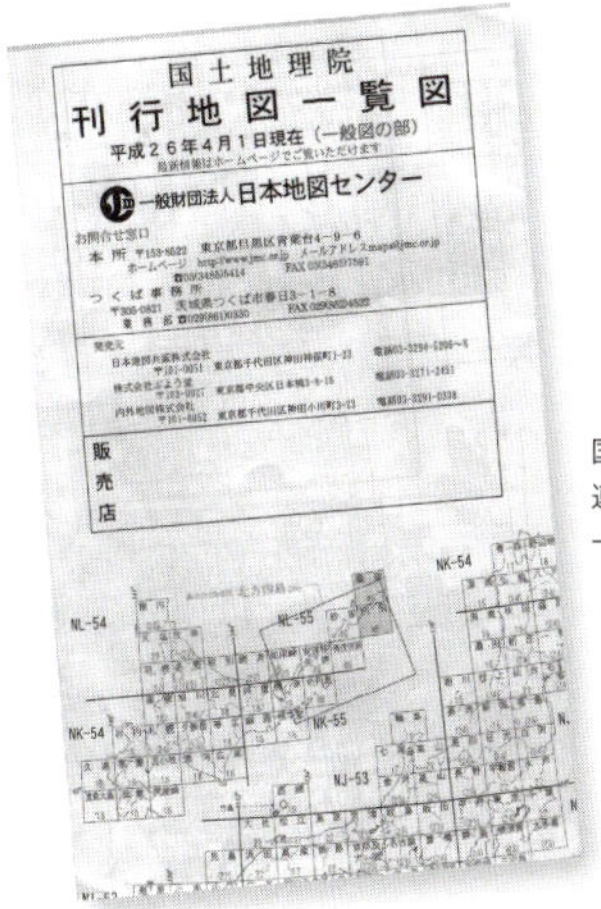

まず、地形図を販売している書店で、国土地理院発行「地図一覧図」（写真左）を見せてもらい、図郭線の経緯度や地図の名前から判断して、これはと思う地図を出してもらい、必要なエリアが含まれている地形図を見つける方法が一般的だ。また、近くの書店で希望する地形図を扱っていない場合は、（一財）日本地図センターの通信販売を利用するのが便利だ。ハガキ、FAX、またはインターネットからも注文ができる

国土地理院発行のすべての地図と関連書籍の通信販売をしている。「地図一覧図」は送料無料で送ってくれる

一般財団法人
日本地図センター

東京都目黒区青葉台4-9-6
http://www.jmc.or.jp
Tel.03-3485-5411
Fax.03-3465-7689

一枚の地形図ができるまで

地形図は、具体的にはどのようにつくられているのだろうか。地形や人工物といったデータを一枚の平面に落とし込むのは大変な苦労だ。

地形図の作成はすべて国土地理院の主管で行われ、その基本図は空中写真からつくられる。航空機に測量用写真機をつけ、約6000mの高さから地表を撮影する。航空機は雲のない穏やかな天気の日に、水平直線飛行し、目標の地域を60%程度重複させて撮影する。この重複で写真を組み合わせ、ステレオ写真として立体画像をつくり、地形を等高線として記号化する。

一方で写真には写らない境界や道路、地名や人工物は、国土地理院の測量官が直接現地に行って確認し、空中写真に組み入れる。

新しく地図をつくるには、現地調査の結果を記入した空中写真をもとに、双眼鏡のような図化機で写真を実体視しながら、描かれていくのだ。最近は、機械やコンピューターがかなり導入されるようになったが、それでも地図化する重要な部分は、手作業で行われており、一枚の地図をつくるのに、図化するだけでも1ヶ月以上もかかる大変な仕事だ。

地形図の作成工程

❶ 基準点の測量

まず三角測量、水準測量、重力測量などから三角点、水準点などの基準となる点を決める

❷ 空中写真撮影

飛行機に据え付けられたカメラで高度約6000mから地上を撮影する

❸ 現地調査

測量官が写真には写らない地名や境界、登山道を現地で直接確認する。山岳地での調査は15年に1度をめどに行う

❹ 図化、数値化

空中写真と現地調査の結果をコンピューターを使ってハンドル操作によって描く。山岳地では一枚の地図で1ヶ月以上もかかる作業だ

❺ 印刷

作成された原図は写真処理を経て、オフセット印刷。種類が多いため管理が大変

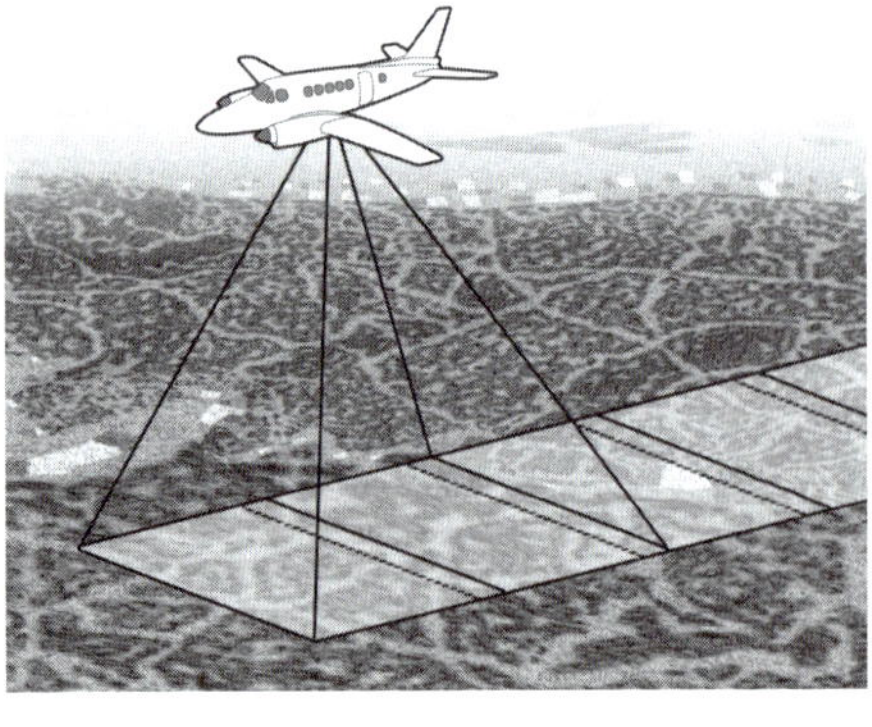

空中写真撮影の概念図。2万5千分の1地形図のもとになる約4万分の1の空中写真の撮影では、飛行高度は約6000m、撮影方向は東西方向である

READING MAPS

Chapter2

読図のための必須知識

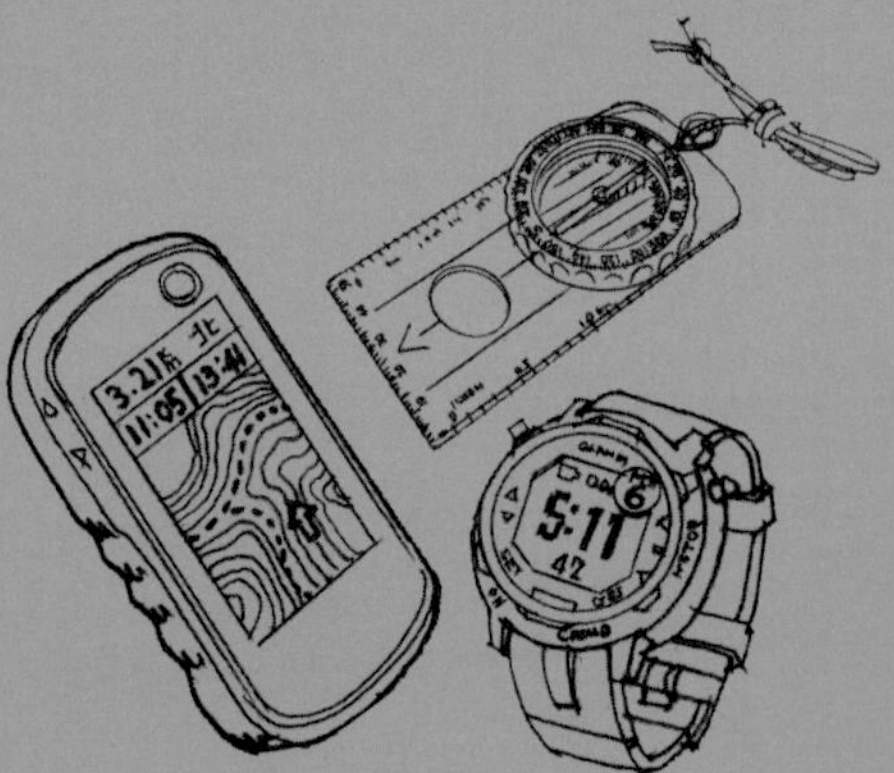

国土地理院の地図

地形図を使いこなす

より高精度な2万5千分の1

国土地理院発行の地図にはさまざまな縮尺のものがある。そのなかで、登山に利用されるものは、先ほどの登山用地図と同じ「5万分の1」もしくは「2万5千分の1」の一般図で、これらは地形図と呼ばれる。

地図は縮尺が大きいほど現場の状況をより細かく表すことができる反面、その分だけ枚数が多くなる。ちなみに5万分の1の地図は2万5千分の1の地図4枚分に相当する。したがって、5万分の1、2万5千分の1どちらの縮尺の地形図を選ぶのがよいかは、基本的に自分が行くルートの山域の状況による。たとえば、歩くのが難しいルートや冬山など現在地の確認をより明確に行う必要がある場合などは、精度の高い2万5千分の1の地形図がとても大切になる。もちろん、携行性を優先するのであれば5万分の1の地形図が有利。

ところで、地形図はもともと登山用につくられた地図ではない。実際の地図を見ればわかるように、等高線などの各種の線や地図記号、代表的な山や川の名前など、客観的な必要最小限の情報しか掲載されていない（しかも、地図は表面のみで裏は白紙）。ここが登山用地図との大きな違いだ。

しかも、実際の現場ではコンパスと高度計を併用し、常により正確な現在地、方角を把握することが求められる。登山用地図では文字情報が邪魔してコンパスが当てづらいうえに、そもそも5万分の1の縮尺ではずれも生じやすい。登山において、より精度の高い2万5千分の1の地形図が多用される理由はそこだ。

20万分の1地勢図の区割り
（中部地方）

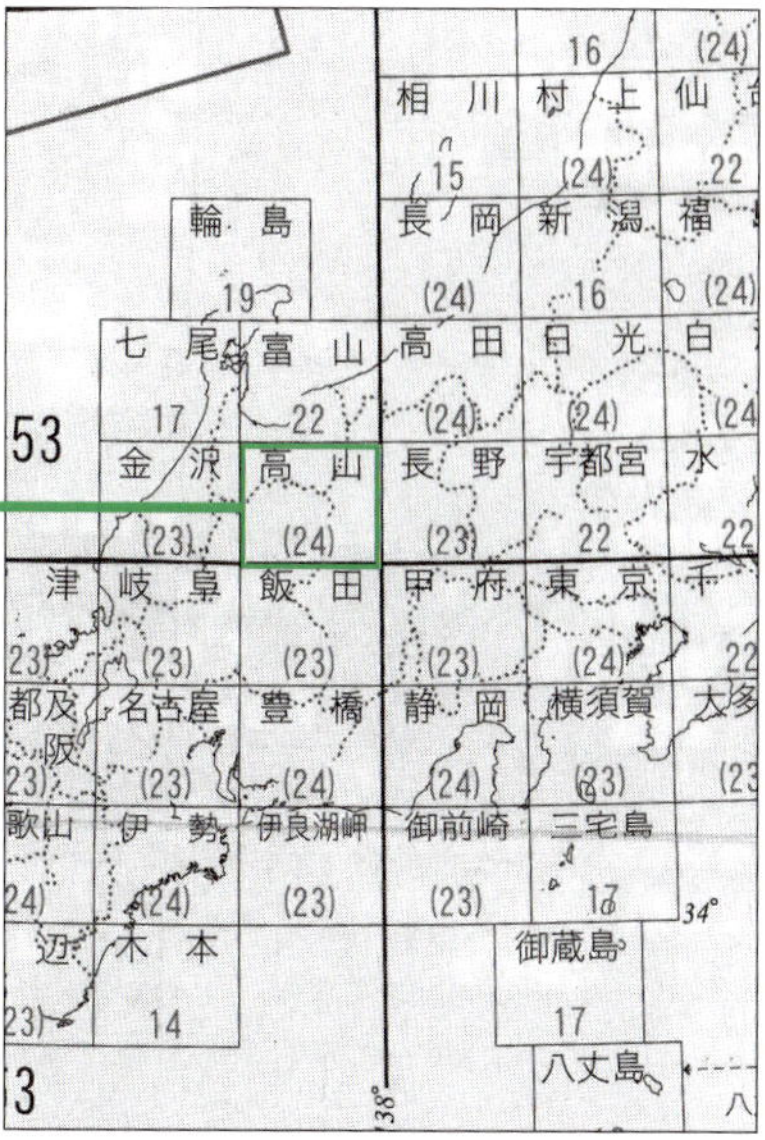

国土地理院発行の日本地図には縮尺ごとに区割りがされている。（一財）日本地図センター『国土地理院 刊行地図一覧図』より

5万分の1地形図の区割り（高山）

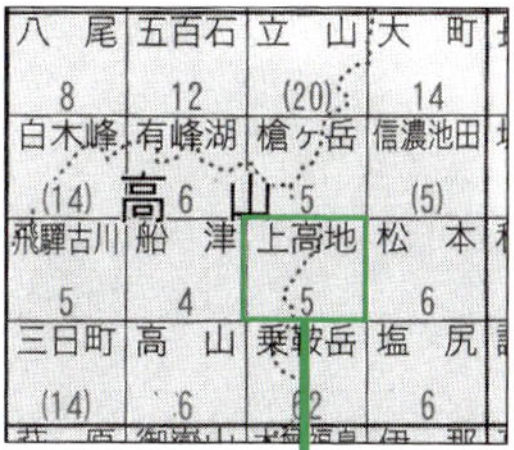

2万5千分の1
地形図の区割り（上高地）

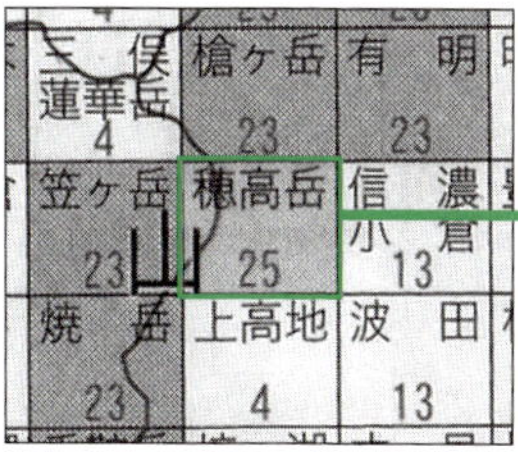

2万5千分の1地形図「穂高岳」

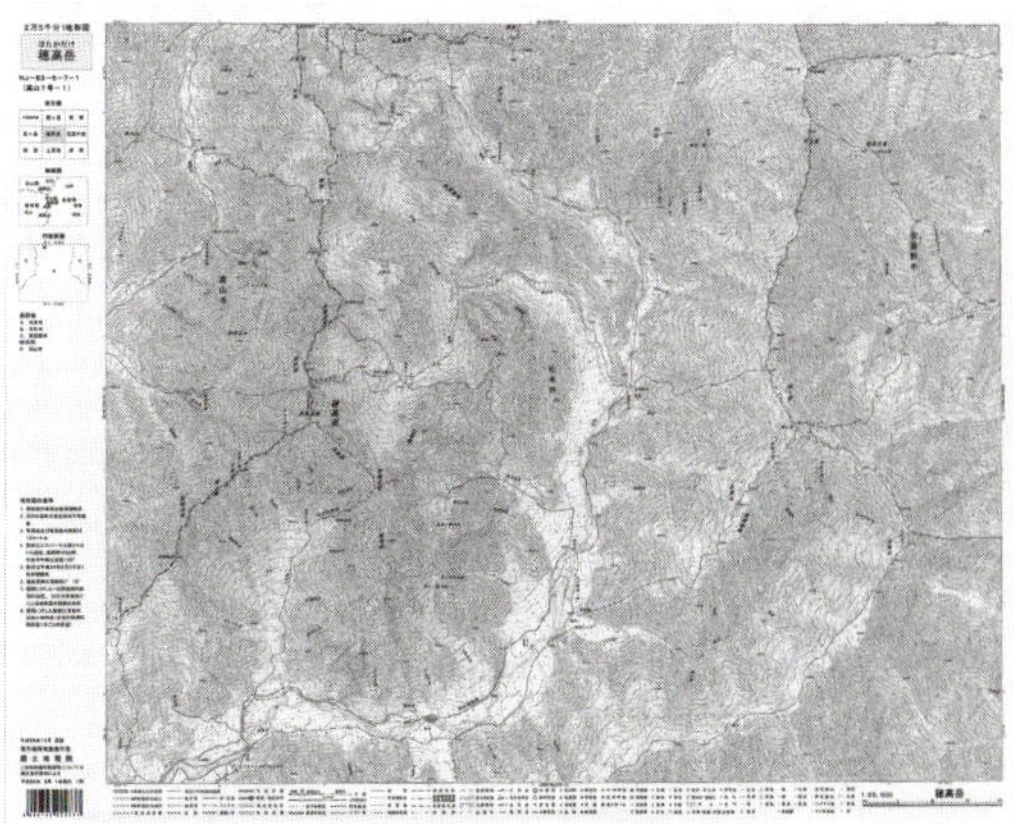

まずは『国土地理院 刊行地図一覧図』の20万分の1地勢図の区割り、5万分の1地形図の区割りとおおまかな場所を絞り込んでいく。最後に2万5千分の1の区割りから、目的の場所をカバーする2万5千分の1地形図を選ぶ。ちなみに、2万5千分の1地形図の1枚は、縦サイズが緯度差5分（距離にして約9250m）、横サイズが経度差7分30秒（距離にして1万1500m）、広さ約10km四方の区域を表している

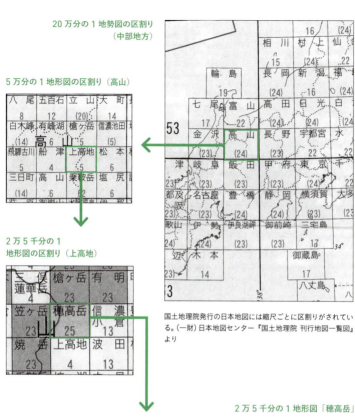

2万5千分の1地形図の読み方

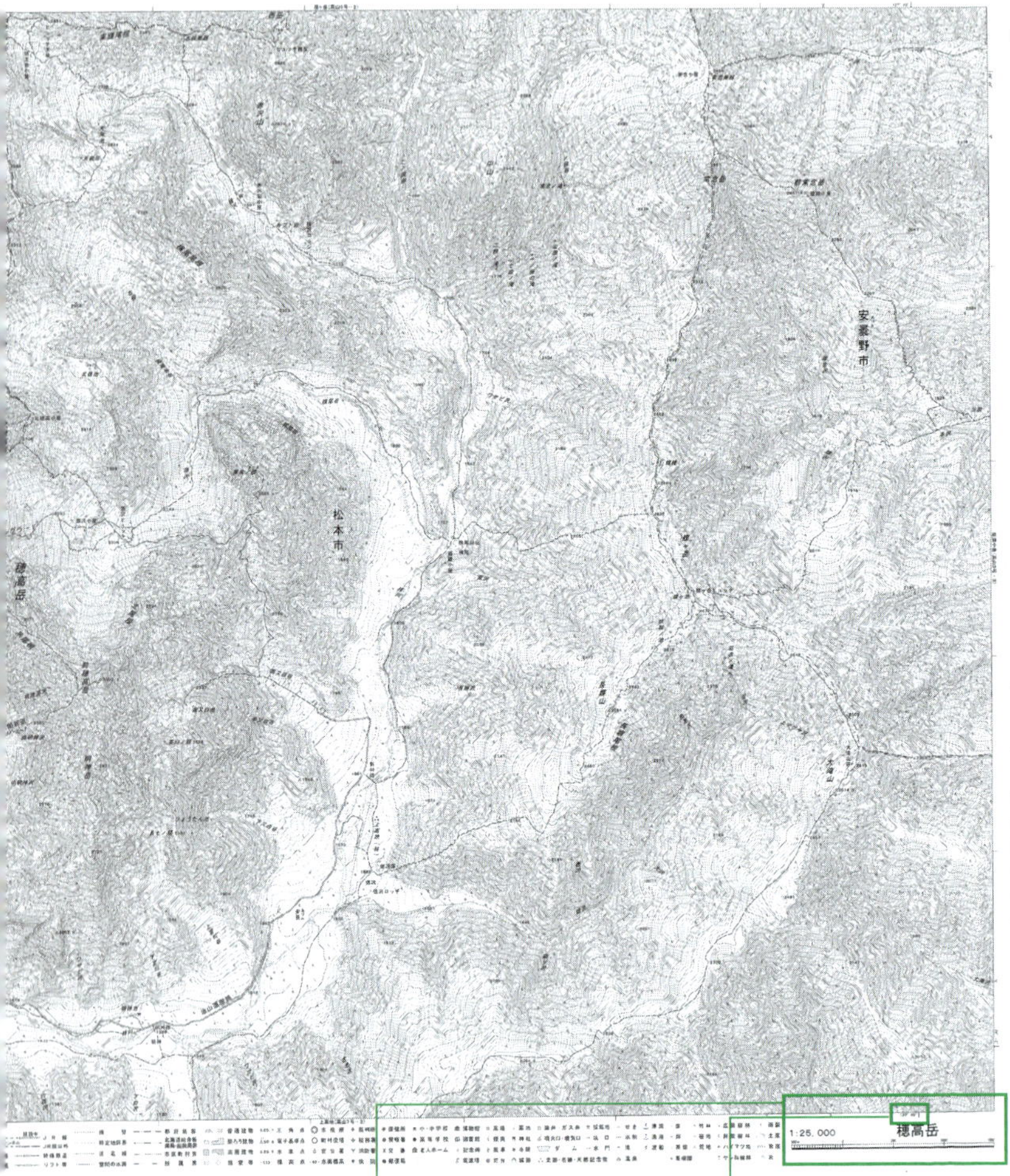

縮尺と地図名

2万5千分の1地形図では「1:25,000」という数字とスケールがつく。縮小、拡大コピーする際、このスケールとともにコピーすると地図の縮尺度がわかる

経度表示

平成14年4月以降発行の地図には、横辺の外側に5mmほどの細い茶色線が通常1分間隔に表示されている。これはGPSを使う場合に便利。縦辺には緯度線も

地図名

それぞれの地形図につけられた名称。一般的には「図名」と呼ばれる。地図中のもっとも大きな居住地の名称が採用されることが多いが、それに該当するものがない場合には、山、湖、岬、島などの名称を図名にする。読みがなが書いてある

記号

この地形図の記号。下のカッコ内には、この地形図の区割りを表す20万分の1地勢図が記されている

索引図

この地形図を中央に配し、隣接している8枚の図名を一覧にして示している。これで周辺との位置関係がわかりやすい。ふたつの地図をまたいだ山やエリアを探すのにも便利だ

行政区画

地形図に表れた土地の行政区分の概要図。図中には都・府・県界、郡、市、町・村界、さらに海岸線や大きな湖沼の概形が示されている

隣接する地形図の名称

地図の4辺の外側中央に、隣接する地形図の図名が表示されている。隣が海になっていて接続する地形図がない場合は表示なし

地形図作成の際の基本情報

経緯度の基準、高さの基準、等高線の意味、図法、座標帯、中央子午線の経度など、この地形図の基準が記されているが、もっとも重要なのは6番目の磁気偏角の表示。コンパスワークの際には必ず確認しなければいけない基本事項である（詳細は次章にて）。この磁気偏角の数値は地図によって異なるので注意が必要だ

地図をつくった略歴

最初に測量した年、その後に全面的に測量し直した場合は改測年、部分的に修正した年、さらに空中写真、現地調査の実施年月などが掲載され、その項目や内容は地形図によって異なる。最下段には発行日が記されている

地図記号の凡例

地形図に採用される基本的な地図記号の一覧。最新のものには古い地形図にはなかった記号も更新されている。下辺、または左右辺の欄外に載っており、地図を見ながら確認できるのも便利だ

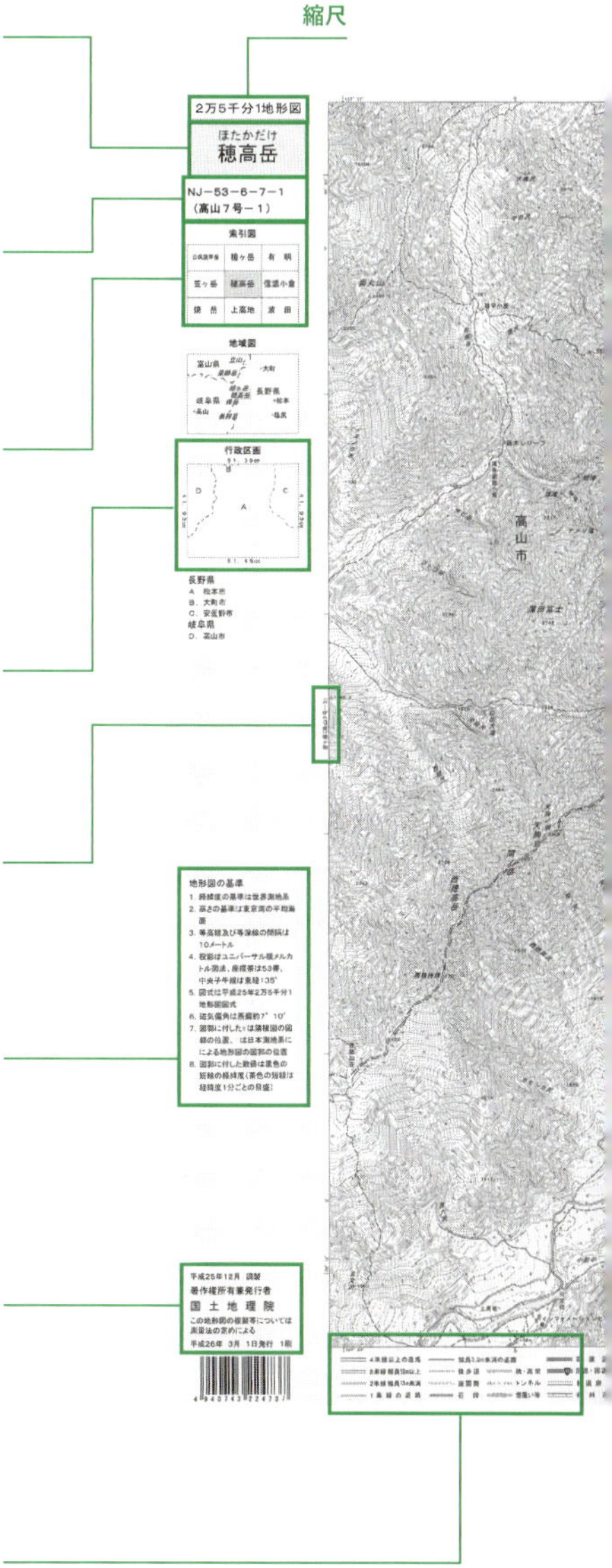

地形図のメリットとデメリット

国土地理院の地形図は、日本全国をカバーするため、地図の縮尺に応じた独自の区割りに基づいてつくられている（P．25参照）。日本列島を規則的なマス目状に区切り、それぞれを1枚の地形図に仕上げているのだ。しかし、繰り返すように、地形図というのは登山を目的としたものではないため、必ずしも登山に都合のよいような区割りがなされているとは限らない。

たとえば、八ヶ岳に行くとしよう。登山用地図であれば八ヶ岳を専門に扱った1枚の地図があるのでなんら問題はない。ところが、2万5千分の1地形図となるとこれが少々厄介だ。国土地理院の「刊行地図一覧図」の区割りから八ヶ岳付近の地図を絞り込んでいくと、八ヶ岳の主要ポイントである赤岳の稜線部分の地図が半分で切れてしまっている（左ページ）。通常、八ヶ岳をカバーするためには2万5千分の1地形図「八ヶ岳西部」と「八ヶ岳東部」の2枚が必要になる。

しかしながら、このように登山を目的としてつくられていない地形図が、実は登山でもっとも使いやすい地図である、ともいえる。

そもそも地図とは、現場の状況、現在地、目的の方角を確かめるものだが、それらは地図だけを見れば判断できるものではない。地図とさらに、高度計、コンパス、これら3つを兼ね備えないと、やはり正確で確実な情報は得られない。高度計、コンパスを併用した精密な地図読みに国土地理院の地形図が欠かせなくなる。理由については、のちほど解説していく。

地形図は登山用地図と違い、一般的な紙を使用しているため、防水性はなく、破れやすい。逆にメリットとしては、書き込みがしやすいこと。ボールペン、鉛筆、水性マーカー、なんでも書ける。地図に慣れてくると書き込むことも多くなる。たしかにまっさらな地形図1枚だけを現場に持っていっても何もわからない。必要な情報を書き込むことで、地図を自分のものにしていく。それが地形図を扱ううえでの大前提だ。

「八ヶ岳西部」
1/25000 地形図

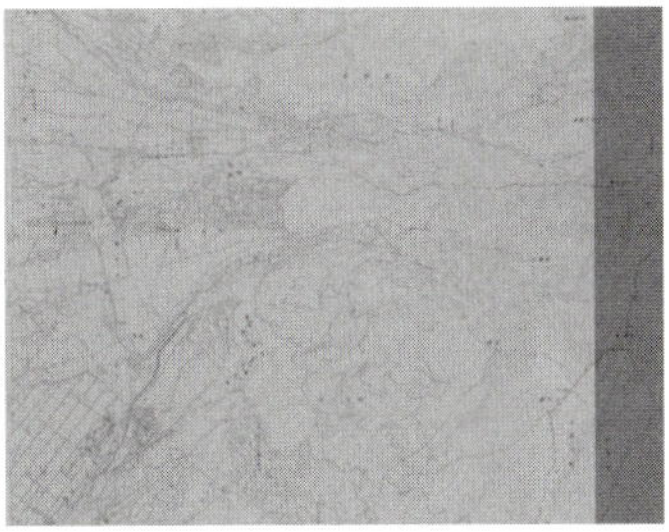

「八ヶ岳東部」
1/25000 地形図

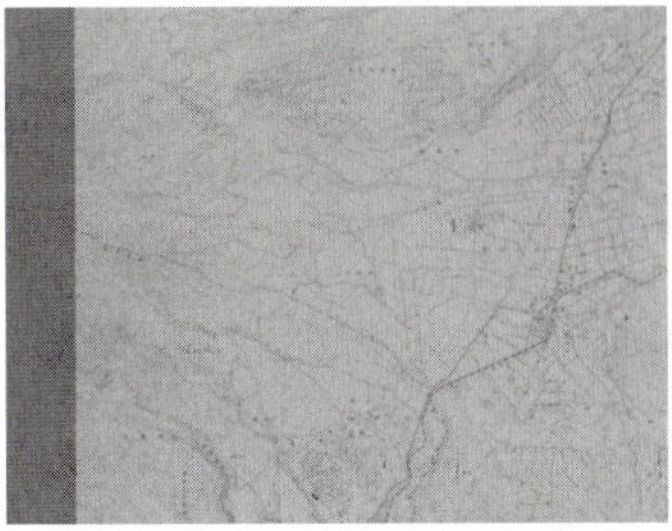

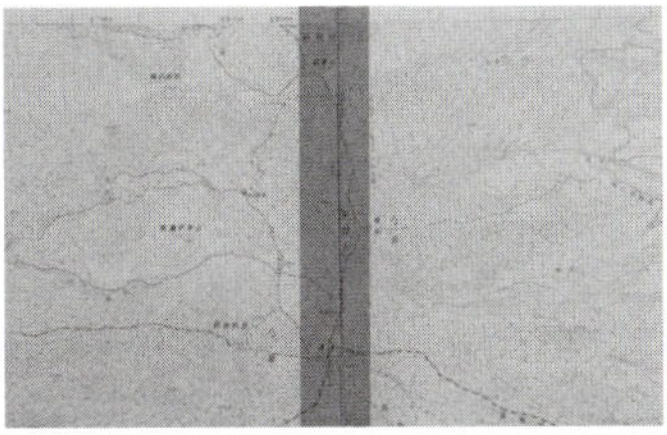

主要な稜線で地図が分かれてしまった例
【八ヶ岳・赤岳付近】

八ヶ岳の最高峰・標高2899m赤岳が、2万5千分の1地形図では南北の稜線に沿って左右に切れてしまう……。赤岳周辺を歩く際には、「八ヶ岳西部」「八ヶ岳東部」2枚の地形図を左右に並べて確認しなければならず、これは厄介だ

「南軽井沢」
1/25000 地形図

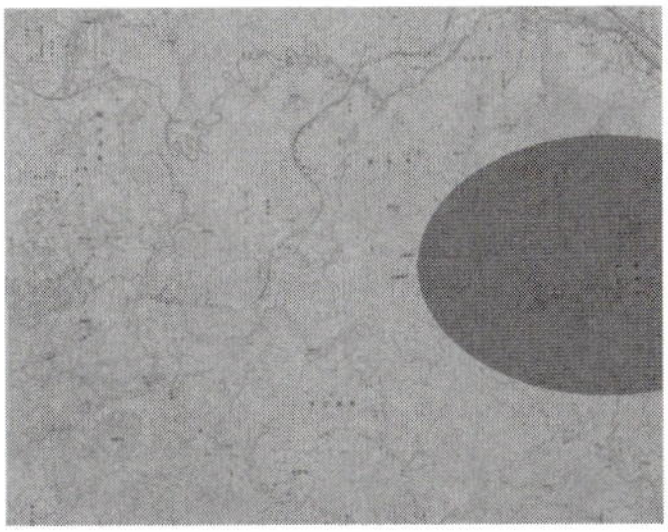

「松井田」
1/25000 地形図

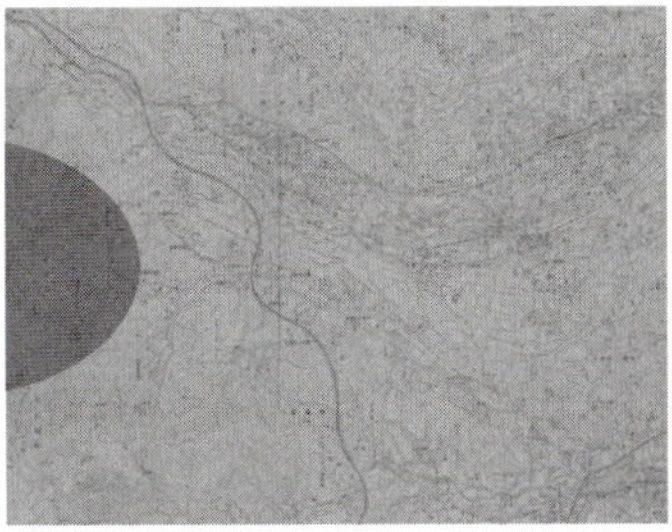

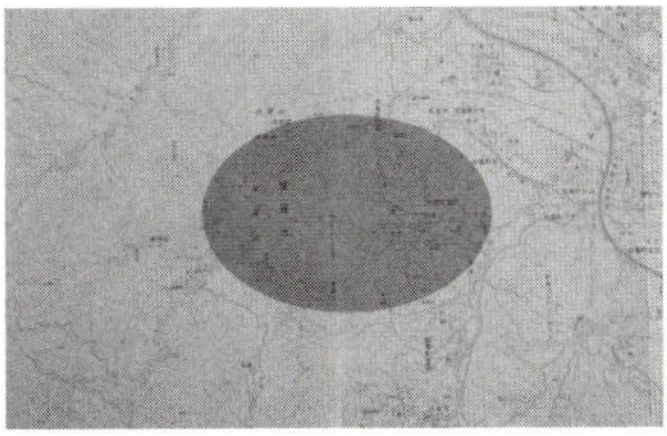

登山ルートを地図が横断してしまった例
【妙義山】

榛名山、赤城山と並ぶ上毛三山のひとつ妙義山。岩稜の険しい山並みには、数多くの難所を抱える縦走路がある。東西に走るルートを進んでいくと地形図は途切れてしまう。進行方向に合わせて「松井田」「南軽井沢」2枚の地形図を併用しなくてはならず、これはこれで面倒だ

地図の縮尺と実際の距離

1cmは250m、1kmは4cmと覚えよう！

縮尺が2万5千分の1の地形図では、地図上の1cmは実際の2万5千cm、つまり250mになる。そして実際の1kmは地図上の4cm。このふたつさえ覚えれば、距離の目安（傾斜を考慮しない場合）がわかる。ただし、登山道は直線でないためスケールを当てて長さを測るのは難しい。そんなときキルビメーターを利用すれば、地図上の距離を正確に割り出せる。

ところで、コースタイムが細かく書かれている登山用地図にも、距離は書かれていない。登山では距離よりも時間のほうが目安にしやすいからだ。ただし、地形図だけを使って行動計画を立てる場合は、距離がわかると行動時間もわかりやすくなる。

地図の縮尺と距離の早見表

縮尺	地図の 1cm の実際の距離	実際の 1km の地図上の長さ
1/10,000	100m	10cm
1/25,000	250m	4cm
1/50,000	500m	2cm
1/100,000	1km	1cm
1/200,000	2km	5mm
1/500,000	5km	2mm

縮尺の計算法

地図上の長さ×縮尺の分母＝実際の距離

実際の距離÷縮尺の分母＝地図上の長さ

距離の測り方

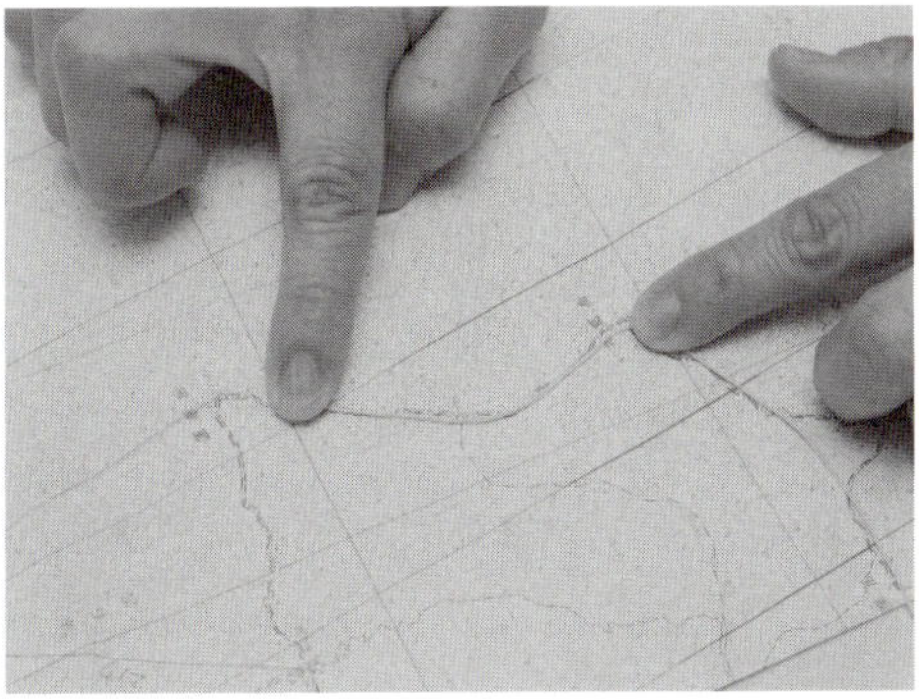

ひもを使う方法

登山道のように曲がりくねった線の距離を測るのに有効なのが糸やひもを使う方法だ。道の細かい曲線に沿って丁寧に糸をのせていくのがコツ。そのあと、まっすぐにして糸の長さを測る。丈夫で柔軟性のある凧糸が使いやすい。現場ではマーキングをしたコンパスのひもを利用するという手段もある

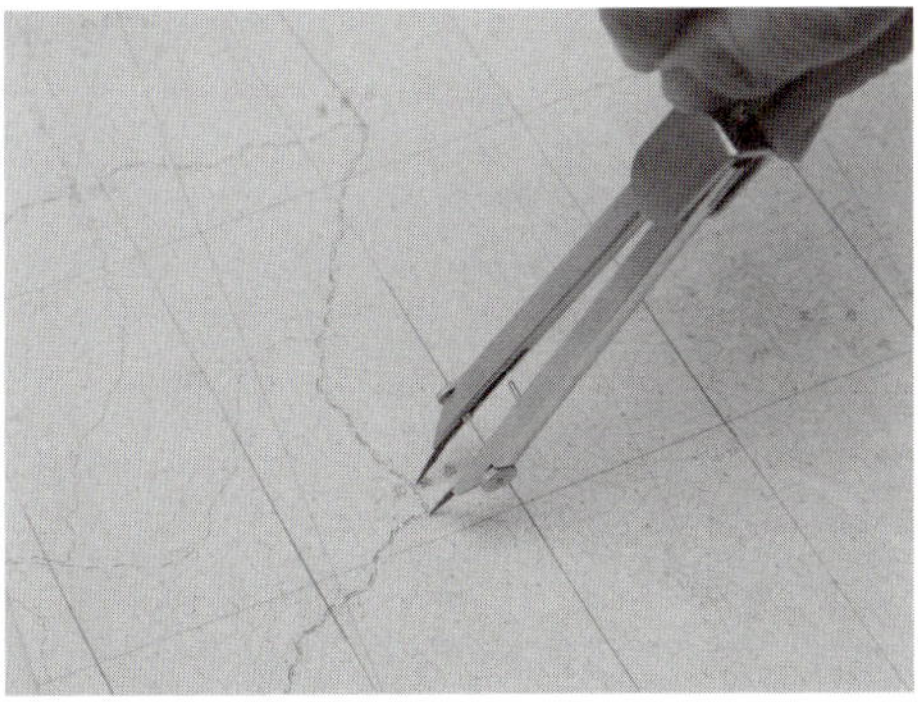

ディバイダーを使う方法

製図などで使われるディバイダーを利用する方法。両脚をスケールに当てて一定の幅に設定する。この場合、測ろうとする曲線のカーブの大小に応じて幅を決める。通常は5mmもしくは1cm。そのまま図上の曲線に沿って回しながら操作し、2点間を何回でとれるか測り、その合計から距離を求める

キルビメーターを使う方法

キルビメーターは地図上の曲線距離を測るために考案された専用器具。垂直に持ち、下端についた小さな車輪を曲線上にころがすと、上部の目盛りの針が回り、その距離が示される。目盛りには2万5千分の1、5万分の1などの縮尺がつけられているため、計算しなくてもよい

地図記号から土地の様子が見えてくる

「線」「人工物」「植物」

地図記号とは、地図に示された土地の様子を、見た目にもわかりやすく記号化して表したもの。記号を見れば、そこに何があり、どんな場所なのかがイメージできる。地形図には左右辺または下辺の欄外にそれら地図記号の凡例が列記されている(左ページ参照)ので、ぜひチェックして主要な記号は頭に入れておきたい。

地形図で使用される地図記号はおおまかに「線」「人工物」「植物」の3タイプに分けられる。

まず「線」には等高線と道路がある。

等高線は同じ高さの線を結んだ曲線のことで地形の凹凸を表す。地形図ではうすす茶色で書かれている。等高線については、のちほど詳しく解説する。

道路はその幅によって色がついているもの、線の種類が異なっているものがある。ちなみにもっとも細い線で表されるのが登山道。さらに、県境や市町村境などの行政区界も独自の線で示されており、道路と見間違えやすいので注意したい。

次に「人工物」。おもに建物のことをさし、役所や学校、病院などの公共機関から神社や寺院まで記号化されている。建物の形状や大きさ、棟数などによっても、それぞれ記号化されている。また、堰《せき》やダム、橋なども人工物に含まれる。

そして「植物」は広葉樹林などの植生から、果樹園、荒地など土地の利用状況を示している(詳細は後述)。

では、これら地図記号のなかでも登山をするうえでとくに重要なものを次の見開きページで紹介しよう。

地図記号の凡例

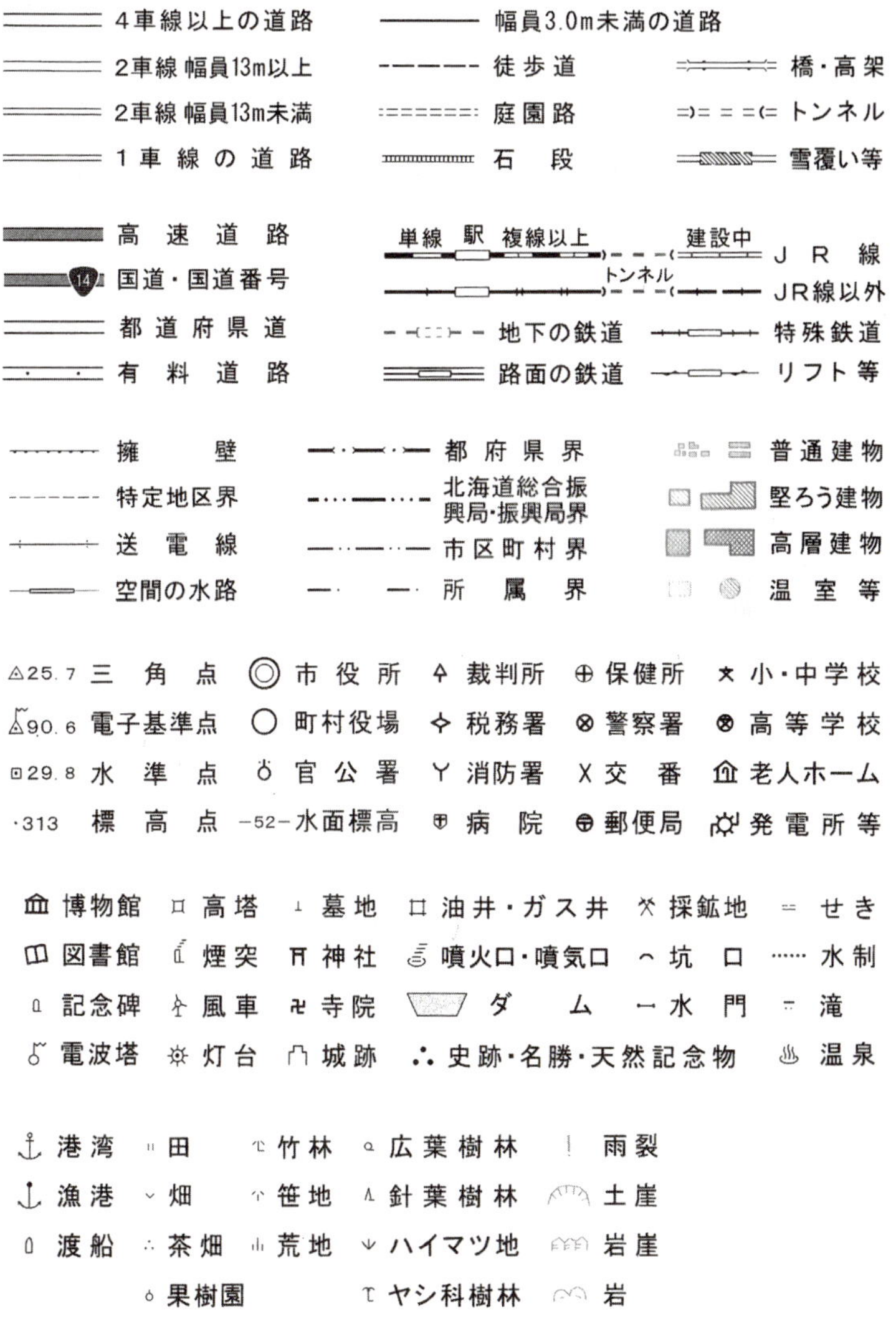

国土地理院　1/25,000地形図より

読図のために重要な地図記号❶

リフト等

スキーのリフトやロープウェーなども線で表される。冬山の悪天候でホワイトアウトになったときなど重要な目標物になる

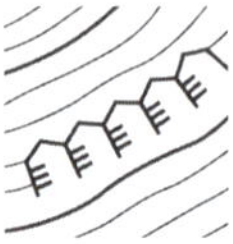

がけ（岩）

傾斜があまりにもきつすぎて等高線では表せない場所は「がけ」になる。さらにそのがけが岩か土かによって描き分けられる

発電所

ダムや取水口などに隣接された水力発電施設。また同じ記号で変電所も表す。山では沢や川の近辺にあることが多い

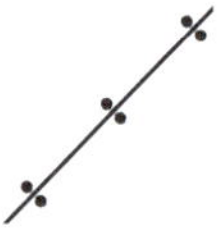

送電線

人工物のなかでもとくに目標物としての意味合いが大きい。送電線の向きが変わる場所には鉄塔もあるが、地形図では表されない

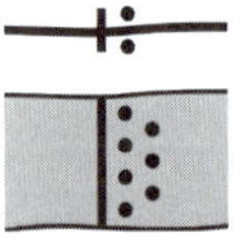

滝

原則として高さが5m以上のものを表示している。ルート上にある場合は高巻き（滝を避けて迂回する）が必要なことも

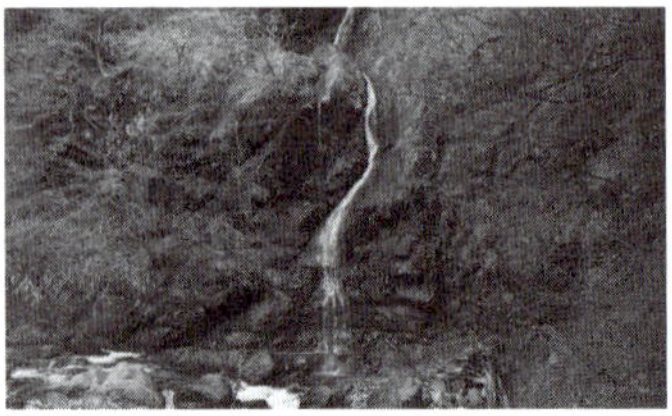

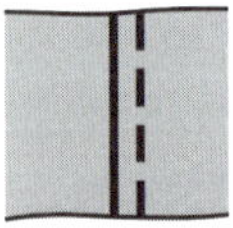

せき

せき（堰堤）には水が溜まりやすい。積雪、降雨時にどうやって通過するかプランニングが必要。破線部が上流側を意味する

読図のために重要な地図記号❷

道路・道幅 3.0 ～ 5.5m

二重線で描かれた道路。舗装道路か整備された林道である場合が多い

道路・道幅 1.5 ～ 3.0m

1車線の未舗装路である可能性が高い。山間部の林道などもこれが多い。1本の実線で描き表す

道路・道幅 1.5m 未満

山間部では登山道や遊歩道がこれにあたる。行政区界も同じような破線で表すので間違えやすい

建物

山小屋は形状に合わせ、L字型の山小屋であればそのかたちで黒く塗りつぶして表す。建物の方角をよりわかりやすくするための工夫

ダム

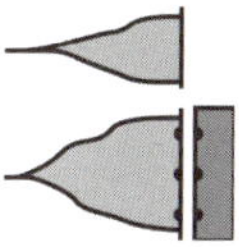

河川や谷を横断してつくられた人工構造物。原則として高さ3m以上、長さが地図上で1mm以上のものを表す

橋

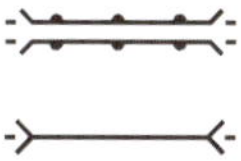

地形図ではわかりやすい確認ポイントになる。また、橋は渡れない場合や迂回しなければいけない場合もあるので注意したい

等高線から土地の形状を読み取る

山を水平に輪切りにした外周の線

　等高線というものは、同じ標高の点を結んだ曲線のことであり、地形をある高さで水平に切った断面を真上から見たときの外周の線を示したものだ。したがって、等高線は途中で切れたり、2本に分かれたり、線どうしが複数交わることはない。ただし、垂直かそれに近いような急峻な崖では、複数の等高線が重なり太い線になってしまい、縮尺によっては表記できない場合もある。そのような場所は先述した「がけ」の地図記号が用いられる。

　等高線で得られる情報は、山全体のかたち、谷や尾根の様子、そこが平らな台地になっているかなど。土地の起伏や斜面の傾きといった、すべての地形を読み取ることができる。

　等高線の間隔は地図の縮尺によって違ってくる。2万5千分の1の地形図では、細い実線で表される主曲線が標高10mごとに、そして見やすいように50mごとに計曲線と呼ばれる太い実線が引かれている。これらも地形図から土地の形状を読み取るためには欠かせない数値なので、そのまま覚えてしまったほうが何かと便利だ。

等高線の基本図

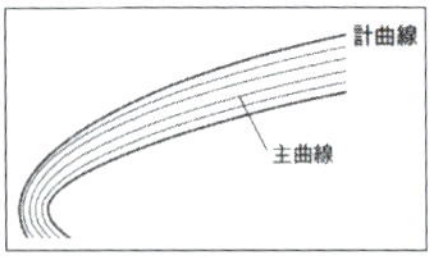

縮尺と等高線の早見表

縮尺	計曲線	主曲線
1/20 万	500 m毎	100m
1/5 万	100 m毎	20m
1/2.5 万	50 m毎	10m
1/1 万	10 m毎	2m

実際の地形と等高線

富士山を
等高線で表すと

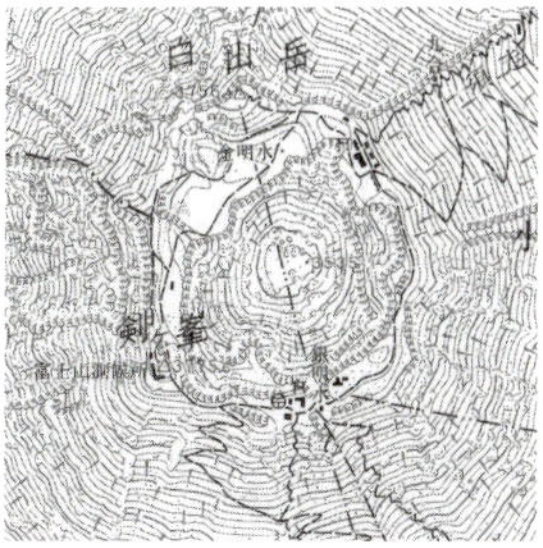

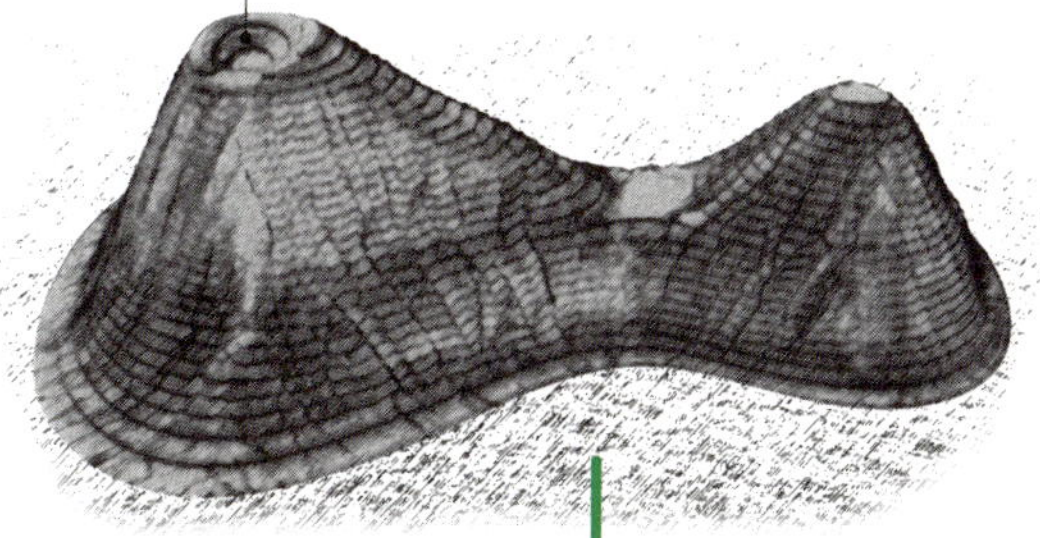

このような島を平面に表すと

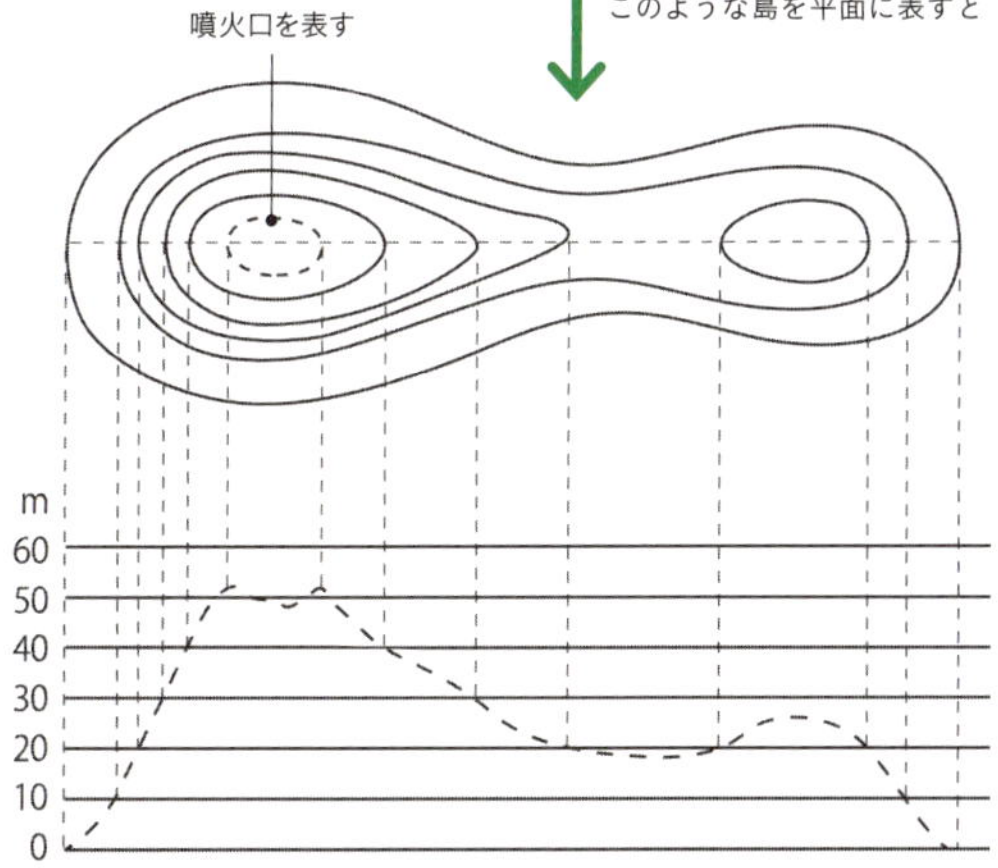

島の中心の断面図を描いたもの

平面から実際の山をイメージする

読図に欠かせないのが等高線。土地の起伏、山や谷の凹凸、斜面の傾きなどを表す等高線を見れば、反対に実際の山の形状をイメージできる

等高線の間隔から傾斜がわかる

間隔1㎜が22度、0・5㎜が39度の傾斜

等高線の間隔が広ければなだらかな斜面、狭ければ急な斜面であることを示す。つまり、等高線の間隔は、その斜面の傾斜を表している。間隔が狭すぎると地図上では書ききれず「がけ」になってしまうのはそうした理由からだ（左ページ下の写真参照）。

等高線の間隔と傾斜角度の関係は、三角関数を使った計算で導き出せる。たとえば、2万5千分の1の地形図では、10ｍごとに主曲線が引かれている。その間隔が1㎜なら、実際の（25000㎜＝）25ｍの距離に10ｍの標高差があることを示す。これを三角関数にあてはめれば、「ｔａｎα＝10／25」から、傾斜角度は約22度となる。

同様の計算式から、等高線の間隔が2㎜の場合は0・5㎜の場合39度という傾斜角度の目安がわかる。これらの数値も公式のひとつとしてぜひ頭に入れておきたい。

等高線の間隔からおおまかな距離（水平距離）も把握できる。2万5千分の1の地形図では主曲線の間隔が10ｍに相当する。そして登山道があればだいたい何ｍ進むかがわかる。そこに等高線の間隔から読み取れる傾斜をあわせて考えれば「自分はこの傾斜でこの距離を歩くのにどれくらいの時間がかかるのか」という目安にもなってくる。なお、等高線から読み取れる水平距離に標高差のファクターを加えれば、やはり三角関数により正確な実際の距離が計算できる。

実際距離Z＝$\sqrt{（水平距離X）^2＋（標高差Y）^2}$

等高線の間隔と傾斜の関係

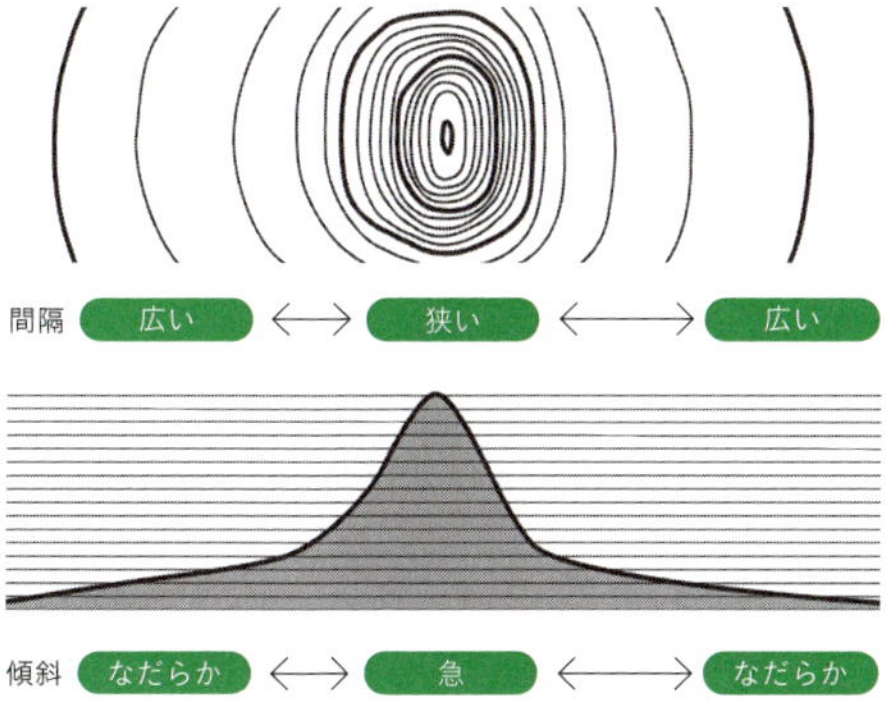

等高線の間隔と傾斜角度の関係

等高線（主曲線）間隔	傾斜角度
0.5mm	39 度
1.0mm	22 度
2.0mm	11 度
5.0mm	5 度
10.0mm	2.5 度

断面図と地図の関係

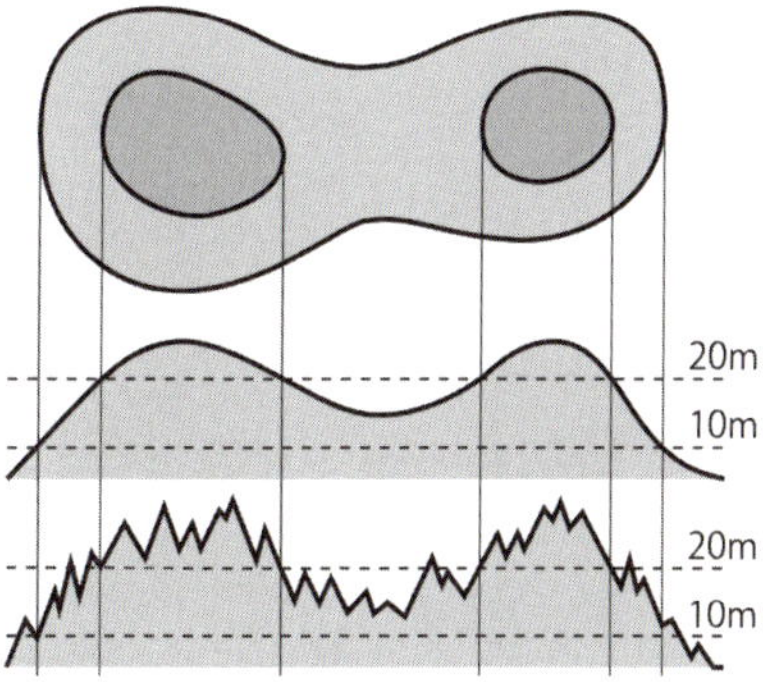

補助曲線について

同じ等高線でも地形の詳細までは読み取れないこともある。とくに、等高線の間隔よりも小さな傾斜（ゆるやかな傾斜）や地形の変化など表現しきれない場合は、右下のような補助曲線が引かれることがある。補助曲線は、5万分の1地形図では10m間隔と5m間隔、2万5千分の1地形図では5m間隔と2.5m間隔の2種類がある

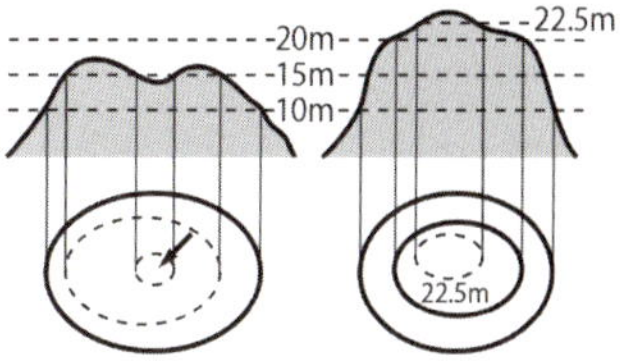

等高線の間隔が狭すぎて「がけ」になっている例

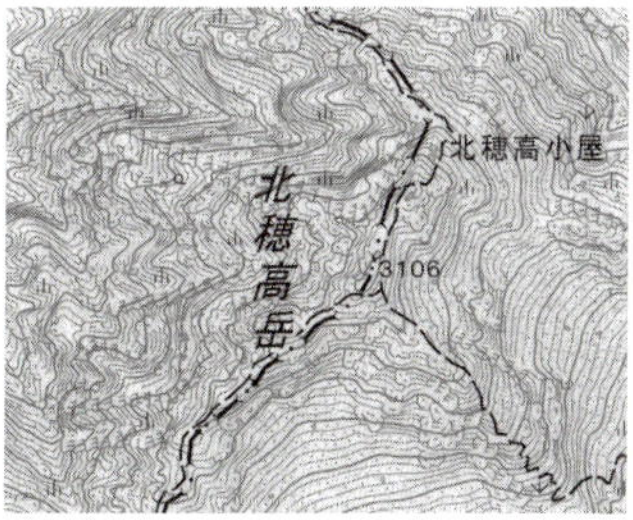

等高線の凹凸から尾根と谷をイメージする

地図上の尾根と谷に線を描いてみる

国土地理院の地形図を利用する最大の目的は山の形状を把握することにある。そのための第一歩として、地図上の等高線から谷や尾根を読み取っていく。

地図上の山頂から下に向かって等高線が凸型に張り出しているところが尾根。逆に山頂に向かって入り込んでいるところが谷を表している。谷に水色の水線が引かれていれば水の流れている沢だとわかるが、水量が少ない、あるいは涸れ沢の場合には水線が引かれていない。実際の地図上では谷も尾根も細かく複雑なため、ぱっと見ただけではわかりにくい。そこで主要な尾根や谷には自分であらかじめ線を描いておいたほうが、現場でも迷わずにすむ。

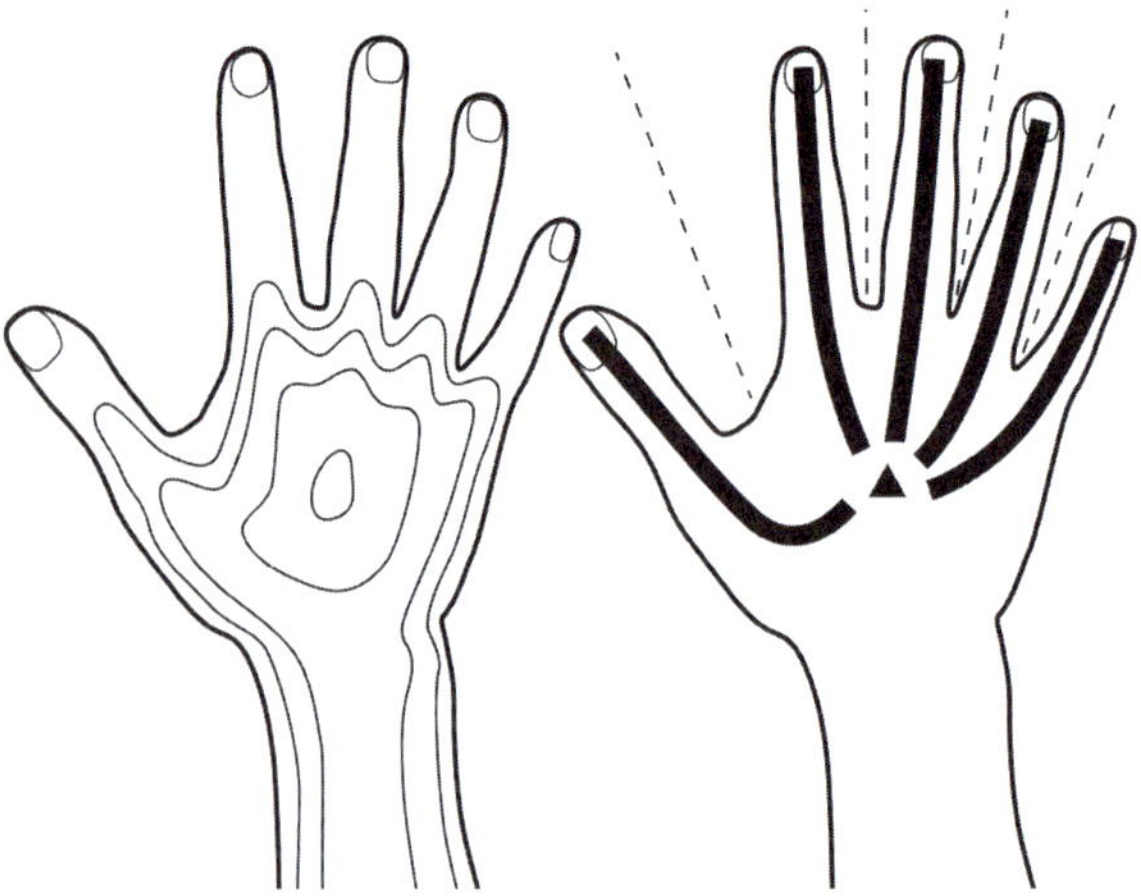

尾根と谷を手でイメージすると

自分の手を実際の山に見立ててみればわかりやすい。山頂やピークが手の甲のいちばん高いところ。指が尾根、指の間が谷になる。それを等高線で示すと左側のようになる

主要な尾根（黒線）と谷（白線）を入れる

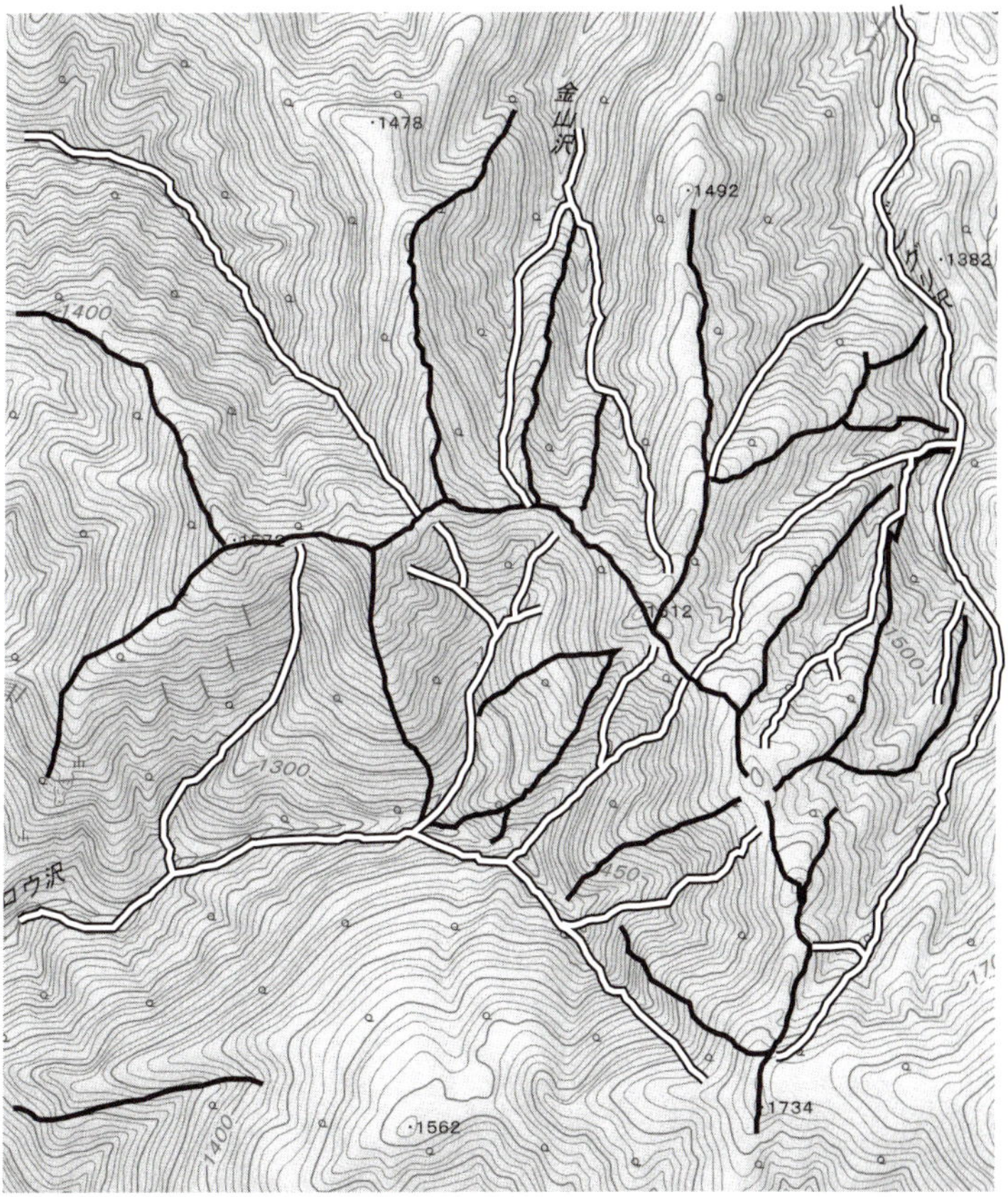

まず地図上から山頂や主要なピークを探す。そこから凸型に等高線がぐっと下に張り出しているのが尾根。途中で細かく枝分かれしていく。谷はその逆で、山頂やピークに向かって等高線が凹んでいる。高いほうから線を描き込んでいくとひとつの線に集約されていくのがわかる

冬の甲斐駒ヶ岳を望む。山に降った雪が、ちょうど谷の部分に溜まり、尾根との違いがより明確になっている。雪山らしい光景だ

等高線から山のかたちをイメージする

山頂付近の等高線の様子から

地図上に示された等高線の間隔や凹凸などの特徴から、実際の地形の様子が読み取れることは、ここまでの解説でわかっていただけただろう。しかし、いざ現地に行ってみると、目の前にある地形が果たしてどんな等高線で描かれているのかをイメージするのはなかなか難しいもの。そこで今度は、山のかたちと実際の等高線とを見比べる作業から、その感覚に少しずつ慣れていこう。

地図上からでもわかりやすい山のおもな形状には、尖ったピーク、丸い山、富士山のように上部が凹んだ山、さらに双耳峰と呼ばれるふたつのピークをもつ山などがある。これらの特徴は、山頂付近の様子、山の傾斜、山頂から尾根の張り出し方などによって決まる。

まず、山頂のピークは等高線の中心が小さな輪のような曲線で表される。この曲線が中心に行くにしたがって小さく密になっているほど山頂のピークは明確であることを意味する。反対に等高線の中心が大きな輪で表されている場合は、広い台地のような山頂、あるいは地図上の等高線では表しきれない凹凸した山頂の可能性もある。

次に、等高線の間隔から山の傾斜、すなわち急な山なのか、なだらかなのかがイメージできる。さらに、富士山のような円錐形の火山は別として、通常、山頂から明確な尾根が張り出している。ただし、山頂の高さとあまり差がない尾根が続くところではピークの位置がはっきりしなくなる。

等高線と山のかたち❶

はっきりとしたピークをもつ山

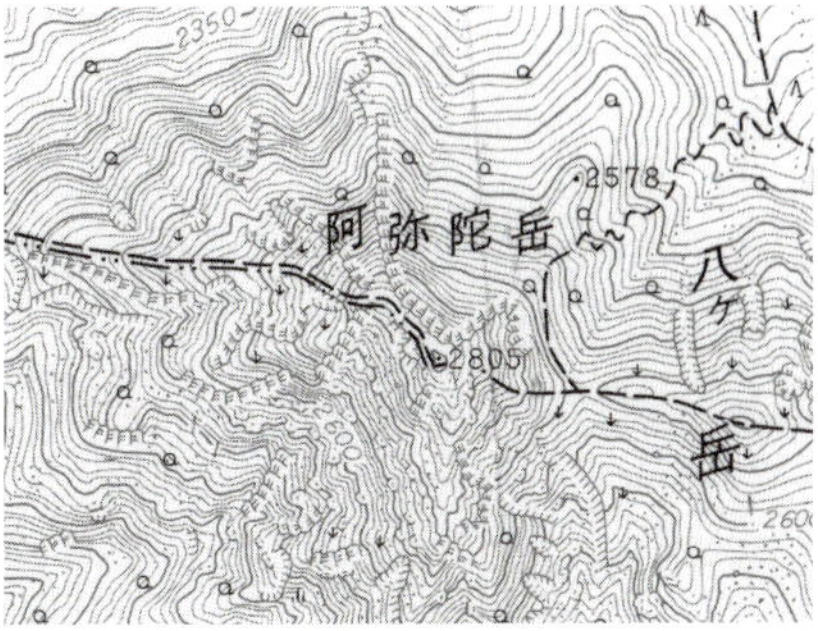

周りに他の目立ったピークがなく、独立した山頂をもっている。山頂の周りは稜線や谷のみで形成されている／阿弥陀岳

はっきりしないピークをもつ山

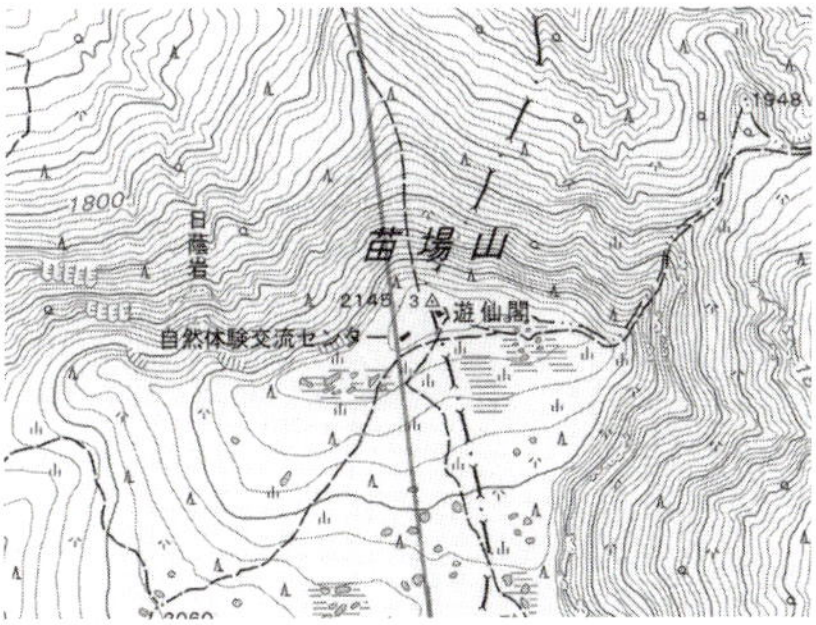

平らで広い山頂。いちばん高い所が不明で、三角点や山頂の看板がないと実際のピークはわからない。視界が悪いときなど要注意／苗場山

頂上に噴火口のある山

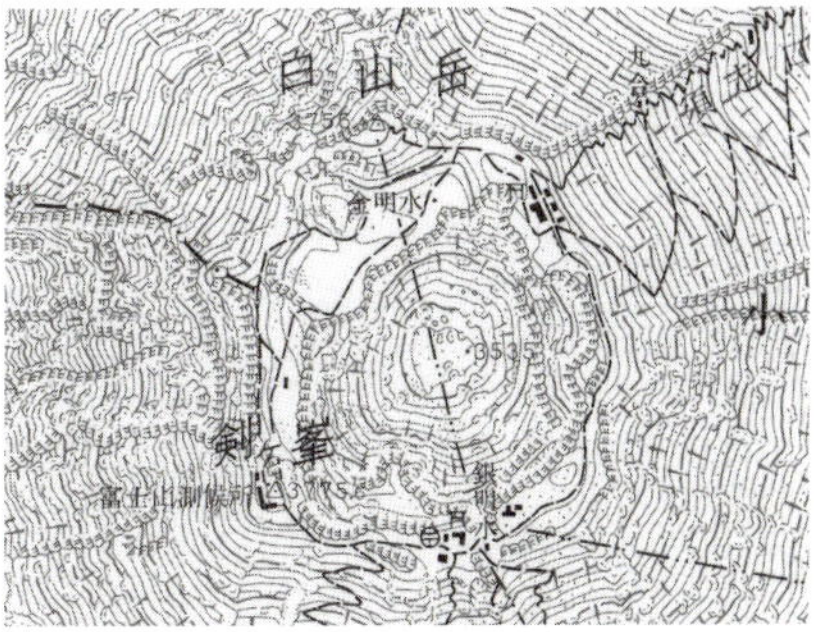

通常、山頂は中央にあるが、その中央は噴火口があるため凹んでいる。凹部の周りの稜線上のいちばん高い場所がピークになる／富士山

等高線と山のかたち❷

鋭く尖ったピークをもつ山

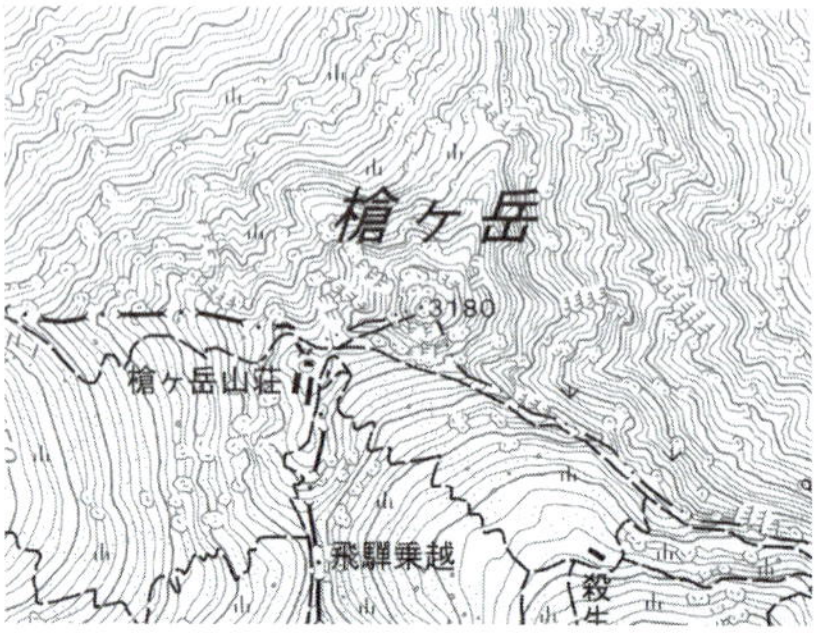

見栄えも素晴らしく、登る以外の楽しみもある。山頂に行くまでのアクセスが険しい場合が多く、比較的上級者向けのコースに／槍ヶ岳

写真＝三宅 岳

連続するピークをもつ山

ひとつの山域にいくつものピークが続くエリア。ひとつひとつのピークに名前がつけられる場合がある／妙義山

頂上に噴火口のある山

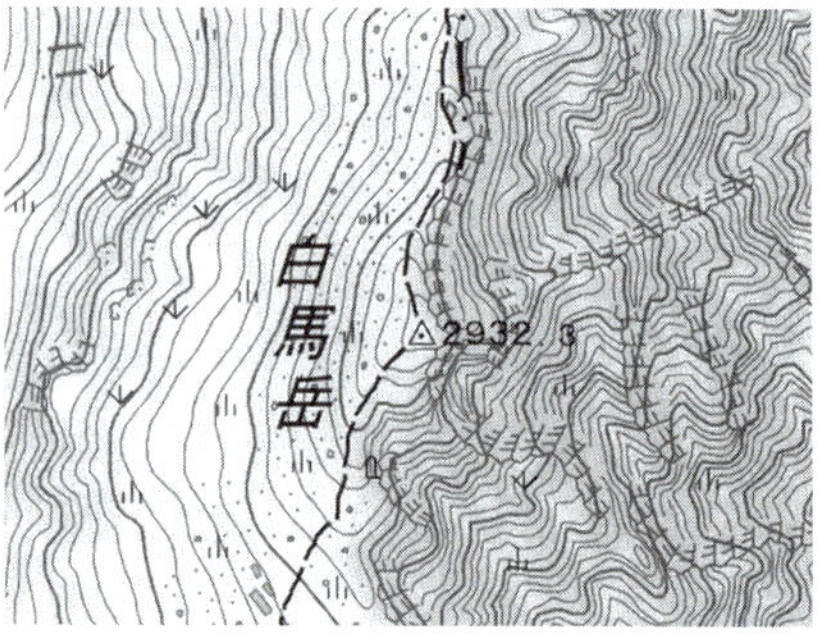

山頂付近で下部の地形が極端に異なっている場所。たとえば、片側がなだらかで、もう片側が急峻な崖の場合などがある／白馬岳

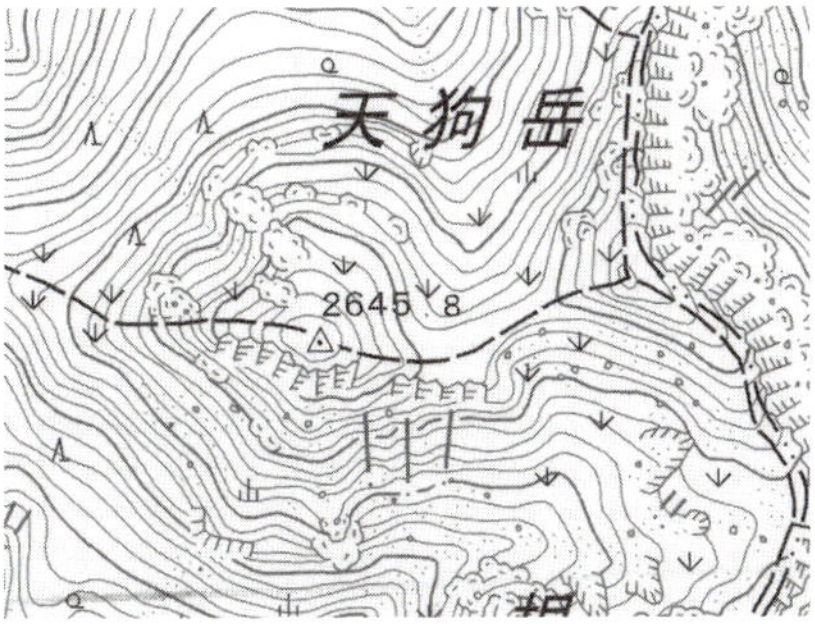

山頂にふたつのピークをもつ山

東○○岳、西○○岳と方位で名前を区別される場合が多い。両者とも標高はそれほど変わらないのも特徴。双耳峰とも呼ばれる／天狗岳

写真＝三宅 岳

山頂に複数の峰をもつピーク-1

本峰(山頂)に行くまでにいくつものピークを越えていく。通常は1、2、3峰と各峰の数でそのピークを示す。山頂は1峰とも言う／前穂高岳

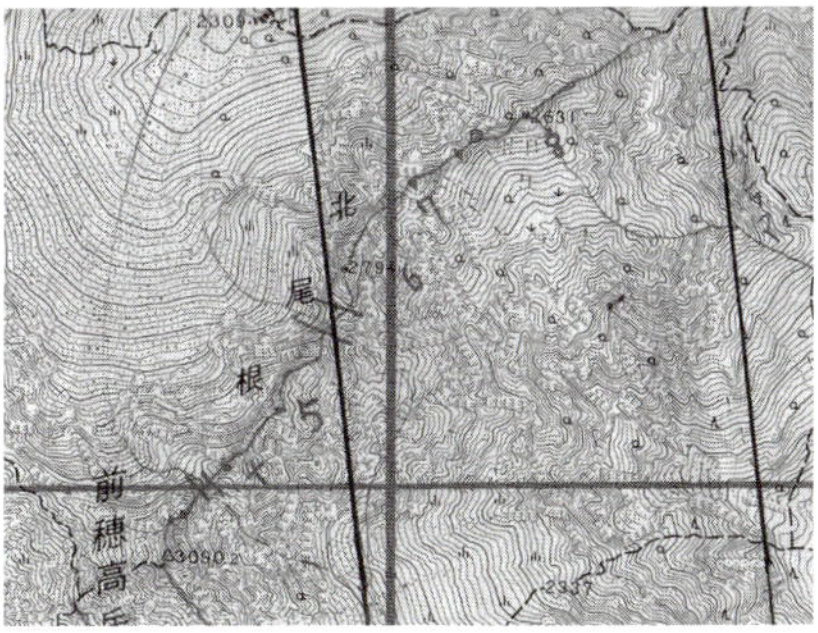

山頂に複数の峰をもつピーク-2

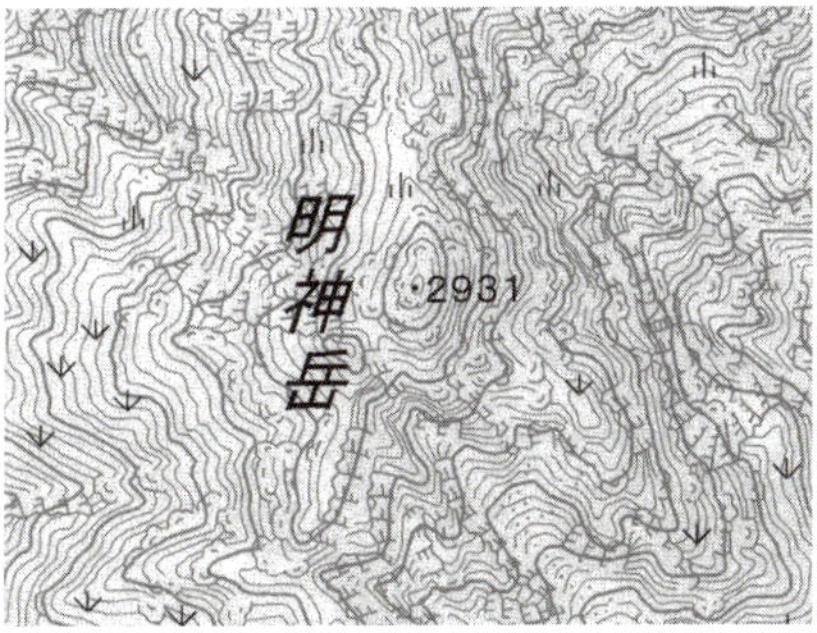

上とよく似たケースだが、このようにそれぞれのピークの標高差があまりない山頂もある。双耳峰がさらに増えたイメージだ／明神岳

写真＝三宅 岳

等高線から尾根のかたちをイメージする

尾根には「大小」と「広い、狭い」がある

尾根の形状はその「幅」と「傾斜」によって決まる。どちらも等高線の間隔から判断できる。

左ページ上の図を見てほしい。右側の広い尾根は、その両側が丸みを帯びていて傾斜もなだらか。ふっくら太っている印象だ。等高線は下に大きく張り出し、間隔も広い。それに対し左側が、狭く痩せた尾根。その両側がストンと落ちており、等高線は鋭くV字状に張り出しているのがわかる。

一方、尾根はこの「広い、狭い」だけでなく、「大小」によっても区別される。通常、大きな尾根とは、尾根線の傾斜がゆるく、長く続くものをさす（この場合、両斜面の傾斜は関係ない）。そしてこの大きな尾根は、山頂から続くもっとも明確な尾根として描かれる主稜線になっていることが多い。さらに、主稜線から途中で枝分かれしているものを支稜といい、その傾斜や長さによって大小が分けられる。

以上のことから、尾根の形状を、改めて「幅」と「傾斜」の関係によって整理してみよう。

まず、大きな尾根は幅が狭くて傾斜はゆるやかなものが多い。まさに主稜線になりやすいタイプの尾根だ。狭くて傾斜がきつい尾根は支稜、さらに急なものは柱上の立地に近くなる。最初に紹介した太った尾根は広くて傾斜がゆるやか。広い尾根の傾斜がさらにゆるやかになったものが台地と呼ばれる平らな地形だ。なお、広い尾根の傾斜が反対にどんどんきつくなっていくと理論上、最終的にはそこは断崖絶壁になる。

尾根の形状

鋭い尾根と広い尾根

鋭い（痩せている）尾根

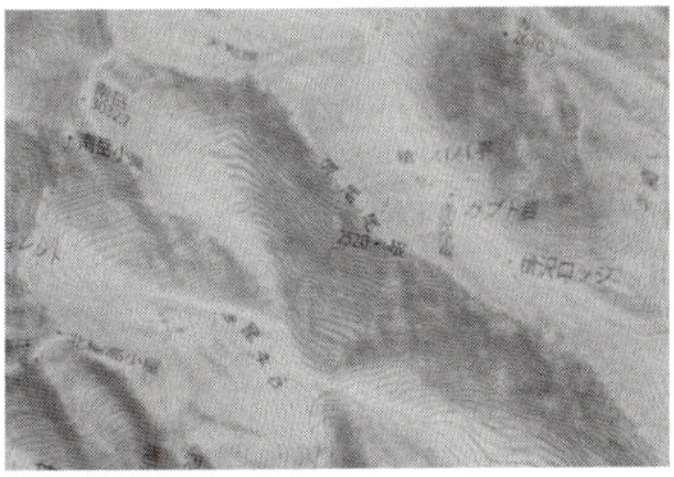

広い（太っている）尾根

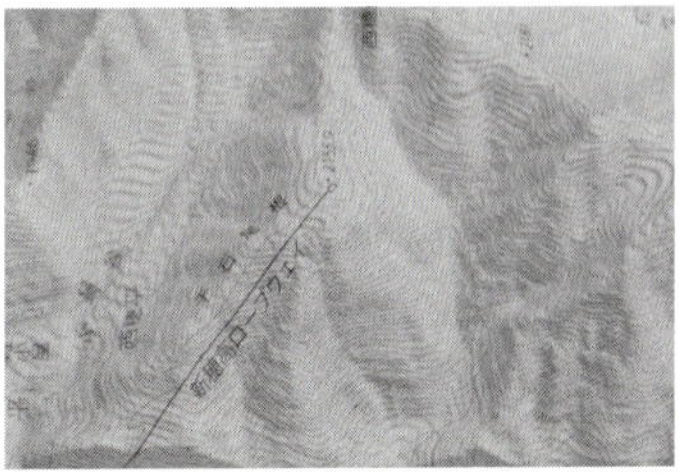

クニャマップ槍・穂高岳（富士製作所）

等高線のイメージ

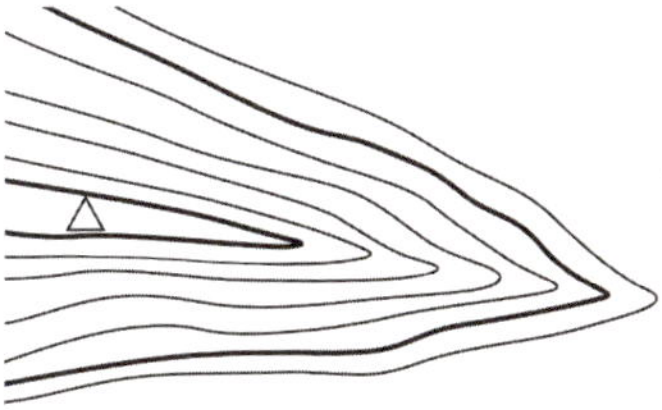

等高線のイメージ

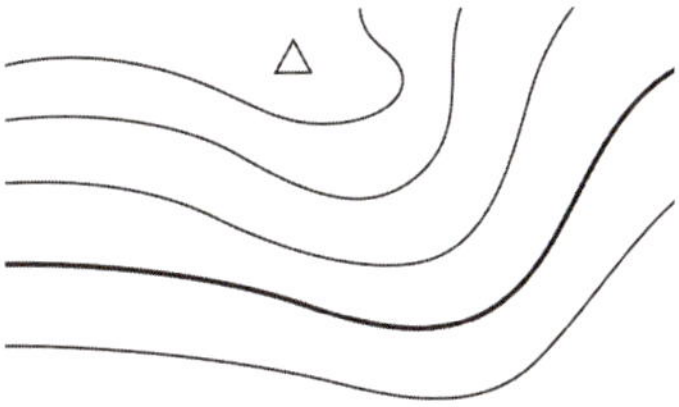

大きな尾根と小さな尾根

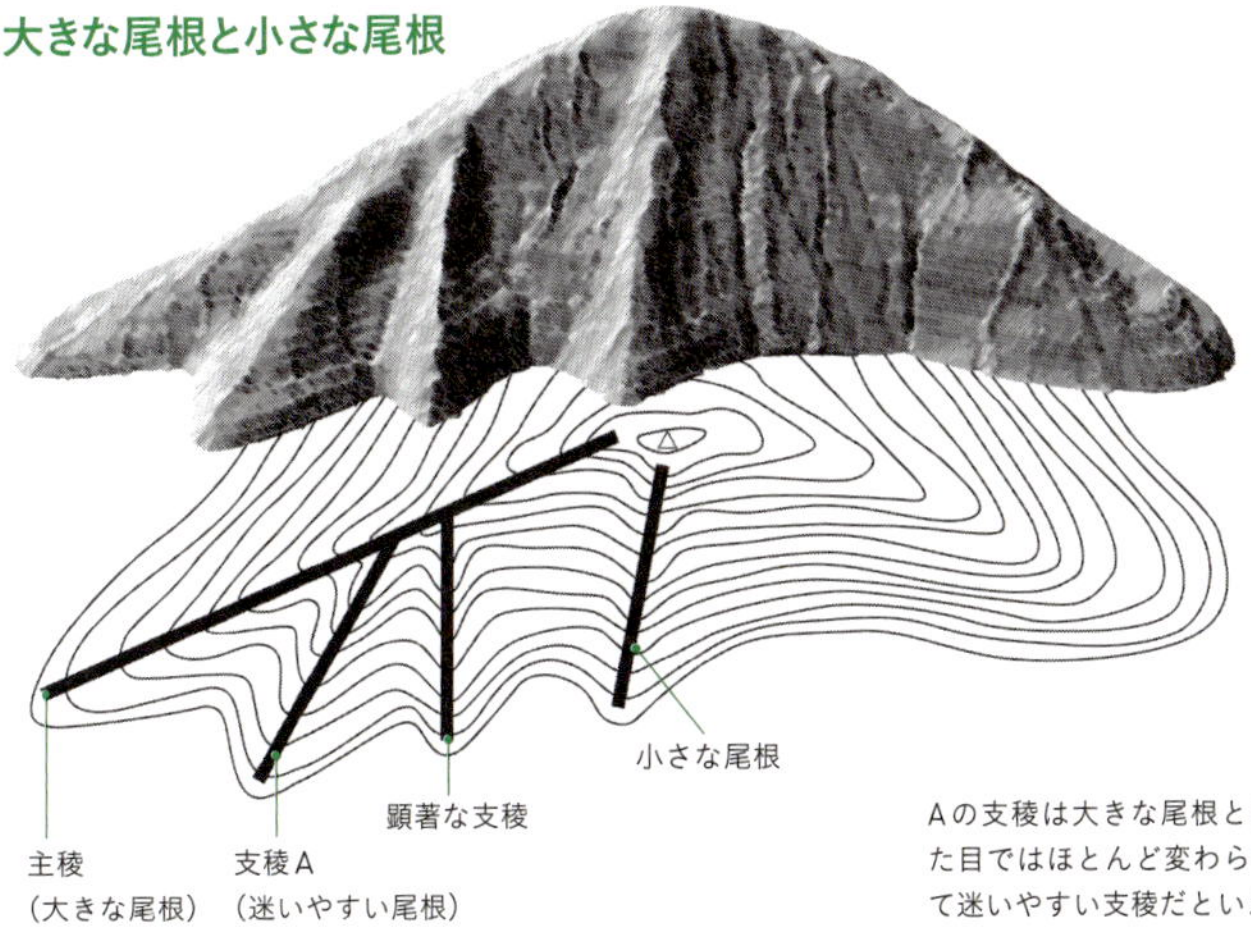

Aの支稜は大きな尾根と比べて、見た目ではほとんど変わらない。よって迷いやすい支稜だといえる

等高線から谷をイメージする

谷の形状は尾根の高さや傾斜で決まる

谷の場合は尾根とはまったく逆で、山頂から下に向かって大きく切れ込んだ形状をしている。等高線で表すと山頂に向かって大きく張り出したものになる。

一方、谷にも尾根と同じように大小（広い、狭い）や傾斜の違いがあり、いずれも等高線の間隔から読み取ることができる。

これに加え、谷の形状には「深い、浅い」の違いもある。ただし、これは谷そのものの形状ではなく、あくまで周りの尾根の高さや傾斜によって決まる。

また、そこに水があるかないか、岩や土のガラ場、ゴルジュ帯になっているといった地形の特徴が地形図に明記されているのも谷の特徴だ。

谷の形状

❶浅い／大きい　❷浅い／小さい

❸深い／小さい　❹深い／大きい

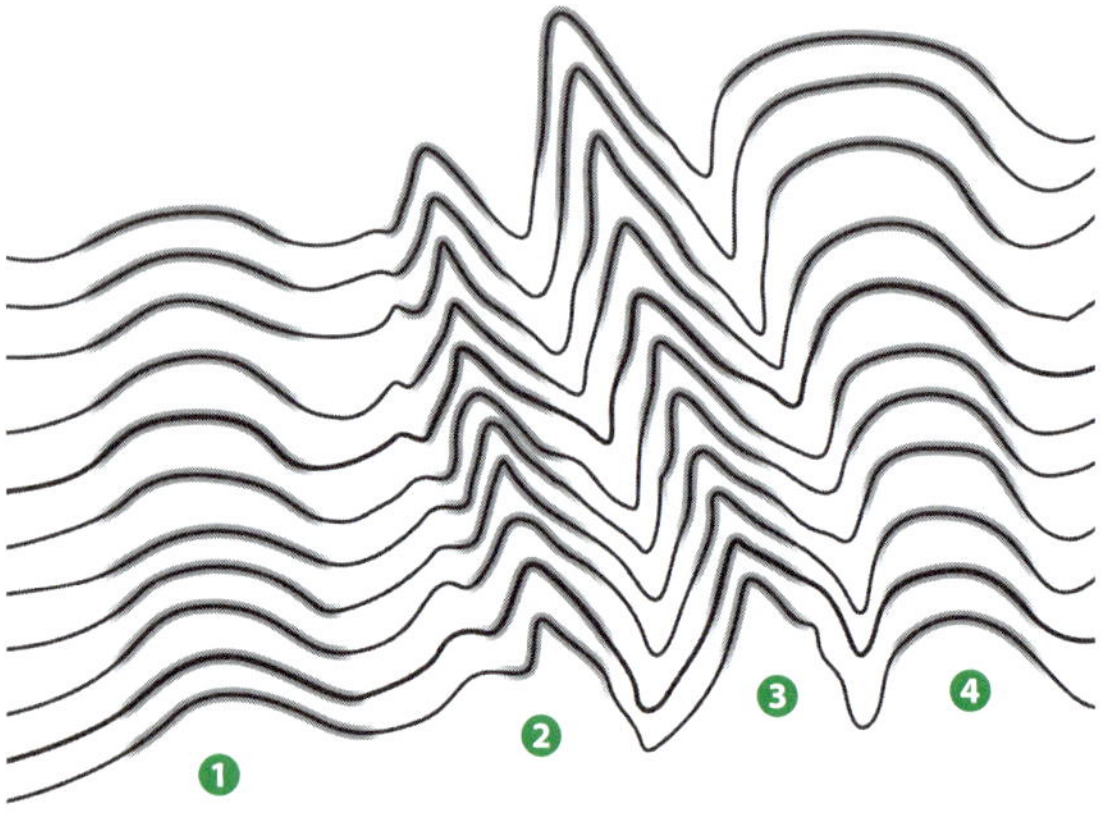

等高線と谷のかたち

上流部

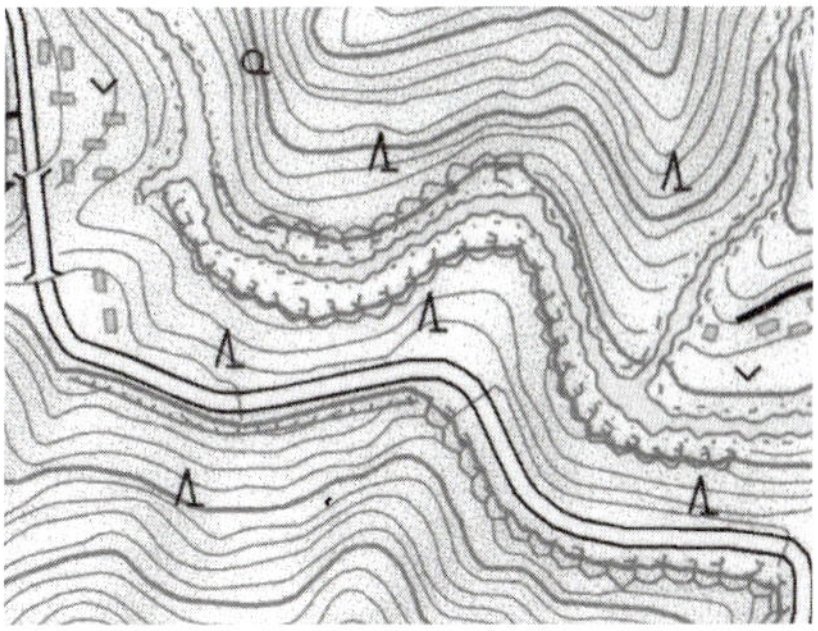

水量が少ないうえに、水線で川幅を表せていない。写真のような周りの傾斜が急で左右が岩壁のようになっている地形をゴルジュと呼ぶ

中流部

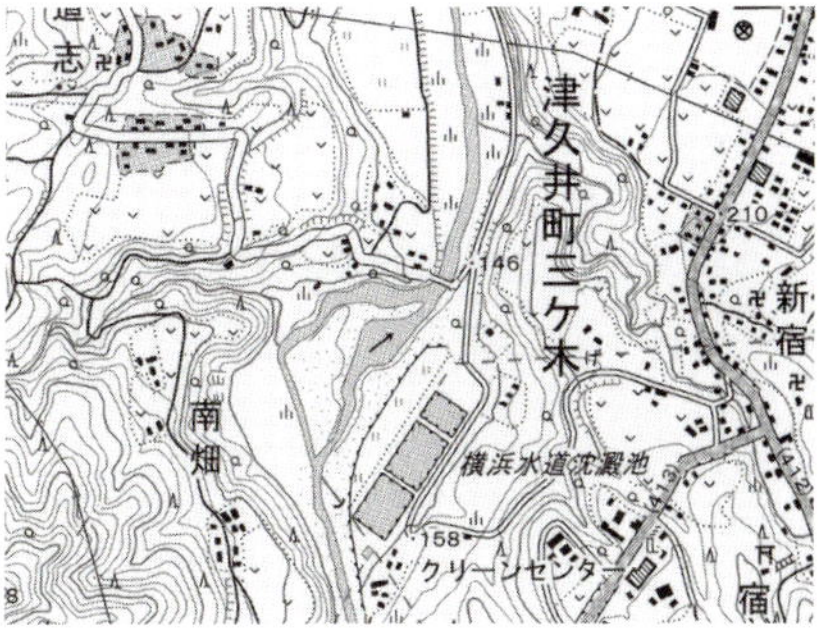

中流部には堰堤やダムなど水を貯めるスペースがあるため、必然的に川幅は顕著に広くなり、地形図にも太い水線が明記される

出合

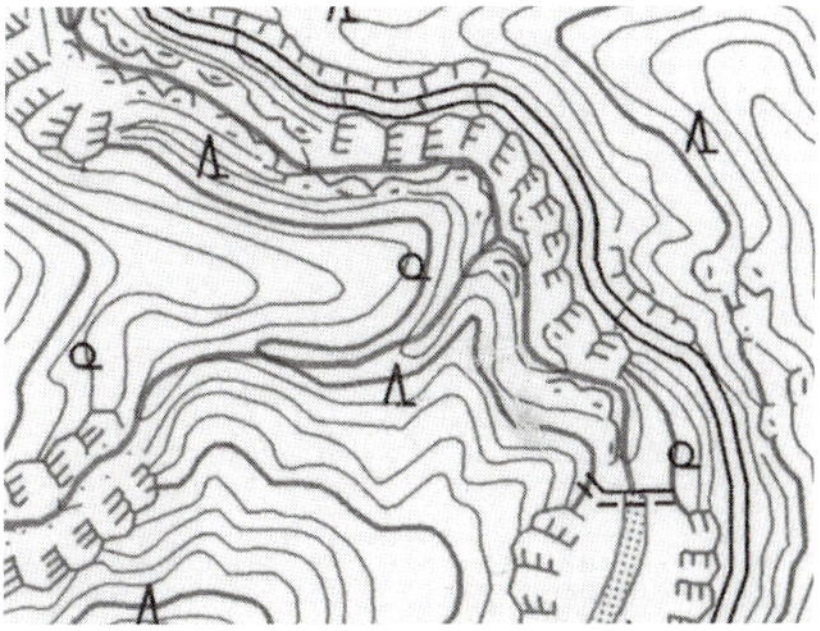

谷と谷の合流点。谷の出合は尾根の終点になり、地図上でもわかりやすい。谷の水量は本流に比べて支流のほうが少ない場合がほとんど

等高線から標高差を割り出す

標高差はコースタイムも左右する

地形図には主要な山頂やピークの標高が記載されているほか、太い線で記された等高線の計曲線上にも要所要所で「1500」「2650」といった比較的切りのいい数値の標高が目安として記されている。

実際の山では等高線だけを見ていても、その場所が高いのか低いのか迷いやすい。たとえば、標高1600m付近から下ってきて、途中で谷をまたいだら、実際は1600mよりも標高が高くなることもある。よって現場では、山頂やピークや計曲線に記された標高値から、等高線の数をもとに標高を割り出し、現在地を把握する作業が必要になる。

また、登山では標高差という概念も重要になってくる。移動距離だけでなく、そのルート内の標高差によって、歩く時間（コースタイム）が大きく左右されるからだ。標高差は地形図上の等高線から読み取ることができる。

具体例を見てみよう。左ページの地図上の標高1530mのⒶ地点から標高1830mのⒷ地点を経て標高約2030mの神楽ヶ峰Ⓒに向かうとする。Ⓐ→Ⓑ、Ⓑ→Ⓒ間の移動距離は約1500mとほぼ同じ。ところが標高差を見ると、Ⓐ→Ⓑは300m、Ⓑ→Ⓒは200mとⒶ→Ⓑのほうが大きい。また、両区間は等高線の間隔も違い、Ⓐ→Ⓑのほうが等高線の数が多く傾斜が急で、Ⓑ→Ⓒはなだらか。よって、移動距離は同じでも、Ⓐ→Ⓑのほうが必然的にコースタイムは長くなる。

等高線から標高差を割り出す方法

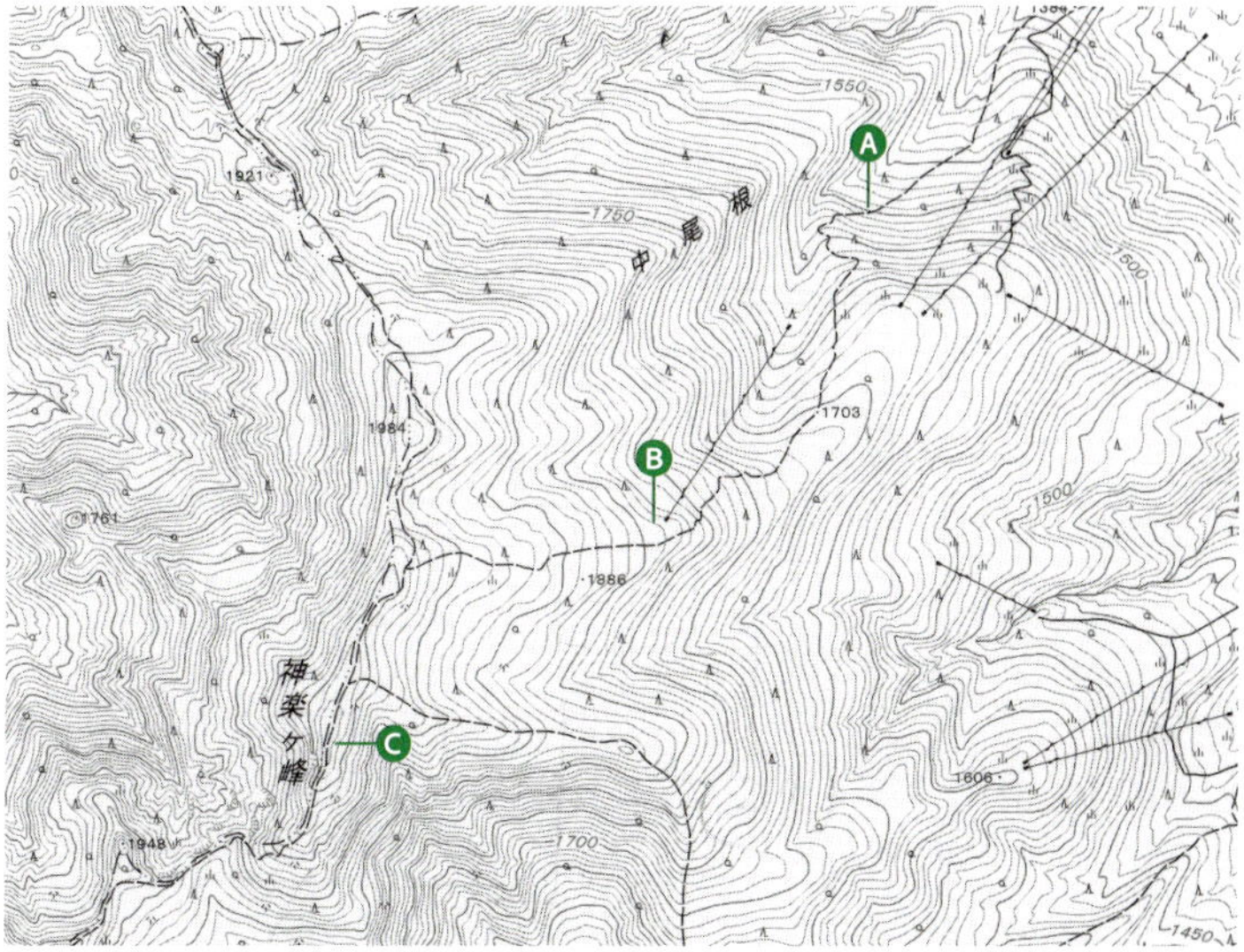

各地点の標高から標高差を割り出す

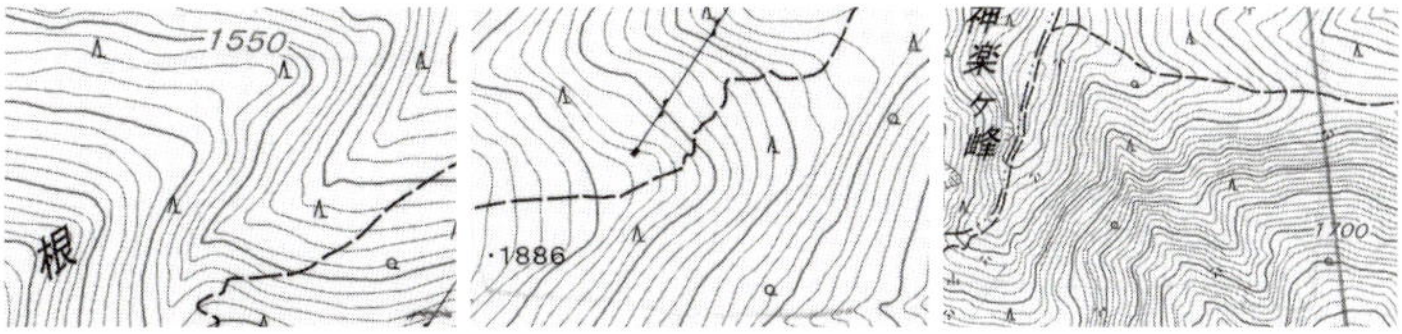

A　B　C

標高　1530m　1830m　約2030m

1830－1530 ＝ 標高差300m

2030－1830 ＝ 標高差200m

傾斜　急 ＞ なだらか

山岳の地形と名称

山の専門用語をおさえよう！

山には地形に関する独特の名称がたくさんある。それらを覚えれば、実際に山で会った人たちともコミュニケーションがとれるようになる。たとえば「あそこの稜線はどうだった？」「キレットは？」という具合に、専門用語を使うことによってより共通した情報の絞り込みができるという意味でも重要。そして、登山のレベルが上がるにつれて、必要な名称がさらに細かく分かれていくので、以下にあげる基本的な地形用語はぜひおさえておこう。

山頂（ピーク） 山のいちばん高いところ。山頂とピークは混同されるが、山頂＝目的の山域の山頂、ピーク＝稜線上の高い場所をさす場合もある。複数のピークをもつ山ではそのなかでもっとも高いピークが山頂とみなされることもある。

鞍部（コル） ピークとピークの間の稜線上で標高が低くなった部分をさす。ひとつのルートに複数のピークがある場合は、1峰と2峰の間は「1、2のコル」という具合に名称がつけられる。

乗越（のっこし） もともと稜線上をいったん登りきり、少し下って再び山頂へ登ることを「乗越す」という。そこから派生し、そのような山頂の手前にあるやや平坦な下りの部分のことを乗越と呼ぶ。

キレット（ギャップ） 稜線が大きく切れ込んだ場所をさし、コルにもよく似ている。切れ込んだ低い場所までは下り登りとも急斜面になる。急斜面が複数続くものや、台形を逆さにしたように大きく一ヶ所だけ切れ込んだものもある。富山県ではキレットのような地形を「窓」と呼ぶ。

肩（かた） 山頂付近の稜線上に多くある、やや張り出し

山岳の地形

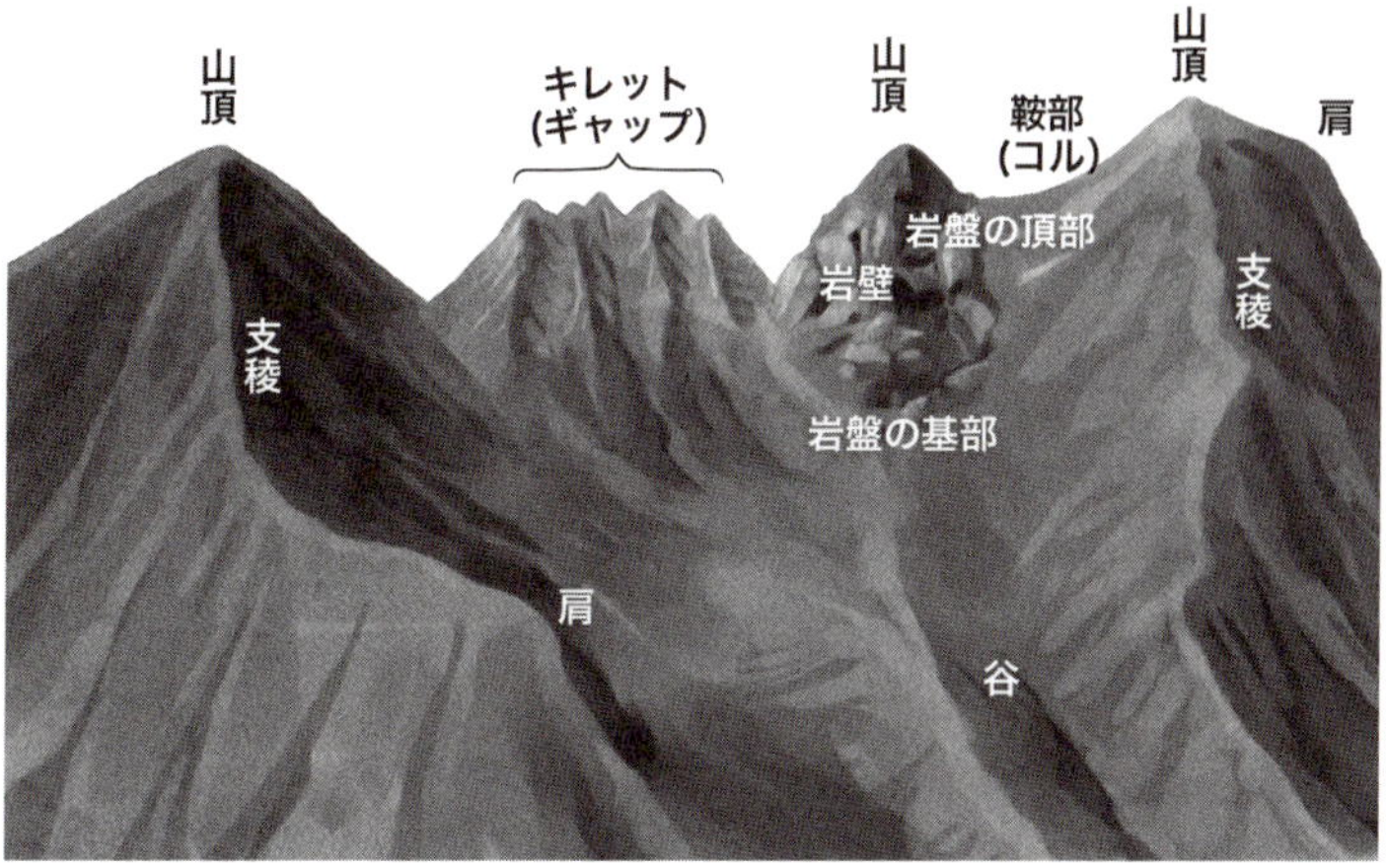

た地形。人間の肩のかたちに非常に似ている。肩がある場所は傾斜がきついが、そこを登ると急になだらかになり、視界が開けるような場所。地図上ではもちろん、見た目にも変化に富んでいてわかりやすい。

カール 氷河地形のひとつ。日本にはすでに氷河はないが、過去に氷河によって削り取られた谷はカールと呼ばれる。そこの地形の特徴は、雪が溜まりやすいこと。さらに、基本的に森林限界以上の地域にあることから石が多く、周辺の山々が扇状に広く削られているため落石が多いので注意が必要だ。中央アルプスの千畳敷カール、穂高涸沢カールなどが有名。

湿地帯 地下水位が高く湿潤な場所のこと。歩行が困難なため、通常は木道が整備されており、木道以外は入らないことが鉄則。尾瀬や苗場山山頂付近が有名。

万年雪 地形図上では青い点で記される。雪渓とも呼ぶ。ここには常に雪があるので注意しよう。また、白馬岳周辺や劔沢周辺の広い雪渓にはクレバス(深い割れ目)もあるので季節によって歩行ルートが変わる。

植生の記号から土地の情報を得る

木々や草の習性から読み取る自然条件

地形図には等高線など地形の様子を表すものだけでなく、植生や土地利用に関する情報が記号として記載されている。とくに植生からは地形だけではなく、気象状況などを読み取ることも可能だ。

植生の情報からは、その場所の標高のある程度の目安がつく。たとえば、もっとも標高の高い場所に生えている植物は「ハイマツ」。その後、「広葉樹林」→「針葉樹林」と続く。これらは見た目でもわかりやすい。

また、植生によりそこの地形の様子もわかる。たとえば、ハイマツ帯は標高が高いため視界は良いが、風や雨、雷といった天候の影響も受けやすい。

広葉樹林は、季節によって視界の良し悪しが変わる反面、標高の目安にもなる。紅葉の時期は山の上から葉が色づいていくからだ。

針葉樹林は基本的には人為的に植えられたもので、密集性が高い。雪山においてアバランチリスク（雪崩の危険性）がもっとも低いのが針葉樹林帯。木々の間隔が密なため、雪崩のストッパーになりやすいからだ。

広葉樹林は木々の間隔がまばらなため、林のなかではスキーがしやすいが、アバランチリスクは高い。

ハイマツには季節によってはうっすら雪がつくことがあり、低木のためうっかり踏み抜きやすく怪我をするリスクも高いので注意が必要だ。

しの地とはクマザサなどの背丈の低いササヤブのことをさす。登山ルート上にも多く、地形図にも記載されているので、現在地の確認にも役立つ。

植生を示す地図記号

しの地

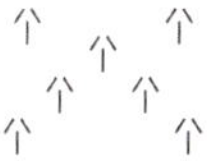

ササヤブの茂る「しの地」もさまざまなルートに見られる。ヤブ漕ぎといってこのササヤブ地帯をくぐり抜けていくことも多い

広葉樹林

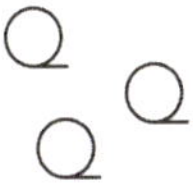

広葉樹林は幅広い葉っぱをつける樹木の総称。常緑のものと落葉するものがある。秋から冬にかけて色づく葉は見事な景色を生み出す

畑・牧草地

低山では畑や牧草地などを通ってアプローチすることが多い。登山口の目印として有効利用もできる。むやみに立ち入らないこと

針葉樹林

針葉樹は針のように尖った葉をもつ裸子植物の一群。カラマツなどの落葉樹を除き、ほとんどが常緑樹。その多くが植樹によるもの

湿地

ハイマツ地と同様に天候の影響を受けやすい。登山道は木道のため明確だが、表面が滑りやすいので十分注意すること

ハイマツ地

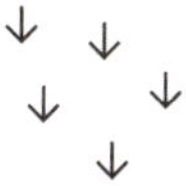

ハイマツは本州中部以北の高山帯に自生するマツ科の常緑樹。針葉樹だが、背は低く、幹は地面を這う。森林限界を越えたあたりに分布

三角点・水準点の役割とは?

三角点とは、地図をつくるための平面的な位置(緯度、経度)の基準となる点のことをさす。ある地点とある地点の距離や角度を三角測量という方法で求める際の基準になることから、そう名づけられた。

地図記号は三角形で表されるが、現地にある標石の形状は四角柱。日本では国土地理院によってこれが全国に設けられている。

この三角点にはいくつかの種類があり、三角測量の三角形の一辺の長さが約45kmのものを一等、約8kmのものを二等、約4kmのものを三等、約2kmのものを四等というように、測量の精度と分布の密度によってランクづけされている。そして、これら一等から四等までの三角点が10万近く設置され、日本全土を網羅している。

とくに一等三角点の測量は地震予知のために精密測地網観測として頻繁に繰り返されている。さらに最近では一ヶ所の三角点における観測で位置決定ができるGPSを利用した測量が行われるようになった。

ここまでの説明でわかるように、三角点は山の高さを示す標識ではないが、実際には山頂のような見晴らしの良い場所に置かれることが多い。ただし、山頂付近に木が茂っていたり、神社があったりすると、標石はその手前に設置されることもある。とはいえ、山頂で三角点を見つければ、登頂したという実感がさらに湧くだろう。

一方、高さを測量するための基準となるのが水準点。地盤の隆起・沈下を測定する水準測量に使われる。水準点のおおもとが水準原点と呼ばれるもので、日本の原点は東京三宅坂の国会前庭洋式庭園内に設置されている。

日本全国には、この基準を筆頭に一等から四等まで約2万6000個の水準点が設置されている。全国の主要道路に沿って約2km間隔で設置されており、山の高い場所で見かけることはあまりないかもしれない。

水準点

高低の基準となる水準点。三角点とともに日本国土を測定するための大切な標識。写真は水準原点。地図測量の基本となる

三角点

三角点は平面的な位置の基準。山頂に多いが、本来、山の高さを示すものではない

Chapter3

コンパスワークの基礎

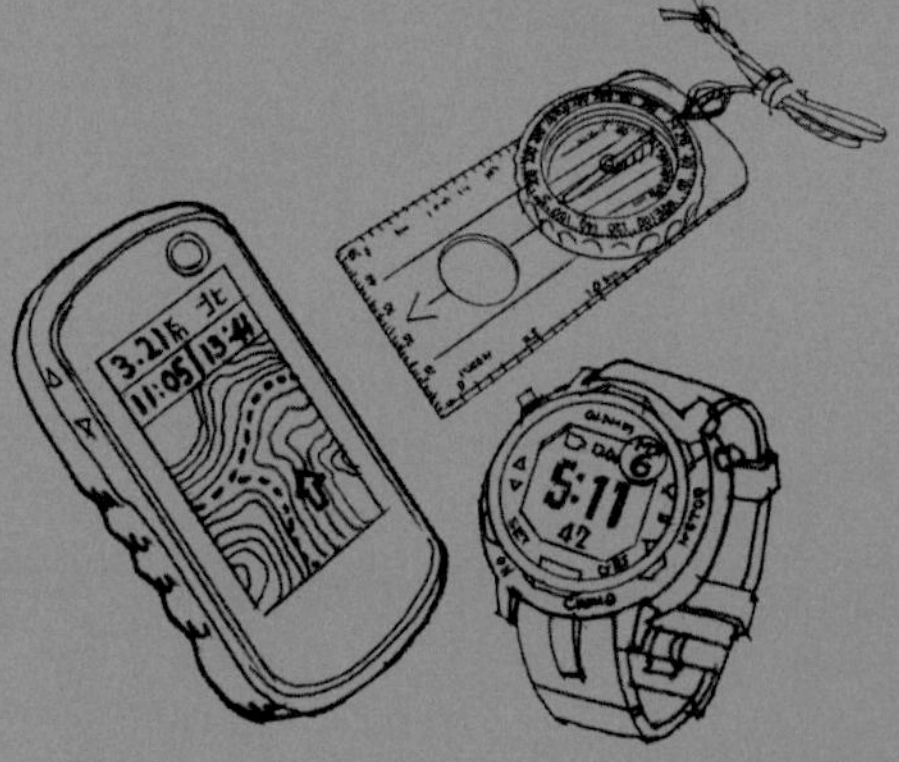

アウトドアで使うコンパス

地図と併用するならプレートタイプ

アウトドアで使うコンパスで大切なのは軽量であること。そのうえで、方角が簡単に設定でき、正確でわかりやすいことが大前提となる。

アウトドア用のコンパスにはさまざまな種類がある。もっとも一般的に使用されるのはプレートタイプ。このプレートタイプにミラーがついたもの、さらにコンパクトなリストタイプなどがある。ほかにも上級者向きのレンザティックタイプがある（P.56-57参照）。軍用コンパスを市販用に改良した丈夫で高精度なものだが、使うのには少々慣れが必要だ。

コンパスはその目的や用途によって選ぶべきタイプは違ってくる。たとえば、地図を使ったオリエンテーリングなどでは通常のプレートタイプで十分。ただし、山などの目標物と地図を比べながら使うのであればミラー付きプレートタイプコンパスが欠かせない。もちろんミラーなしでも対応可能だが、より正確な読み取りができるミラー付きがおすすめだ。現場では地図上のたった1㎜のずれが実際の行動に大きく影響する。

また、アウトドアで活用するコンパスは天候の影響も受けやすい。寒冷時でも磁針がスムーズに動くように、凍りにくいオイルが封入されたタイプが便利だ。

アウトドアでは、地図とあわせて使う以外は、コンパスを常にぶら下げて歩くことはしない。歩行の邪魔になるだけでなく、ストラップが引っかかってしまうなどの危険にもつながるからだ。コンパスは比較的すぐに取り出しやすい場所に収納しておくのが基本だ。

コンパスの機能を知ろう!

プレートタイプの標準モデル

スント A-30

スント(アメアスポーツジャパン) ☎03-6831-2715

距離定規
定規の目盛りがついていて、地図の距離が測れる。本機種には右辺と上辺に地図の縮尺スケール別の定規もついている

進行線矢印
自分がこれから進む方向、または目標物の方向を指し示す矢印。コンパスを正しく持つ場合に重要なポイントになる

拡大レンズ
地図を拡大して見たいときにルーペとして使う。サバイバル時にはこれで太陽光を集めて火をおこすことができるという

左辺
進行線矢印を上に向けた場合の左ふちの部分。本機種にはcm 単位のスケールがついている

右辺
進行線矢印を上に向けた場合の右ふちの部分。本機種には2万5千分の1のスケールがついている

インデックスライン
方角を読み取るための線。目標方向にコンパスを構え、磁針とNが重なるように回転板を回すと進行方向の目安を示しくれる

ノースマーク(回転板矢印)
回転板の底に描かれた赤い矢印。回転板と一緒に動く。真上から見て磁針と位置を合わせるため、針の幅より太くなっている

磁針
コンパスの中枢部分。この赤い針が常に磁北を指す。ガタつきがなく、ピタッと止まり、かつスムーズに動くものを選ぶ

ハウジング
磁針が納められているカプセル。ここにオイルが封入されているタイプは−40℃の寒さでも磁針が安定して動く

回転板
全体を回して角度を測定するコンパスのなかでもっとも重要な部分といえる。スムーズに回り、しっかり止まるものを選ぶ

回転板目盛り
回転板についた2度刻み、360度の目盛り。進行線矢印の下部に固定された目盛りに数字を合わせれば角度が読み取れる

磁北線インデックス
回転板の底に描かれた数本の線。すべてノースマークと平行になっている。地形図に書き込んだ磁北線にこの線を合わせる

さまざまなタイプのコンパス

プレートタイプ

小さくて使いやすい入門用ソリッド形状

登山の入門者やオリエンテーリングにも最適なプレートタイプ。軽く、コンパクトで使いやすい。ミラー付きと違うのは、手で持ったとき自分の手前側にハウジングがくること。ミラー式との兼用には慣れが必要

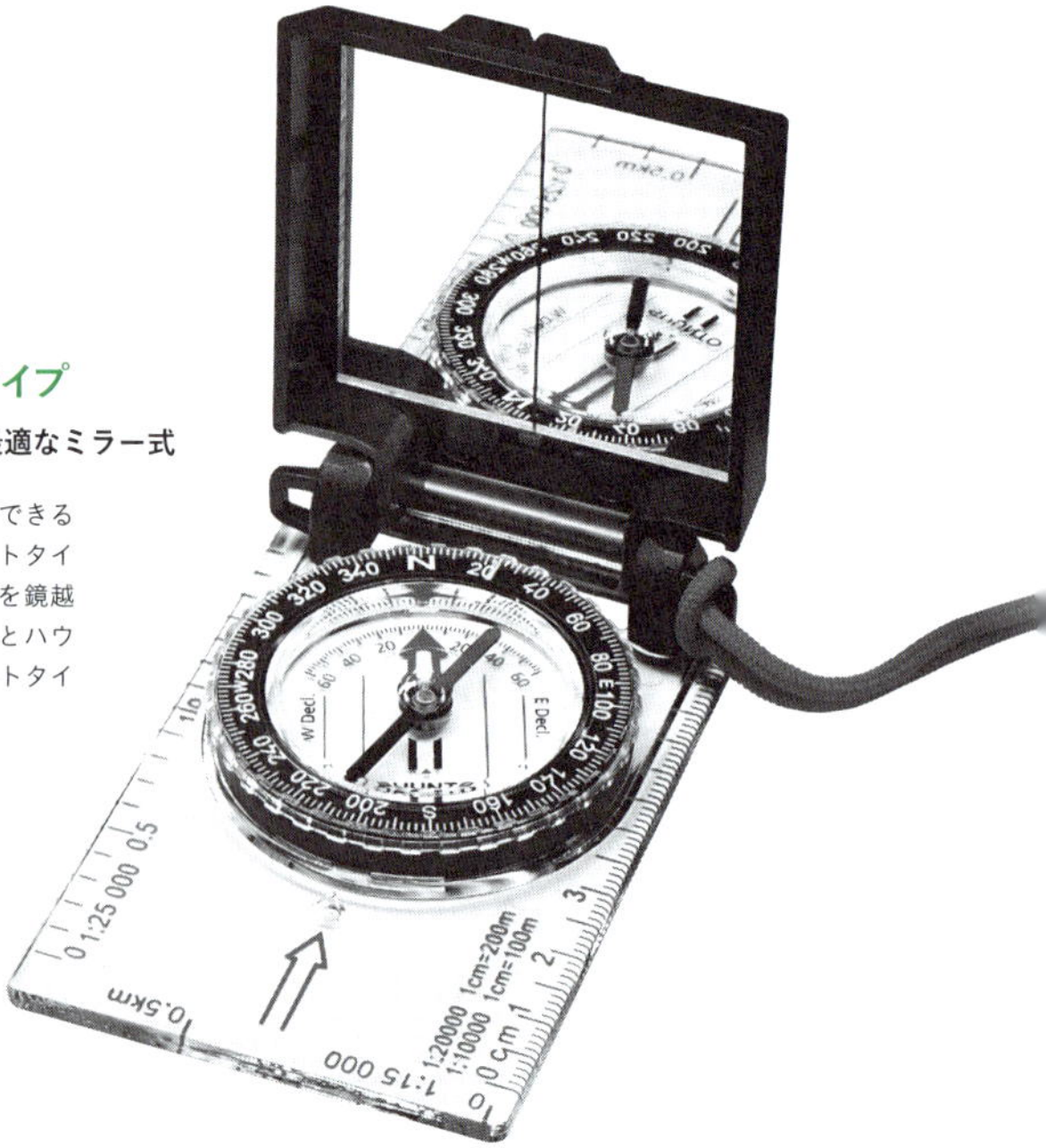

ミラー付きプレートタイプ

本格的な地図との併用に最適なミラー式

鏡を使って精密な読み取りができるミラー付きコンパス。プレートタイプと違い、磁針や目盛りなどを鏡越しで確認するため、プレートとハウジングの並びと向きはプレートタイプとは逆の設定に

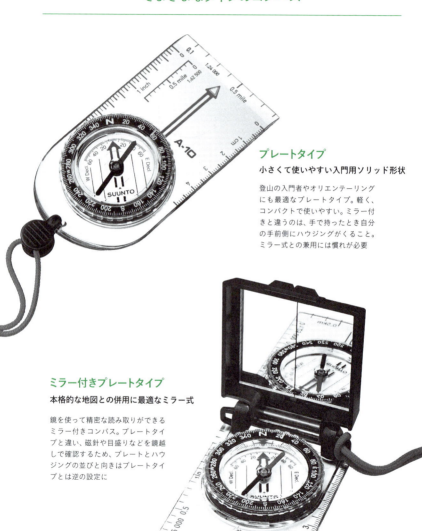

レンザティックタイプ

ミル目盛りとのぞき窓で
目標物を高精度に捉える

陸自モデルの本格的な機能を残して軽量化。過酷な条件下での使用にも耐えうる。しかも小型レンズで360度を6400等分したミル目盛りを読み取り、のぞき窓から目標物の方角を完璧に捉える

コンパスグラスタイプ

測量のプロも愛用する
グラスタイプのコンパス

測量調査でも使用するコンパス。使い方は単眼鏡をのぞくだけ。グラスの視界にある縦の線と一致した目盛りが磁気方位を示す。軽量・防水プラスチック製で、高度10000m、水深50mでも問題なく機能する

リストタイプ

簡単な方角確認に便利な腕時計タイプ

サイクリングやカヌーイング、トレイルランニングなどで両手を使いながらのコンパスワークに最適なタイプ。地図との併用を考えなければ、手軽な方角確認にはとても便利だ。手首につけて使用する

磁北と真北の関係

コンパスの磁針は西に4～10度ずれている

地図は基本的に北を上にして描かれている。この地図が基準とする北は真北（しんぼく・しんぽく）といい、地球の自転軸にある北極点を指している。これに対し、コンパスの磁針が指す北は磁北（じほく）というが、実はこの磁北が真北とは一致せず、微妙にずれているのだ。現在、地球の磁力の北（磁北極）は、北極点から約11度ずれた北カナダにあるといわれる。

このような磁北と真北のずれを磁気偏角と呼び、日本では4～10度程度の差がある（左ページ参照）。緯度によって異なり、札幌で約9度、東京や大阪で7度、鹿児島で6度と、南へ行くほど値は小さくなる。

国土地理院発行の5万分の1、2万5千分の1、1万分の1の地形図には磁気偏角が記載されている。たとえば、地形図欄外の凡例の下に「西偏○度」と、その対象地域の数値が表示されている。「西偏」つまり日本ではすべて本当の北よりも西側にずれている。よって、コンパスが示す磁北より東側へ角度を補正することで、本当の北の方向がわかる。

コンパスを使う場合、この磁気偏角を補正しないと、地図上と現場での距離や角度に誤差が生じてしまう。磁気偏角の数値は地域によって異なってくるので、該当の地図を使う際には必ずこの補正作業を行わなければいけない。

また偏差の値は、約7度50分などと60進法で表される。つまりこの場合は、7度プラス50分と、ほぼ8度とみなし、コンパスを東側へ8度ずらす。

磁石の北と本当の北

北極星のある方向が真北、つまり本当の北。コンパスの指す北を磁北といい、真北とは少しずれている。このずれた角度を磁気偏角、あるいは磁北偏差と呼ぶ。わずかな角度のずれであるが、厳密な読図が求められる場合には、これが大きな誤差になり、実際の行動に支障をきたすこともあるため軽視はできない。また、磁北の方位は日時を追って微妙に変化している。国土地理院のデータによれば、一日の変化量こそ10秒程度と小さいものの、10年間では10分、30分もの変化に相当する。そのため地形図に表示される偏角は10年ごとに改訂された数値を使用することになっている。なお、磁気偏角に関するデータは、国土地理院 地磁気測量ホームページで閲覧することができる
http://vldb.gsi.go.jp/sokuchi/geomag/index.html

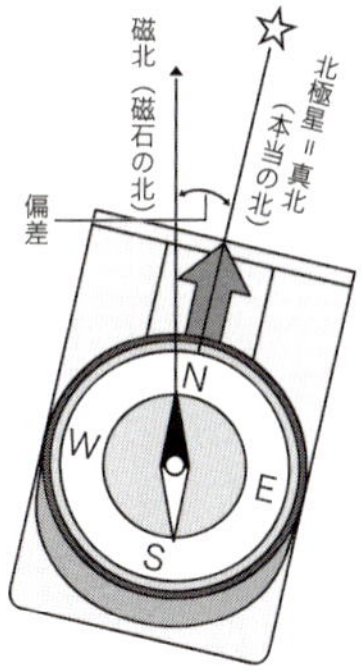

日本の偏角分布図

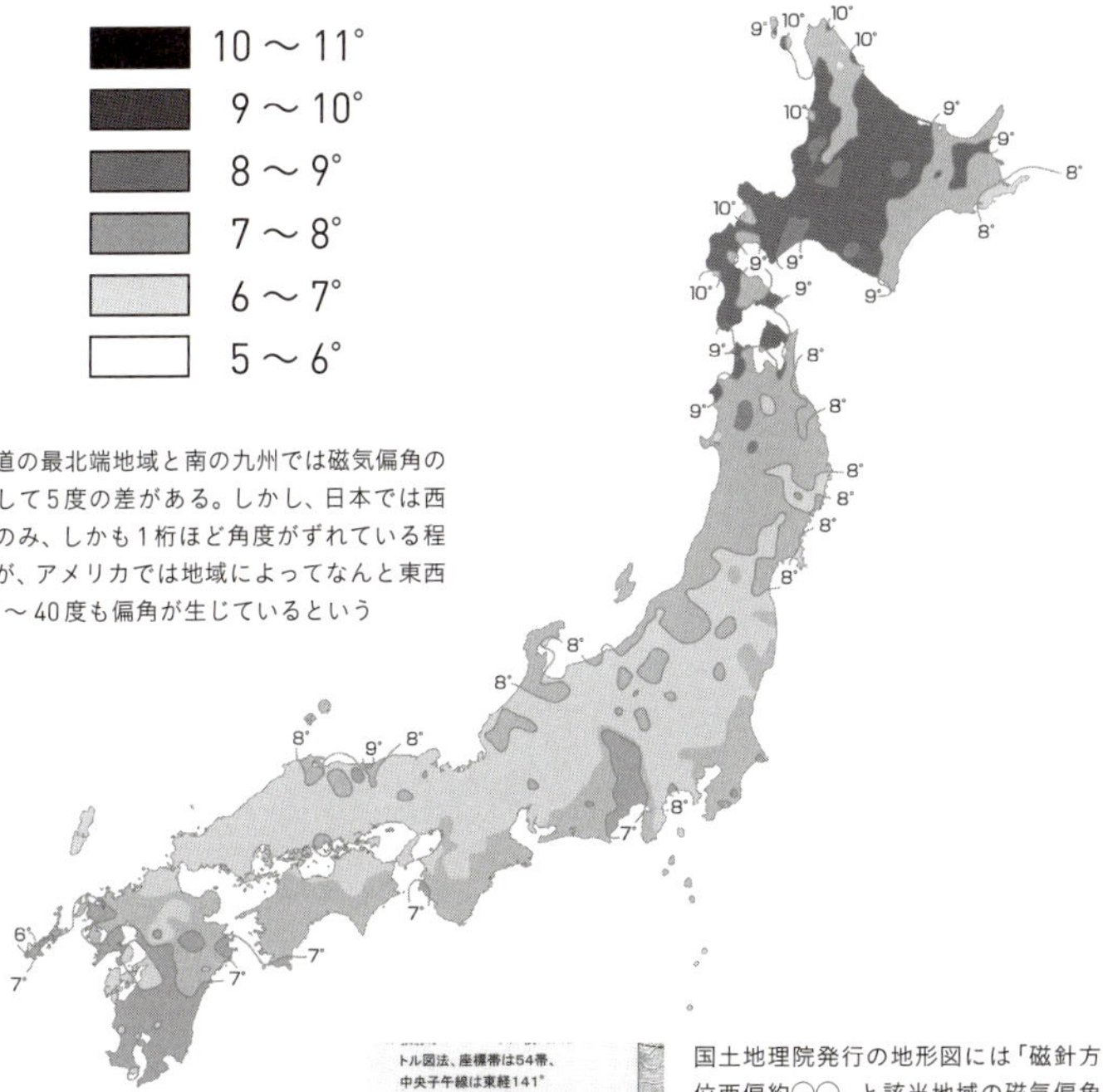

北海道の最北端地域と南の九州では磁気偏角の値にして5度の差がある。しかし、日本では西側にのみ、しかも1桁ほど角度がずれている程度だが、アメリカでは地域によってなんと東西に30～40度も偏角が生じているという

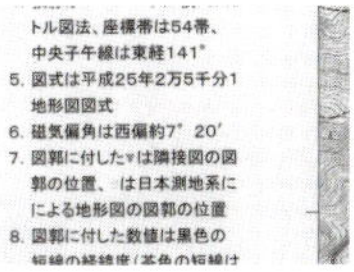
トル図法、座標帯は54帯、
中央子午線は東経141°
5. 図式は平成25年2万5千分1
地形図図式
6. 磁気偏角は西偏約7° 20′
7. 図郭に付した▾は隣接図の図
郭の位置、は日本測地系に
による地形図の図郭の位置
8. 図郭に付した数値は黒色の

国土地理院発行の地形図には「磁針方位西偏約〇〇」と該当地域の磁気偏角が必ず記載されている。写真の「西偏約7°20'」は7度20分と60進法で統一されている。だから6度50分は6.5度とはならないので注意したい

イラスト＝小倉隆典

磁北線は必ず引く

コンパス操作に便利な4㎝間隔の平行線

磁気偏角について理解したら、実際の地形図にコンパスの磁北が示す南北のラインを書き込んでいく。このラインを磁北線という。磁北線を引いておけば、現場でコンパスと地図の併用がよりスムーズに行える。

では、実際に国土地理院発行の地形図にラインを引いてみよう。たとえば「八ヶ岳西部」の2万5千分の1地形図を使用した場合、磁北偏差は「西偏約6度10分」と記されている。つまり地図上では磁北が西へ約7度ずれていることになるため、360度から6度引いた354度の目盛りをコンパスのインデックスラインに合わせる。

次に目盛りを合わせたコンパスを地形図の右下に当て、右辺である南北のふちの線とコンパスの磁北線インデックスのどれか1本に合わせる。そして、コンパスの左辺に沿ってラインを引く。このやや左に傾いたラインが磁北線になる。なお、コンパスの代わりに分度器を使う方法もある。同様に地形図のふちに分度器を当て、磁気偏角の目盛りを測り、右下のふちからラインを結ぶ。手間はかかるが、より正確な線が引ける。

今度は、同じラインを平行に通常4㎝間隔で地図いっぱいに引く。2万5千分の1の地形図では4㎝が1㎞に相当する。4㎝間隔に磁北線を引くことでだいたいの距離の目安にもなる。

地形図を手に入れたら、まずは磁北線を引くことから始める。地形図は磁北線を引かない限り、実際の山では使いこなせないものと認識してほしい。

磁北線の引き方

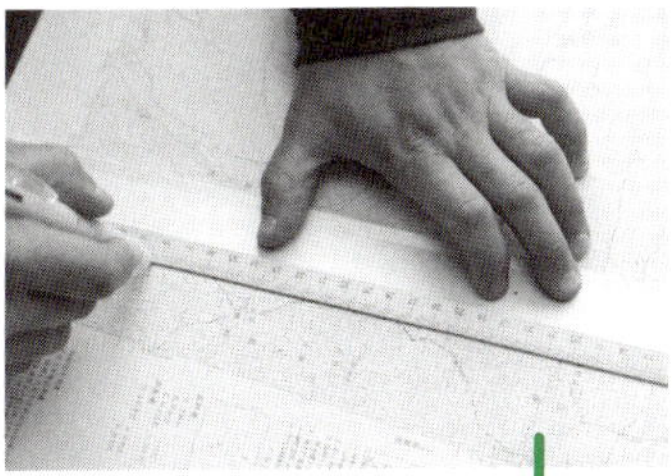

初めにコンパスの辺で引いた磁北線をもとに、今度は長い定規を使って地図の上下いっぱいまでラインを延ばす

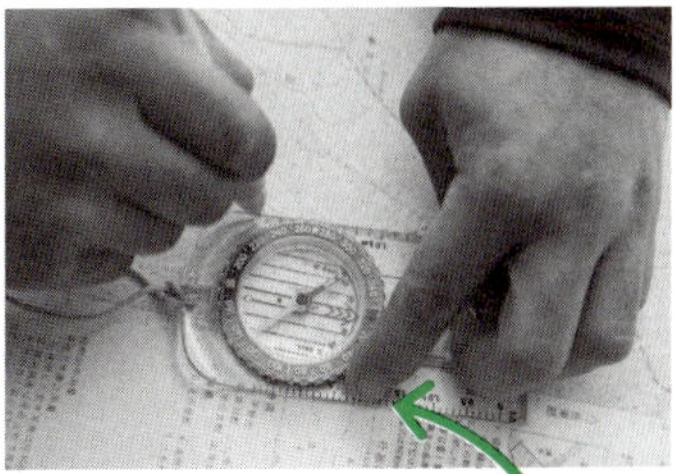

インデックスラインを360－7=353度に合わせたら、地形図のふちと磁北線インデックスを重ね、左辺を使ってラインを引く

最初のラインと平行に4cm間隔で磁北線を引く。その際、定規の下辺に別の定規を垂直になるように当ててスライドさせれば、4cm間隔の平行線をスムーズに引ける

この地形図には磁針方位（磁気偏角）は西偏約6度10分と表記されている。この場合、10分は切り捨て6度とし、その分を補正する

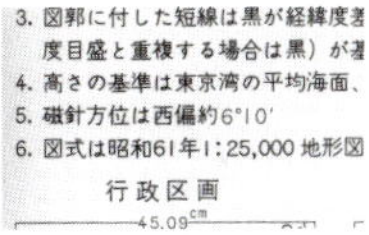

3. 図郭に付した短線は黒が経緯度差
度目盛と重複する場合は黒）が差
4. 高さの基準は東京湾の平均海面、
5. 磁針方位は西偏約6°10′
6. 図式は昭和61年1:25,000 地形図
行政区画
45.09cm

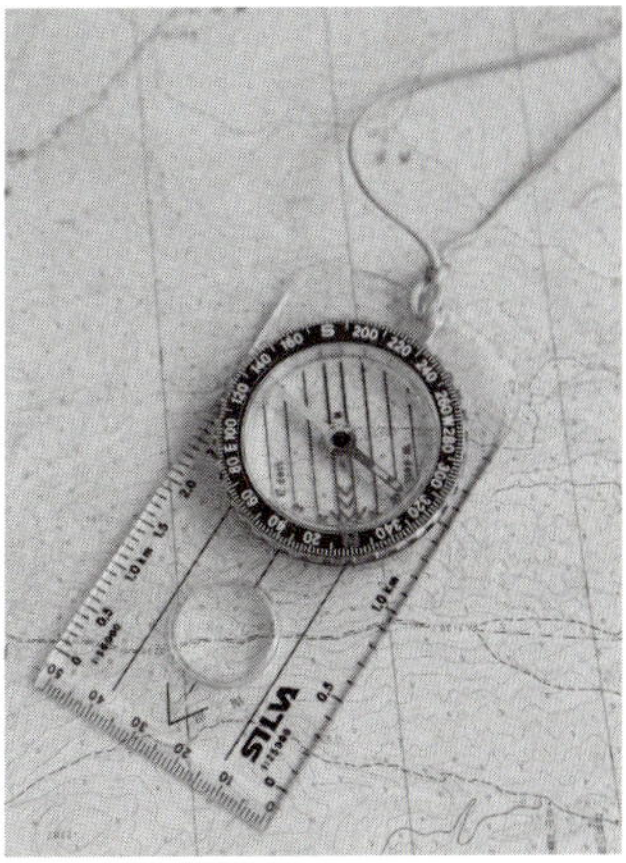

国土地理院刊行の地形図はコンパスと併用することが前提。そのためにもあらかじめ磁北線を引いておくことは基本中の基本である

コンパスの正しい持ち方

常に体と目線と同じ方向に

山で使うコンパスの目的は大きくふたつに分けられる。ひとつは方角を見ること、もうひとつは目標物を見ること。まずはそれぞれの目的に応じたコンパスの正しい持ち方を理解することから始めよう。コンパスは正しく持つことでより精度の高い情報を得られる。なお、ここからはより正確なコンパスワークのために、原則としてミラー付きコンパスを使った実例を紹介したい。

まず、方角を見る場合、コンパスが常に体の正面にくるようにする。よく初心者がミスしやすいのが、コンパスと体や顔が別々の方向になってしまうこと。慣れないうちはコンパスを両手で持ち、自分のみぞおちあたりに据える。向きを変えるときは手だけでなく体ごと動く。そうすれば、確実な方向を捉えることができ、その位置から行動するときもずれは少なくなる。

次に目標物を見る場合は、今度は体だけでなく、目とのずれも重要になってくる。たとえば、ミラー付きコンパスを使って、目的の山が何度の方角にあるのかを調べる場合、目標物→ミラーの中心→磁針の中心が一直線状になるよう、常にミラー越しに目で確認し、調整することが必要になる。

目標物の山頂、ミラーと磁針の中心がミラー越しに一直線に並んだ状態。コンパスや体と目線の向きを目標物にきちんと合わせることが重要だ

コンパスの持ち方

正しい持ち方

方角を見る場合

コンパスは両手で支えるのがいちばんよい。また、地面に対しては水平になるように保つ

OK

体と顔、目線の向きがそろっている理想的な状態。磁針を確認するときはコンパスの位置は変えずに真上からのぞき込む

目標物を見る場合

目標物をミラーと磁針の中心で正確に捉えるため、コンパスを目線と同じ高さまで持ってきている

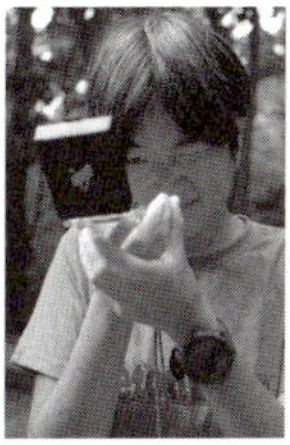

OK

コンパスを構える高さが変わっても、目線、コンパス、体の向きがそろっており、水平もきちんと保たれている

誤った持ち方

方角を見る場合

コンパス、体、目線の向きがすべてバラバラ。このような状態では正確な測定はできない

目標物を見る場合 NG

コンパスの水平が傾いていることに意外と気づかない。とくに片手でコンパスを持つと水平や方向が狂いやすいので十分に注意すること。また、体が傾むくと、コンパスが体の中心からずれている。またコンパスの位置が低いと、ミラーを確認しづらい

目的地の方向を確認する方法

現在地からの角度を割り出すベアリング

まず、そもそも目的地の方向を探すというのは、迷ってしまったときの話である。だから本来はそうならないように対処しなくてはならない。たとえば、これから向かおうとする山に対して自分がどこにいるのか？常に現在地を把握しておくことが大切だ。とはいえ、実際の山では迷うことが少なからずある。たとえば、方向は合っているようだが、途中で道が大きく分かれた……。そんなときは地図とコンパスを有効利用しよう。すでに地形図には磁北線が引いてある。自分の現在地がわかっている状況であれば、そこから目的の方角を割り出せる。自分が今、左ページの図の標高1830m地点Ⓐにいるとする。ここは地形図を見てわかるように広い稜線。一本道だがガスが発生すると視界が悪くなる。そこで次の神楽ヶ峰の稜線に出るまでの方角を確認し、その方角どおり歩けるようコンパスをセットする。

まず、コンパスの辺を現在地Ⓐと目的地の神楽ヶ峰へ続く稜線上のⒷにそれぞれ当て、ふたつを辺で結ぶ。その状態で磁北線インデックスを磁北線に重ね合わせる。現在地から稜線までの角度は約266度と出る。次にコンパスを正しく持ち、自分自身が回ってノースマークと磁針を合わせる。そのままコンパスの進行線矢印の示す方向に歩いていけば目的地に着くというわけだ。なお、このように現在地から目的地までの角度を出すことをベアリングと呼び、コンパスの基本操作としてさまざまな場面で活用される。

ベアリング〜目的地の方向を知る方法

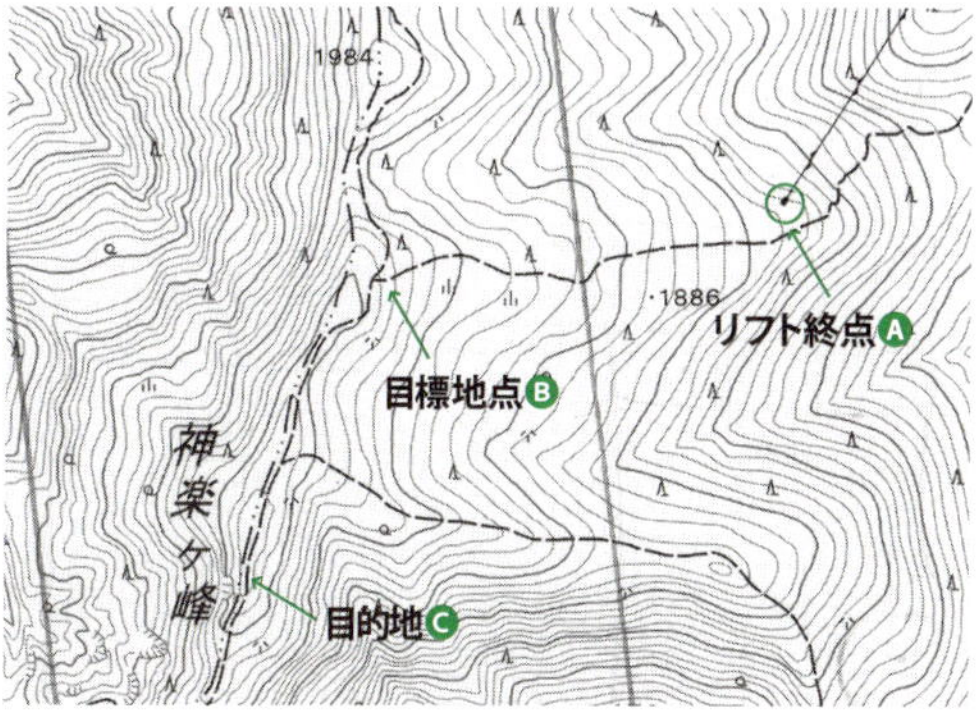

現在地
リフト終点
（標高1830m付近）
↓
目的地
神楽ヶ峰

リフト終点からのルートは登山道のため方向は多少ずれることもあるが、目標地点までの最終的な方向が合っていれば、ベアリングで修正しながら登っていけばよい。なお、神楽ヶ峰のルート上では稜線に出れば先が崖になっているため、それ以上前に進むことがなく、行きすぎる心配はない

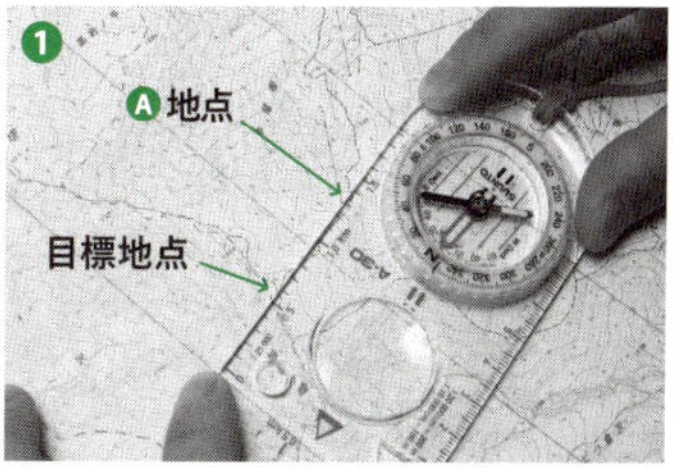

現在地である標高1830m付近と目的地である神楽ヶ峰につながる稜線付近をコンパスの辺で結ぶ

その状態で回転板を回し、磁北線インデックスのどれか1本を磁北線に重ねると目的地までの角度が出る

コンパスを正しく持つ。方角を見る場合なので、みぞおちあたりに構える。コンパスを持ったまま、自分が体を回してノースマークと磁針が重なる位置を探す

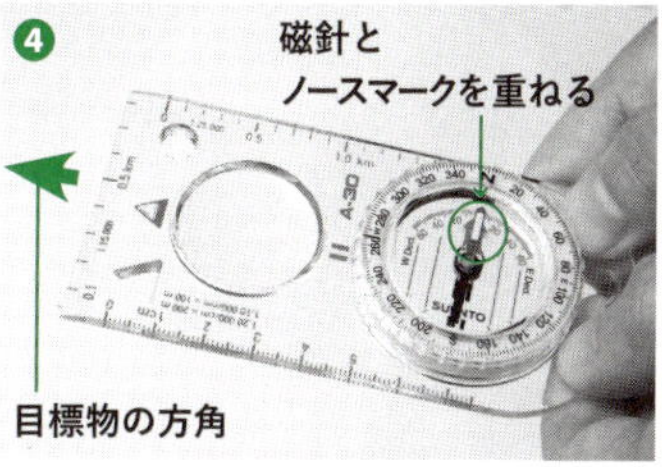

ノースマークと磁針が重なった状態であれば、進行線矢印はまっすぐ目的地の方向を指していることになる

山座同定

見えている山の名前を知りたい場合

コンパスで方角を測って地図上で確かめる

登山をしていると、自分の目の前に広がる景色のなかから、その先にある山の名前を知りたいと思うことがある。それを地図とコンパスを利用して確かめることを山座同定という。その方法は、前ページで紹介した「目的地の方向を知る」とまったく逆の手順だ。つまり、実際に見える目標物からコンパスで方角を測り、それを地図に合わせて名前を特定するわけだ。

まず、コンパスの進行線矢印を目標の山に向ける。次にノースマークを磁北線インデックスに合わせ、目標までの角度を割り出す。そのあと、コンパスを地図に置き、磁北線インデックスを磁北線に合わせていく。

では、これを実際の例にあてはめてみよう。現在地は妙義山を望む道の駅。目の前に見えるいちばん高い山の名前を知りたいとしよう。妙義山には凸凹した山が数多く連なっていて、ぱっと見ただけではどれがどの山なのかがわかりにくい。そこで、そのなかから知りたい山は何かを明確にするために山座同定を行う。

まずは道の駅から先ほどの手順にしたがって知りたい山にコンパスを向ける。そして、ノースマークを磁北線インデックスに合わせて角度を出したら、コンパスを自分の目線から地図上に移す。次に、コンパスの片方の辺を現在地である道の駅に当てる。今度は現在地を基点にコンパス本体を回しながら、磁北線インデックスを地図上の磁北線に合わせていく。その際、基点からコンパスの辺の延長線上にきた山が、知りたかった山（この場合は相馬岳）、と断定できる。

山座同定の手順

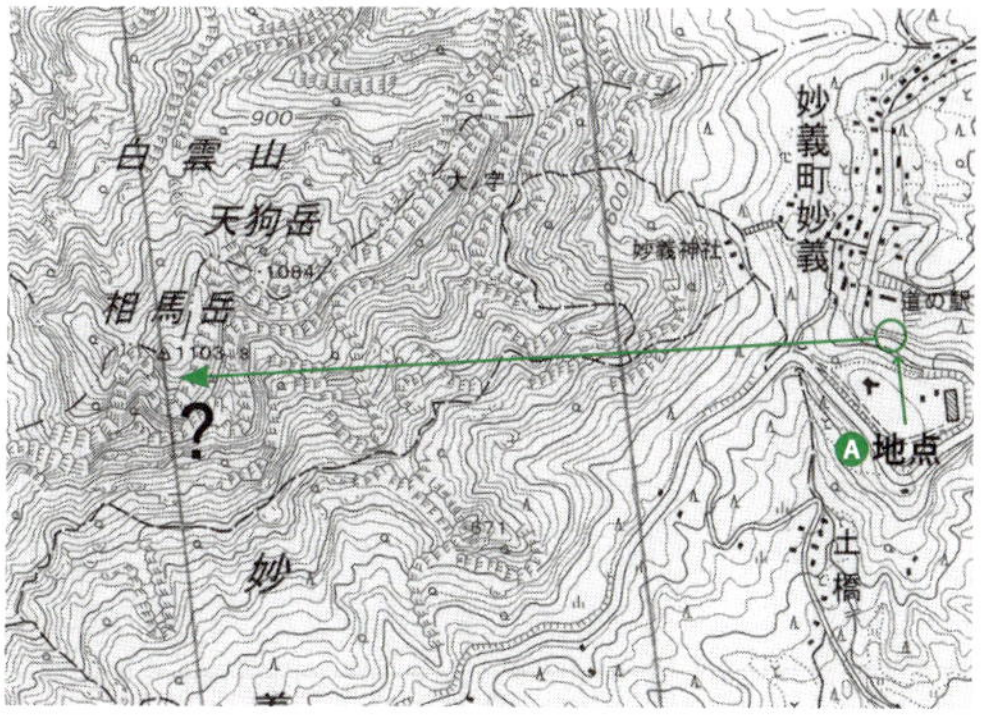

現在地
道の駅
↓
目標物
相馬岳

妙義山の周辺には天狗岳、相馬岳、白雲山、さらに目を離すと東岳や金洞山とさまざまな山が連なっている。しかも、いずれの山も切り立った崖のようなかたちをしているため、最初は目的の山を目視で断定するのは難しい。そんなときに便利なのが山座同定。現在地さえはっきりしていればどこでも使える方法だ

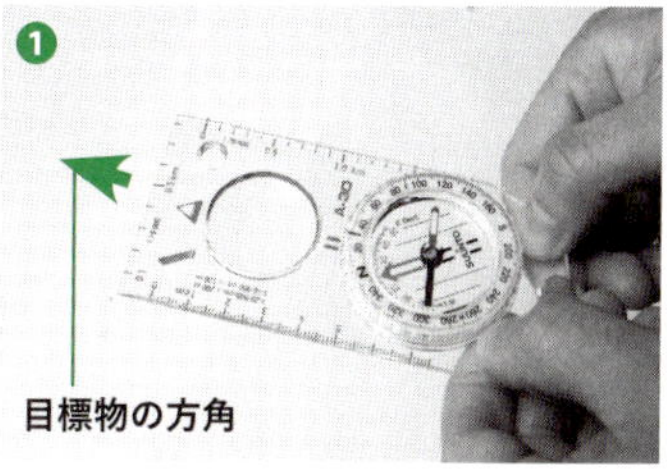

コンパスの進行線矢印を目標物（知りたい山）に向ける

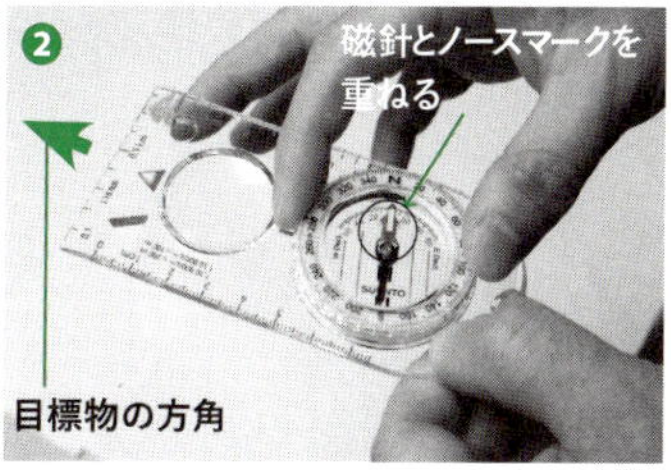

進行線矢印が目標物の方向を指している状態のまま、磁針とノースマークを合わせる。そのあと地図に置く

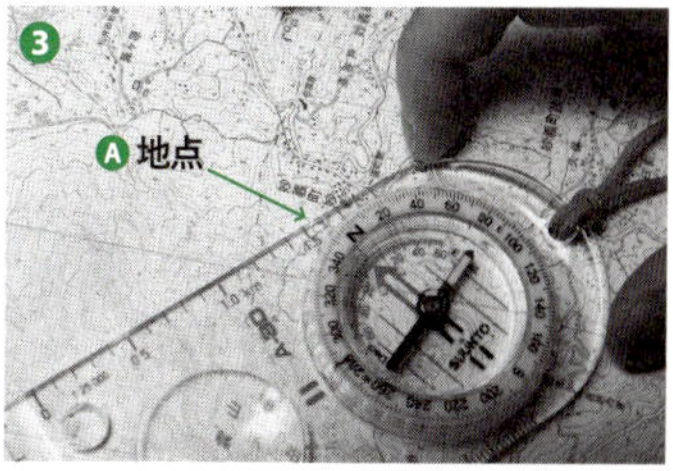

現在地であるA地点を基点として、コンパス本体を回しながら磁北線と磁北線インデックスを合わせていく

磁北線と磁北線インデックスが重なった状態のとき、コンパス長辺の延長線上に相馬岳がくれば同定成功

明確な目標物がある場合

現在地を知る方法──❶

バックベアリングで現在地を割り出す

山頂へのアプローチの際、自分がいったいどこまで登っているのか、あるいは次の目的地まであとどれくらいかかるのかはっきりしない場合がある。ここでは、周辺にある明確な目標物を利用し、現在地を地図上で確かめる方法について紹介してみたい。ただし、この方法は周囲の視界が良いときに限られる。

たとえば、雷鳥沢を登って劔御前小舎に向かっているとする。自分が尾根上にいるのはわかっているが、果たしてどこまで登ったのか？　あとどれくらいで劔御前小屋に着くのか？　それらを知るために自分の現在地を明確に割り出していく。

ここでは明確にわかる真砂岳を目標物にし、コンパスの進行線矢印を向ける。そして、ノースマークと磁北線インデックスを合わせて角度を決めたら、ここから地図を併用していく。まず、地図の上にコンパスを置く。次にコンパスの辺を目標物であるⒶ真砂岳に当て、そこを基点としてコンパス本体を回しながら、磁北線インデックスと地図上の磁北線が、平行または重なる位置までずらしていく。磁北線インデックスと磁北線が一致したところで、基点の真砂岳からコンパスの辺に沿って地図上に線を引くⒷ。そして、この線と尾根が交わった部分Ⓒが自分の現在地となる。

なお、この方法では進行線矢印の180度逆に現在地がある。現在地を主体にコンパスを使うベアリングに対し、位置関係が反対になるこの手法を「バックベアリング」と呼ぶ。

バックベアリング〜明確な目標物がある場合

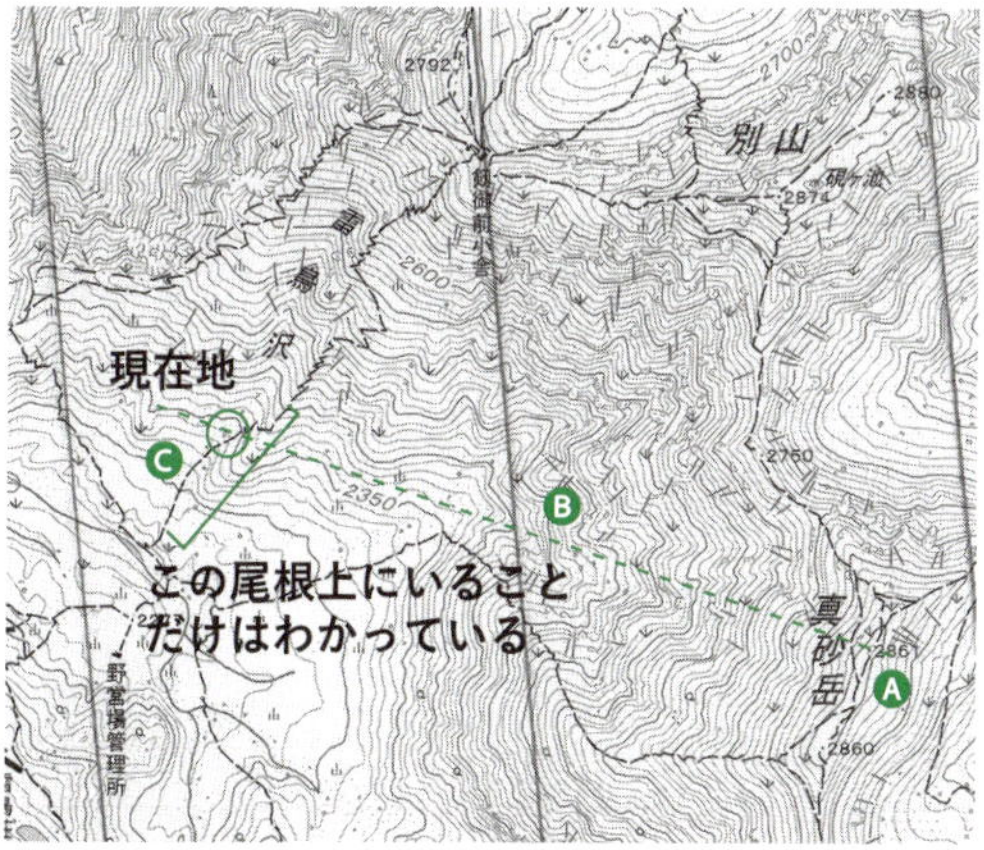

現在地
C雷鳥沢の尾根上
↓
目標物
A真砂岳

目的地の劔御前小舎は尾根のほぼ延長線上に位置しているため、そこを基点として線を引いた場合、尾根との交点は不明瞭になる。その点、A真砂岳は周辺でもっとも明確な目標物であるうえに、尾根の向かい側に位置しているため、線を引いた際にも明確な交点が導き出され、現在地がピンポイントで確認しやすい

目標物に向かって真正面にコンパスを構え、ノースマークと磁北線インデックスを合わせて角度を決める

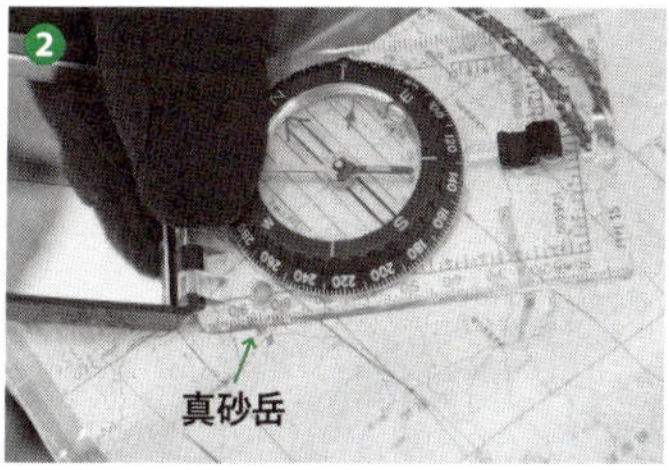

コンパスを地図に置き、地図上の目標物の部分にコンパスの辺を合わせる。ここが基点となる

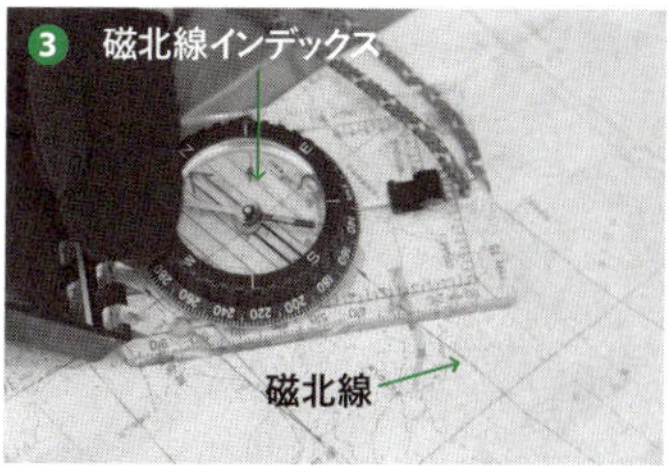

目標物を基点に、磁北線インデックスと地図上の磁北線が平行または重なる位置までコンパス本体を回す

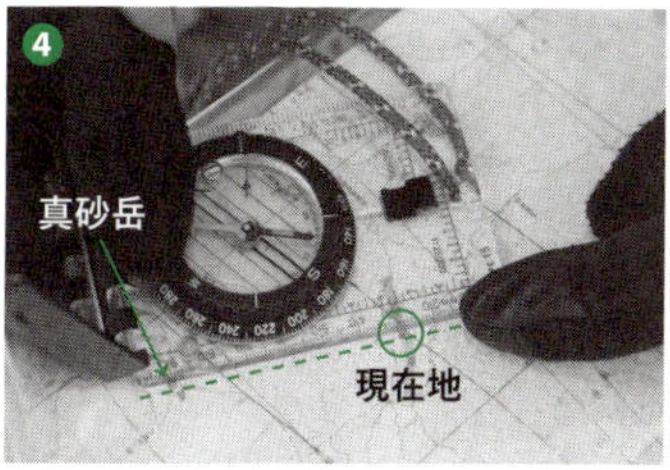

コンパスの辺と尾根が交わった部分が自分の現在地になる。山頂から線を引けばよりわかりやすい

ほとんどわからなくなった場合

現在地を知る方法——❷

2点以上の目標物から現在地を割り出す

自分の現在地がほとんど、あるいはまったくわからなくなってしまった場合、それを確認する方法がある。まず、周囲の目標物を探す。ここでのポイントは目標が何であるかが明確になっていなければならないこと。もうひとつは、2点以上、または複数の目標物があれば、より精度の高い現在地の確認ができることだ。

実際の地形図にあてはめてみよう。現在地は針ノ木雪渓付近。この時点ではそれ以上の場所の詳細はわかっていない。そこで、自分のいる場所から南側に見える3つの山を目標物とした。

ひとつ目の山は左ページの図右下のⒶ蓮華岳。ここでは山座同定で用いたバックベアリングで、目標物から現在地までの位置関係を割り出す。蓮華岳からの角度は170度。次に磁北線インデックスを磁北線に合わせ、コンパスの辺に沿って山頂から延長線を引く。次の目標物はⒷ針ノ木小屋とした。角度を測ると217度。そして同じく山頂から延長線を引く。これで図例のように2本の線が交わることが好ましいが、実際はなかなかうまくいかない。目とコンパスとのずれは必ず生じる。交わらない場合はもちろん、交わった場合でも念のためもう1本、線を重ねてみよう。線の数が増えればそれだけ精度も高まる。

3つ目はⒸ針ノ木岳。バックベアリングの結果、角度は236度と出た。同じく延長線を引いてみると、3本の線は一点に交わらなかった。ただし、ここから線に囲まれた周辺が現在地である可能性が推測できた。

現在地を知る方法❷（複数の目標物をベアリングする）

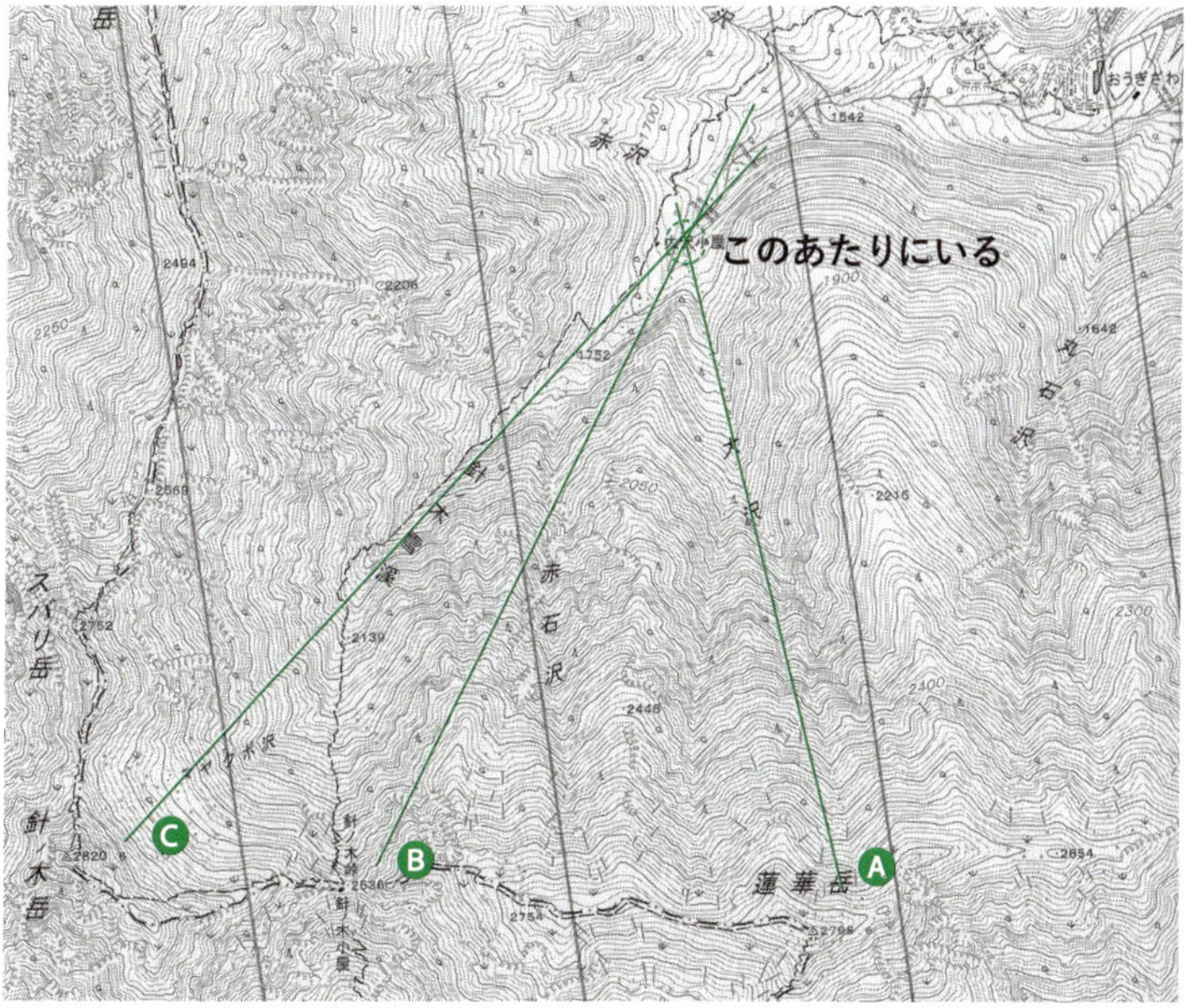

現在地 針ノ木雪渓上 → **目標物** 蓮華岳、針ノ木小屋、針ノ木岳

針ノ木雪渓からは明確な目標物となりうる３つの山が一望できる。とくに現在地をロストしてしまった場合などは、とにかく落ち着いて周囲を見て、できるだけ複数の目標物を確保するようにしたい

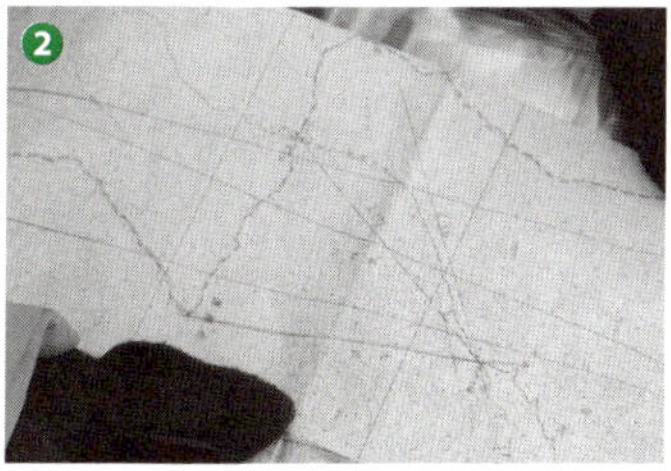

３本の延長線は一点に交わってはいない。目標物をさらに増やせばそれだけ精度は上がる

バックベアリングで目標物の山から延長線を引く。このとき磁北線インデックスの矢印は必ず北を指すこと

最終手段はストレートウォーク

ベアリングで修正を繰り返しながら直進せよ

登山の最中で道に迷い、目標物がわからず、完全にロストしてしまった場合の最終手段は、とにかくまっすぐ進むことである。こういうと「なんだ、まっすぐ進むだけか」と思う方もいるだろう。しかし実は、まっすぐ歩くことはそんなに簡単なことではない。人間はまっすぐ進んでいるつもりでも、リングワンダリング（英：Ringwandering、独：Ringwanderung、『環形彷徨（かんけいほうこう）』）という作用が無意識のうちに働き、足の利き、怪我や障害、骨格の歪み、癖などが原因で左右の脚のどちらか弱いほうへ回るようにさまよい歩く傾向があるのだ。

リングワンダリングは目標物がない空間や、平坦な場所で視界を奪われたとき、方向感覚が失われたときなどで起こりやすい。だから、雪山登山での遭難の原因にもなり、広大な場所であればあるほど抜け出せなくなってしまう。

では、まっすぐ歩くためにはどうしたらよいか？なんとなくでも進む方向がわかれば、ベアリングでその角度を割り出し、コンパスの示した方向へ歩き続ける。この方法をストレートウォークと呼ぶ。

また、遠くに目標物が見えているのであれば、目標物にベアリングして進むことが望ましい。途中に障害物があったら迂回し、再び体の向きを変えてノースマークと磁針を合わせて歩き出す。こうして修正を繰り返しながらひたすらまっすぐ進んでいくことが脱出成功の近道になる。

ストレートウォークの実践

ベアリングで修正を繰り返しながらまっすぐ進む

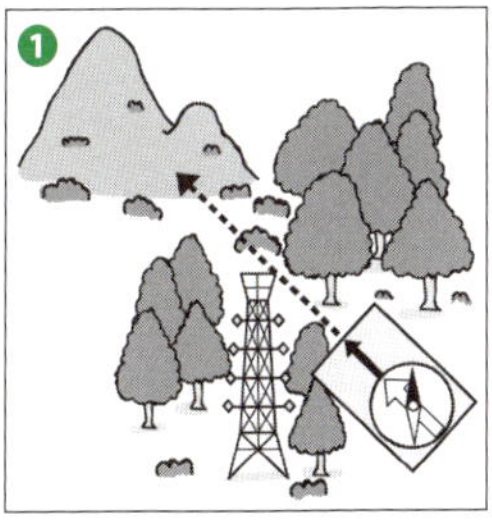

❶地図から行きたい場所の角度を割り出す。もしくは、実際に見えている目標物の角度を決める❷目的地の手前に何か別の目標物があれば、そこまでは歩きやすい道を選び、そこで再度ベアリングを行う

目標物がなければ先行者を利用する

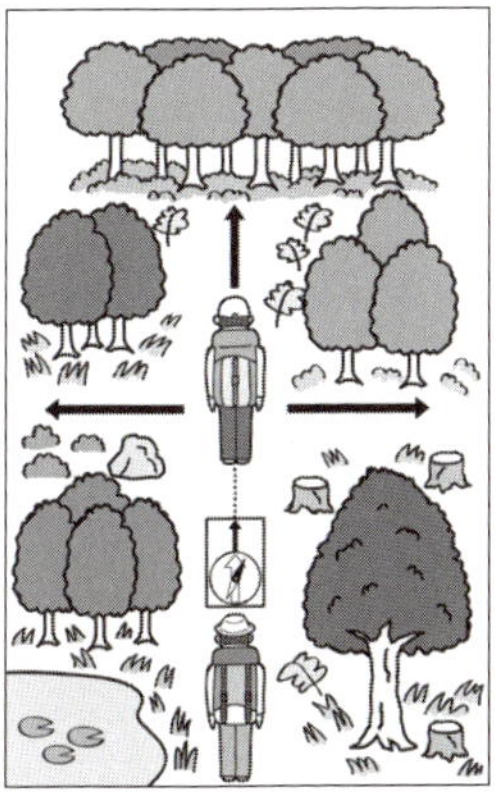

グループで行動する場合、前を先行して歩く人を目標物にすれば効率よく、しかも正確に進める。見通しの悪い森やヤブのなか、また、雪山など目標物が見つけづらい場所などを行くときにも有効だ

目標物の角度がわかれば、あとはコンパスを構え、磁針とノースマークを合わせたままの状態で目標物に向かって直進！

磁針とノースマークが重なった状態で歩く

現場でコンパスを使って距離を測る

アウトドアでも便利な三角測量

川を渡らなければいけない状況で、いちばん川幅が狭いところを目視では確認できない場合には、コンパスと三角法の原理を使って距離を割り出す方法もある。まず川のこちら側で、適当な2点（仮にⒶとⒷ）を決めて距離を測る。短い距離なら長さのわかるストックが使える。歩測する場合も、ストックで自分の歩幅を再確認してからのほうがより正確な距離が出せる。

次に対岸にある目立つ木や岩などを目標物（Ⓒとする）にして、こちら側のⒶⒷ各地点からコンパスを使って、Ⓒ地点までの角度をベアリングする。またⒶ地点からⒷ地点までの角度も測り、記録しておく。つまり、Ⓐ→Ⓑの距離、Ⓐ→Ⓑの角度、Ⓐ→Ⓒの角度、Ⓑ→Ⓒの角度の4つのデータをとっておく。

その次にこの4つのデータを紙に転記していく。アウトドアでは紙や分度器などは準備していないため、地形図の裏の白紙に作図していくとよい。

まず、白紙の上下のふちを南北とし、平らな場所に置く。この際、上が真北になるようコンパスで調整する。Ⓐ→Ⓑの距離が40mなら4cm（縮尺1000分の1）の線を図に描き、そこから地図で目標値から現在地を探すときと同じ要領でⒶ→Ⓒの角度、Ⓑ→Ⓒの角度を線で描き入れる。つまりその交点がC地点となる。

最後にⒶとⒷを結ぶ線（こちら岸）からⒸ地点までの最短の線を引き、計測する。つくった地図が1000分の1なら、1000倍すれば、目標の木までの正確な数字が割り出せることになる。

三角法を応用した測定法

任意のⒶ地点、Ⓑ地点を決め、対岸にⒸ地点（たとえば目標となる樹木）を決める。コンパスで計測した結果、Ⓐ地点からⒸ地点の角度が320度、Ⓑ地点からⒸ地点の角度が50度。Ⓐ地点からⒷ地点の角度が280度、距離は約40mとすると以下のような図がつくれる

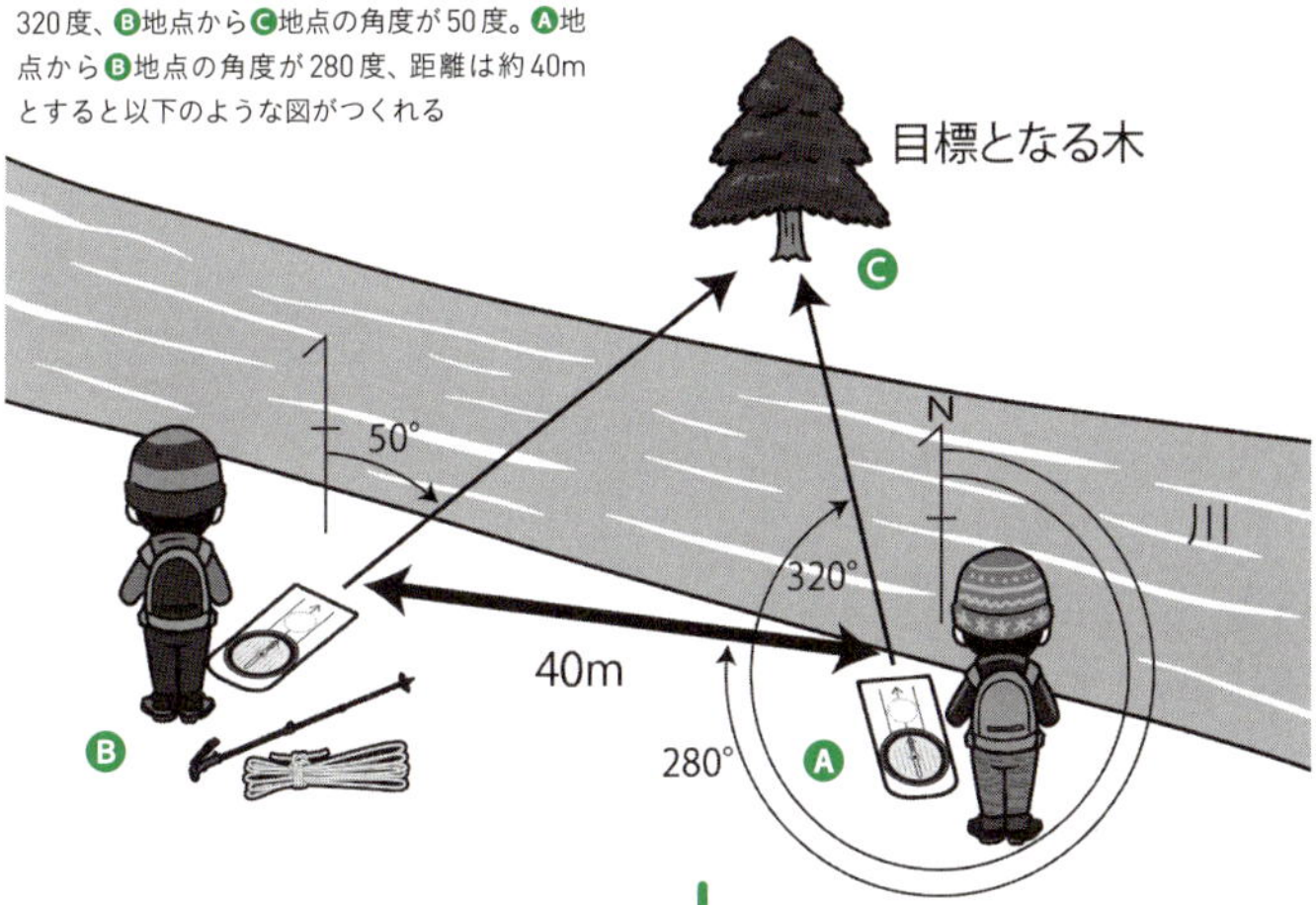

白い紙がなければ地図の裏を上が真北になるようにして置き、1000分の1の図を描けばこのようになる。ここでⒶⒷの下辺からⒸの頂点までの最短距離を測り、1000倍すれば実際の距離となる。この方法は木の高さなどを測るときにも応用できる

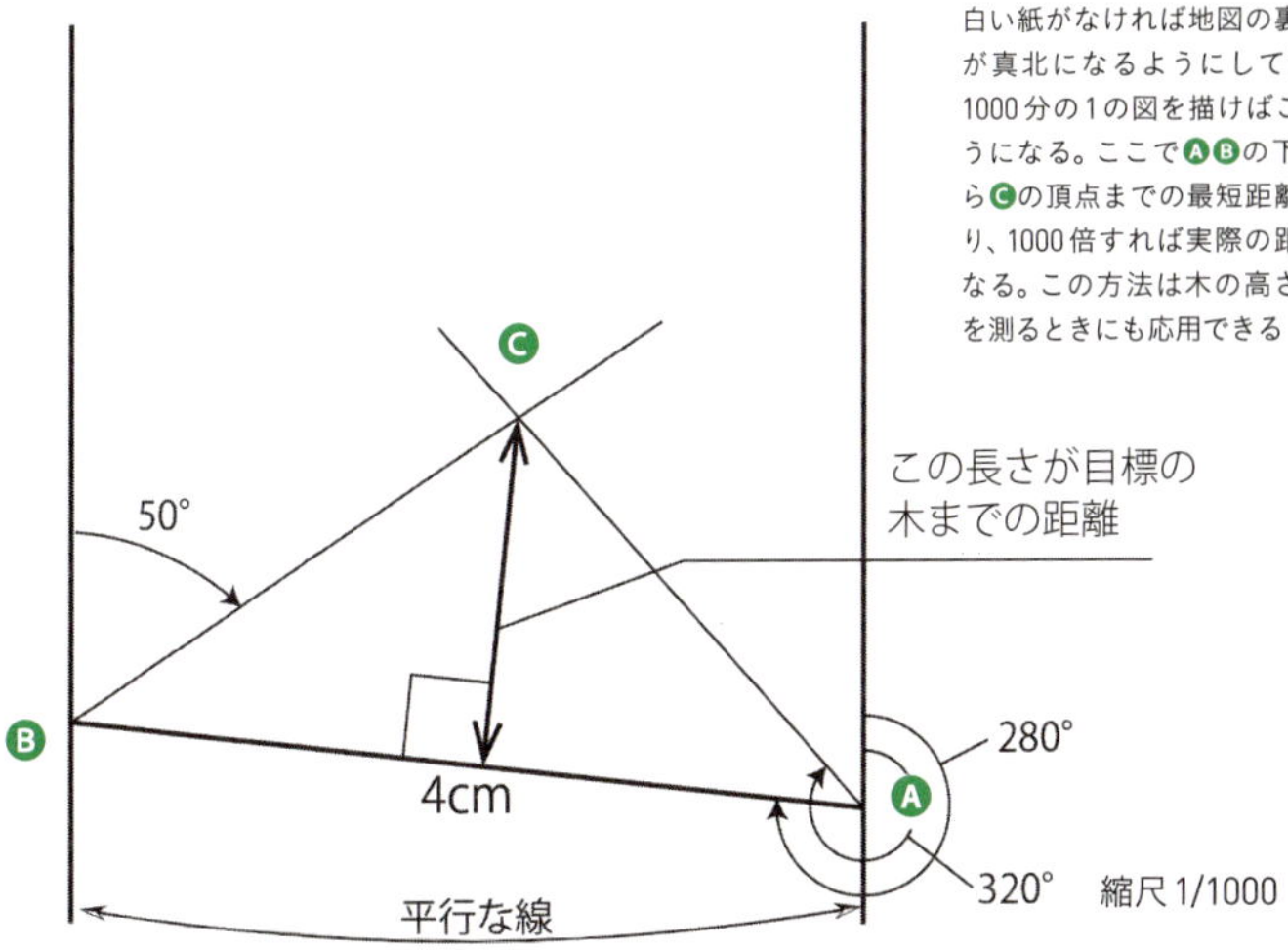

コンパスワークの事前練習

近所の公園で本格シミュレーション

　この第3章では地図を利用したコンパス操作の基本を解説してきた。さっそく覚えた知識を生かすべく、地図とコンパスを持って山へ出かけてみたいと思っている方もいるだろう。ただ、実際に山やアウトドアエリアで地図とコンパスを使ってみると、初めての人にとっては、あまりにもエリアが広すぎてわかりづらさを感じるかもしれない。たとえば、コンパスを使ってベアリングをして山の頂をめざすにしても、目標物まであまりにも距離がありすぎる。当然、初めのうちはコンパスを使い慣れていないので失敗するリスクが高い。

　では、実際の山ではどんな動きをすればよいのか？　まずは身近な場所でトレーニングしてみることも大切だ。アウトドアではなく、できるだけ安全圏な場所がいい。たとえば、近所の公園や神社には目標物になるものがたくさんある。公園のブランコ、滑り台、砂場。神社なら鳥居などが最適だ。それらに合わせてベアリングをして、コンパスの磁針がノースマークの枠に入った状態で歩く練習をしてみよう。

　また、実際の山では目標物に合わせてベアリングをしても、途中には木々や岩など障害物が多々ある。それは公園でも同じ。コンパスを構えてまっすぐ進めば必ず何かにぶつかる。ただ、回避のために迂回しても、もう一度体を回しながらコンパスの磁針をノースマークの枠に戻して進めば元のルートに戻れる。身近な場所で練習をして、この感覚をぜひ体で覚えてほしい。

公園で練習してみよう

身近な公園を登山ルートに見立てて練習してみる。あずま屋をスタートして再びここに戻る設定

前方の滑り台を目標物としてベアリングし、あずま屋からの角度を割り出す

目標物をミラーとコンパスの中心に。コンパスの延長線上に目標物を正確に捉えている

コンパスの磁針がノースマークの枠に入った状態をキープしたまま、目標物までストレートウォーク

滑り台に到着。目標物を捉えたら確認のため写真のようにタッチしてみるのもよい

今度は滑り台のこの位置からあずま屋の方向にベアリングをする。行きとはルートが若干変わった

コンパスをしっかりと保持し、磁針とノースマークの重なりに注意しながらまっすぐ進む

途中、ルートが少しずれたと感じたら、いったん止まってベアリングし直して修正する

ベンチに行く手を阻まれた！実際の山は障害物だらけ。決してまっすぐには進めない

ベンチ（障害物）を回避するため、進行方向を大きく変更した

再度ベアリング、または磁針をノースマークの枠に合わせて進む

無事あずま屋に到着。やはり目標物にタッチして終了

方角を意識したルート選びの重要性について

コンパスを利用して方角がわかれば、山のルート選び、状況把握もしやすくなってくる。

太陽は東の空に昇り、西の空へ沈んでいく。これら日の出と日の入りは、季節によって時間も変わり、太陽の高さも変わる。このことは実際の山行ルートを大きく左右する要因になる。

たとえば、冬の雪山などでは山の東斜面から歩きはじめたほうが暖かい。西斜面は気温が上がる昼以降でないと暖かくならない。

また、同じ冬でも日があたれば温度変化が激しくなり、雪崩れやすくなる。したがって、どこから登山をスタートし、どの方向を、いつ通っていくか、地形図から事前に予定を割り出しておき、現場ではコンパスを利用して正確な方角を確認しながら歩いていくのが基本だ。

さらに、方角と雪の関係について付け加えると、午前中の場合、西斜面は雪が締まっていて歩きやすいこともあり、地面の雪が固まってアイスバーン状になっていることもある。

一方、日あたりが激しい東斜面では、雪崩以外の変化もある。温度上昇により雪はやわらかくなり、歩きやすくなる場合がある反面、ぐちゃぐちゃに融け、腐ったような状態になってしまうこともある。とくに午後から日があたる東斜面は雪が腐って歩きにくくなるケースが多い。なぜなら、日中は時間を追うごとに気温が上がることがほとんど。それに加えて日があたれば、雪の変化はより激しさを増すことになるからだ。

もっとも、方角が重要なのは冬だけではない。たとえば、夏でも朝は気温が上がらない山の西側からアプローチしたほうがより効率的だ。ただし、同じ夏でも標高が高い山になれば東斜面からアプローチしたほうが快適。なぜなら、標高が高くなれば、気温は低くなるからだ。

このように方角は、山の高度や地形、地域、そして季節に合わせたコース取りを選ぶ際に、絶対に欠かせないファクターとなる。

登山では常に地形と方角の関係を意識しながらルート取りを行う

Chapter4

山歩きでの
実践テクニック

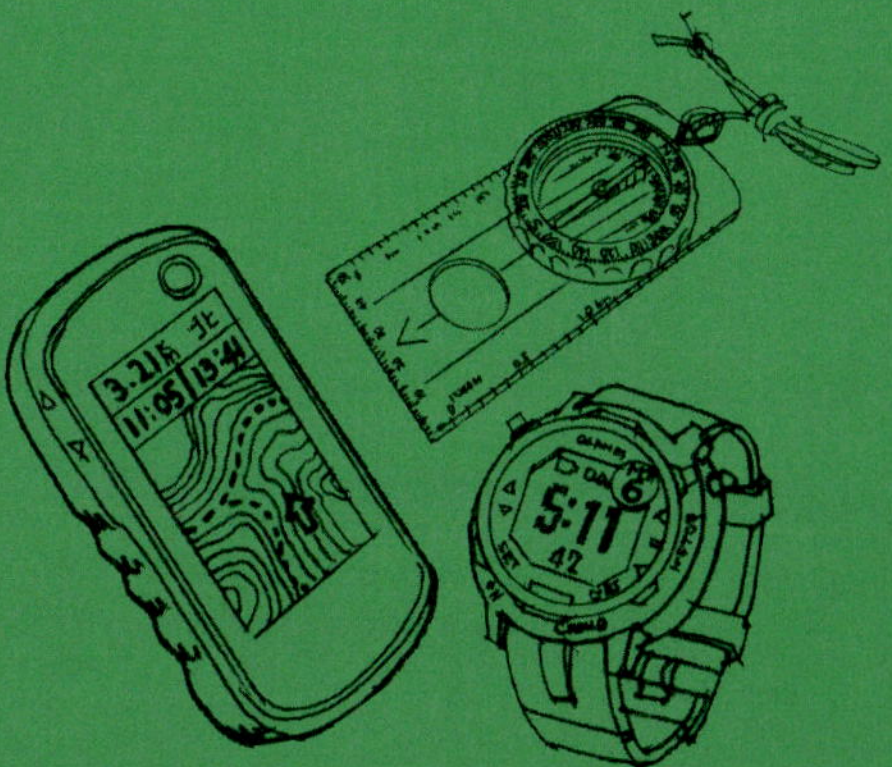

安全な登山のための事前準備

登山計画の重要性

　実際に登山を始める前に、まずは登山の計画を立てる必要がある。登山計画をしっかり練っていれば、急な状況の変化にも対応しやすくなるし、登山中のメンタルにも余裕ができる。

　安全で効率よく登山を楽しむためには、レベルに合った目的地とルートの選定、日程とスケジュールや参加メンバーの選定、装備や持ち物の準備、気象情報の確認などを最低限行っておかなければならない。その計画を立てるのには、先に紹介した地図を使った地形のイメージ化（三次元化）、正しいコンパスの使い方の確認、さらに以降で紹介する地図を使った山歩きの実践的なテクニックが役立つはずである。

　ただ、上記計画の精度を高めるためには、ある程度登山の経験が必要だ。P.118では登山用地図を紹介しているが、この地図にはコースタイムや目につきやすいランドマーク、危険な難所などが記載されている。しかし、実際にはその日の天候や季節によって状況は大きく変わる。これらガイドマップで紹介されている内容はあくまで目安と考えよう。

　理想は、経験を積むことで地図などの情報をもとに自分に合った計画を立てられるようになることだ。自分の体力の把握、過去の失敗から学んできたこと、山の特徴などなど、細かな情報から登山効率を上げるヒントが得られることもある。もし初心者でまだ登山の経験が浅いのであれば、無理せず危険の少ない低山から始め、読図やコンパスの使い方を学んでいこう。

オンラインで山行計画を立てる　「ヤマタイム」では、オンライン上で登山計画作成することが可能。目安のコースタイムに倍率を入力すれば自分に合ったスピードの計画を作成することができる。休憩時間や宿泊設定も可能だ「ヤマタイム」: https://www.yamakei-online.com/yk_map/

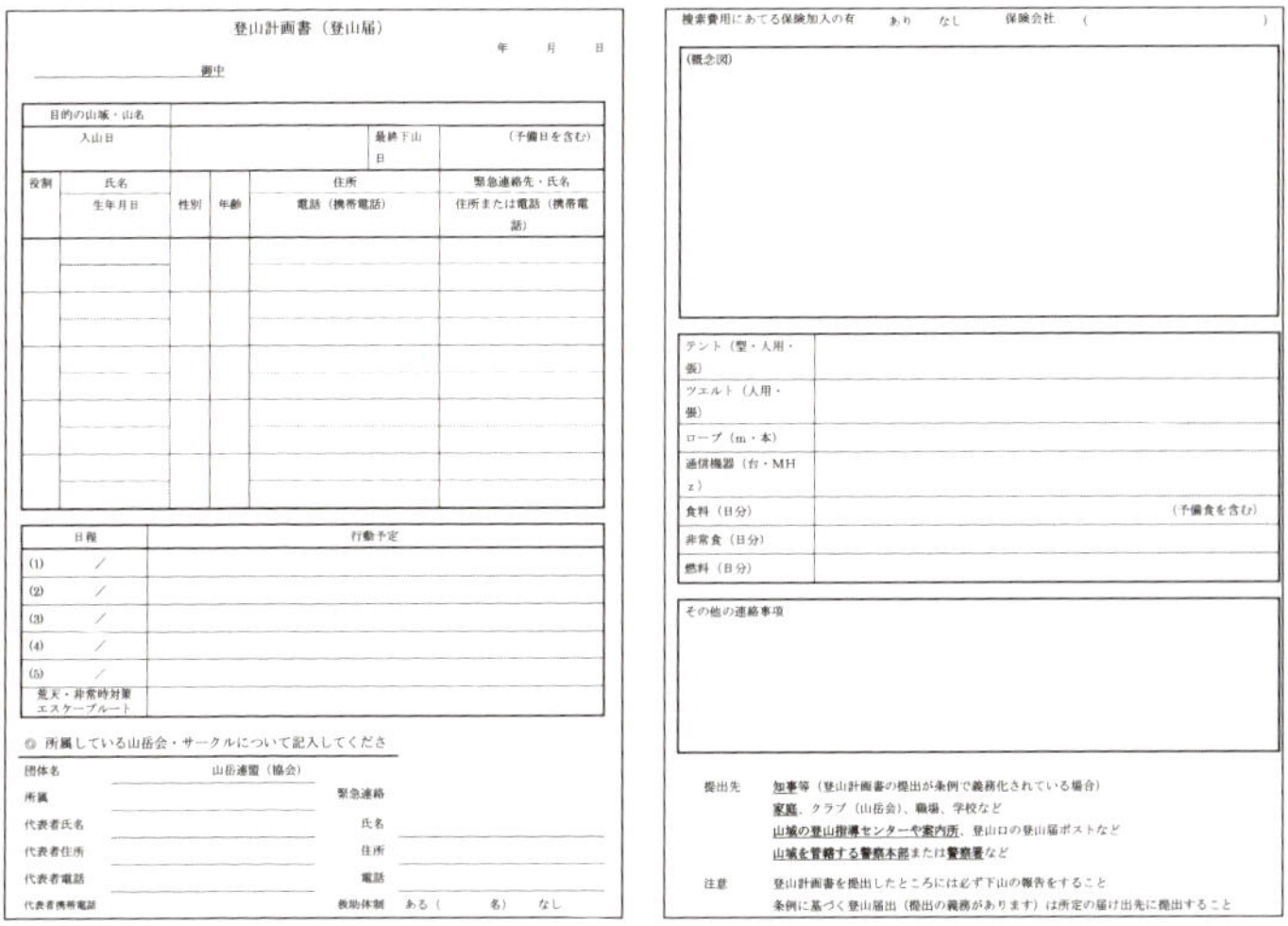

登山計画書（登山届）

年　月　日

＿＿＿＿＿＿御中

目的の山域・山名					
入山日			最終下山日		（予備日を含む）
役割	氏名 生年月日	性別	年齢	住所 電話（携帯電話）	緊急連絡先・氏名 住所または電話（携帯電話）

日程	行動予定
(1)　／	
(2)　／	
(3)　／	
(4)　／	
(5)　／	
荒天・非常時対策 エスケープルート	

◎ 所属している山岳会・サークルについて記入してくださ

団体名　　山岳連盟（協会）
所属　　　　　　緊急連絡
代表者氏名　　　氏名
代表者住所　　　住所
代表者電話　　　電話
代表者携帯電話　救助体制　ある（　名）　なし

捜索費用にあてる保険加入の有　あり　なし　保険会社　（　）

（概念図）

テント（型・人用・張）	
ツエルト（人用・張）	
ロープ（m・本）	
通信機器（台・MHz）	
食料（日分）	（予備食を含む）
非常食（日分）	
燃料（日分）	

その他の連絡事項

提出先　知事等（登山計画書の提出が条例で義務化されている場合）
家庭、クラブ（山岳会）、職場、学校など
山域の登山指導センターや案内所、登山口の登山届ポストなど
山域を管轄する警察本部または警察署など

注意　登山計画書を提出したところには必ず下山の報告をすること
条例に基づく登山届出（提出の義務があります）は所定の届け出先に提出すること

登山計画書を作成する　登山計画が決まったら、各都道府県指定の提出先に登山計画書を提出しよう。FAXやメールで提出可能なところもあり。都道府県ごとの提出先は下記URLを参照
「山と溪谷オンライン」: https://www.yamakei-online.com/special2/todoke_list.php

高度計を使いこなす

登山に高度計が必要なわけ

　地図を利用するにあたって〝3点セット〟という呼び方がある。地図、コンパス、高度計。登山ではこの3つをそろえておけば鬼に金棒というわけだ。

　実際の山では方角がわかっても標高がわからなければ目的地がわからない場合もある。たとえば、方角だけを頼りに歩くと目的のポイントより行きすぎたり、下りすぎてしまうことがある。ある方角へ進み、ある標高まで達したら方角を変えなければならない、そんなシチュエーションでは高度計が絶対に必要だ。

　高度を知るには、気圧の変化を測定して高度に換算するアナログタイプの高度計か、位置情報から高度を割り出すタイプがある。後者は、スマートウォッチやスマートフォンといった機能が豊富なものから、ハンディタイプの位置情報発信を専門とする機種がある。現在の主流はやはりスマートウォッチやスマートフォンだが、ハンディタイプの位置情報発信機は位置情報の精度が高く、またバッテリーが長く持つなどのメリットも多い。ここはスタイルによって使い分けるのがベターだろう。そして昔からあるアナログタイプ。とくにアナログタイプは種類や値段によって計測できる標高が変わる。

　また、アナログタイプの高度計は気圧の変化から高度を測定するため、天候によって値が大きく左右される。位置情報から高度を割り出すタイプは、気圧の影響は受けないが、現在地の地形や太陽活動による人工衛星への影響など様々な要因によって、位置情報の精度にムラが発生することも知っておきたい。

高度の求め方の異なる高度計２機種

アナログタイプ

Vixen 高度計 高度計AL

気圧を測定して高度に換算する「気圧高度計」。計測範囲は0～5000mで、重さも50ｇと軽量

画像提供：ビクセン

位置情報から高度を割り出すタイプ

GARMIN eTrex 32X

国土地理院が発行する1/2500（一部1/25000）地形図がプリロードされており、登山でも違和感なく使用することができる。GPSだけでなく、GLONASS、みちびきといった衛星システムからも位置情報をサポートしてくれるので、精度が高い。

画像提供：ガーミンジャパン

高度計は微調整が必要

先にも述べたように、アナログタイプの高度計は、高度が上がれば気圧が下がる原理を利用して高度を測定している。そのため、急に気圧が下がったりすると、実際の高度よりも高い数値を示してしまうことがある。したがって、時計タイプ、アナログタイプの高度計は、正確な高度にその都度補正しながら使うことが前提となる。たとえば、登山口などのスタート地点に標高が記されていれば、まずそれに高度計の数値を合わせてから、その日の登山を始める。次に目的ポイントに到着し、そこにも標高が書いてあれば、高度計を確認し、もし数値がずれていたら再度修正する。

高度計は気圧の関係から天候の変化に左右される。朝は晴れていても、午後から雨が降るようなら気圧は下がる。標高2100mから出発して目的地が2200mだとする。ところが、目的地に着いて高度を確認してみると2500mになっている場合もある。気圧が変動し、天気が悪くなっていることから、標高が高く表示されてしまう。登山では標高が明確なポイントごとに高度計の微調整を繰り返すクセをつけよう。

また、山小屋に泊まる場合、まず到着時に高度計を合わせること。翌朝起きると標高が変わっていることが多々ある。翌日までに天気も変わるからだ。それに関連して、時計、アナログタイプの高度計を使うことによるメリットもある。それは天気をあらかた予測できる点。たとえば2000mの山小屋に泊まっていた。翌朝、高度計が2500mと表示されていたら、天気は悪くなる。逆に高度計の値が1500mと下がっていたら、その日の天気は期待できる。気圧が上がったことで高度計は標高が下がったものと認識した結果だ。

高度計の微調整を行う習慣をつけておくことで、正確な現在地を把握できるように

高度計の動作もチェックする

高度計から正確な高度を知るためには、誤差の微調整と、もうひとつ大事なことがある。それは高度計そのものが正常に作動しているかどうかのチェックだ。とくにアナログ高度計はデジタルのように敏感には動いてくれないため、果たしてきちんと動いているのか確かめておく必要がある。もちろん、デジタル時計タイプでもチェックは必要だ。高精度の高度計は1mごとに標高を表すのでわかりやすいが、アナログ高度計でも明確にチェックできる簡単な方法がある。

用意するものは透明なビニール袋を一枚だけ。まず高度計をビニール袋に入れ、空気をある程度入れて膨らませたら袋を閉じる。そして、空気が漏れない状態で袋を押してみる。そうするとビニール袋内の空気は圧縮され、一時的に気圧は上がる。それで高度計の標高表示が低くなっていたら、正常に作動している証拠だ。出発前にぜひこのチェックをお忘れなく。

高度計のチェック方法

上2枚）標高1502m付近の八ヶ岳の美濃戸口にて、デジタル腕時計タイプの高度計で高度を確認。写真上は前日きちんと1502mを示したが、翌朝の同じ場所では1499mに。これは前日よりも気圧が上がったからで、その日は天気が良くなることも予測できた。左）ビニール袋を使った高度計のチェック方法

目的地の場所を地図で確認する

地図と現場の様子を照らし合わせてみる

地図の読み方とコンパスの使い方の基本をふまえ、いざ山へ出かけてみても、最初のうちはなかなか思うようにいかない。ひとたび地形図にコンパスを当てれば、あとはひたすら数字や文字、線との戦いで、そこから実際の地形をイメージするのは難しい作業だ。

そこで地図から得られる情報を理解しやすくするためには、目で直接確認できるところは目の力を借り、山の概念図を頭に入れておくことも大切だ。

では、実際の地図を参考にして、目的の場所を現場でどのように確認すればよいのか考えてみよう。場所は北アルプス立山三山。室堂付近から雄山、真砂岳、別山方面をめざすとする。室堂周辺を上がっていくと周りに樹木がなく、視界が非常に開けていく。ガスがなく晴れている状態なら、室堂平から雄山・浄土山・別山の、通称・立山三山が一望できる。こうした場所をまず目で確認し、方角を理解することがとても大切だ。

また、目的の山頂以外に、実際に歩くルートの具体的な特徴にも目を向ける。尾根は急なのか、ゆるやかなのか、落石は多いのか、といった安全面なども、目で確認しながら情報としてインプットしていく。また、地形図の等高線で表された尾根と実際の尾根の形状を自分の目で比較してみることも大切だ。この等高線の間隔が実際どのくらいの尾根の幅になり、傾斜はどのくらいなのか。現場に行かなければ照らし合わせることができない。こうした地道な作業を積み重ねて得られた情報は、その後、別の山に登る際にも非常に役立ってくる。

現場で地図と照らし合わせてみる

1/25000 地形図「剱岳」

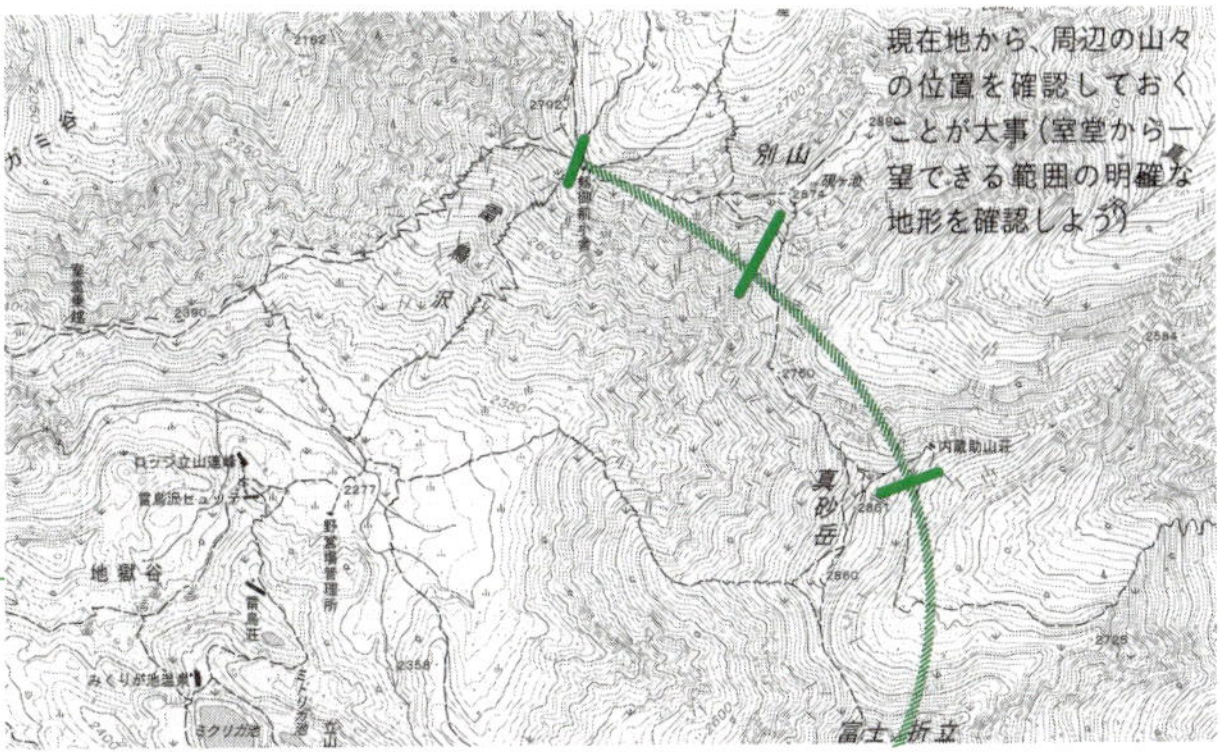

2枚の地形図にまたがる

1/25000 地形図「立山」

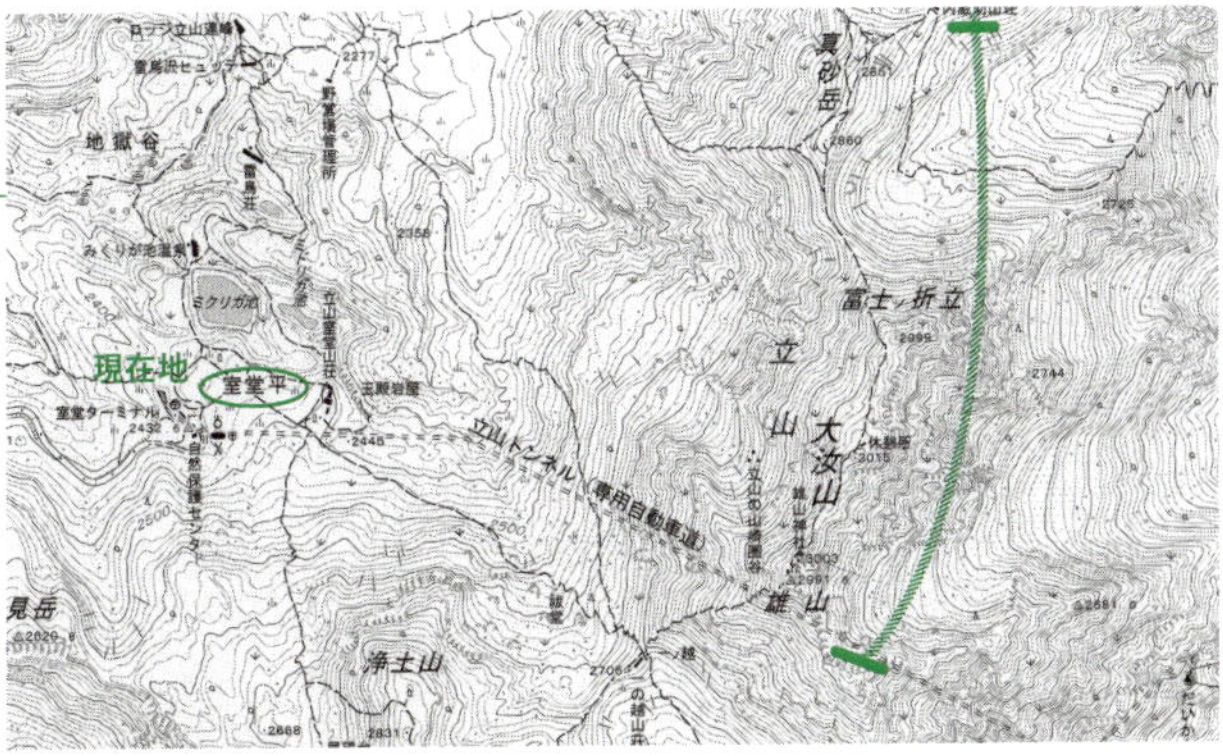

現在地　**室堂平**

目的地　**雄山～真砂岳～別山～別山乗越**

室堂付近からは晴れていれば雄山、浄土山、別山の立山三山が見渡せる。このように見晴らしが良く、そこから山のような複数の明確な目標物が確認できる場所は、地形図に描かれた情報と実際の地形を見比べるには最適のロケーションといえる

複数のポイントを通過して目的の場所をめざす

山小屋や分岐点などわかりやすいものがよい

実際の登山では、予定のルート上にあらかじめ複数の明確なポイントを決めておく。それをめざして歩いていけば、より明確なライン取りができ、常に現在地を把握することができる。このことは、山を迷わずに歩くうえでの基本としてぜひ覚えていてほしい。

ポイントの目安は、たとえば道が顕著に分かれているところ、地図上での広いスペース、ベンチ、山小屋など、とにかくわかりやすい場所がおすすめ。さらに、地図で確認することをメインにするなら、それら複数のポイントを単なる目標物としてだけでなく、同時に休憩ポイントになりうる場所かどうかも判断する。

ただし、いくら複数がよいとはいえ、あまりに小刻みにポイントを増やしすぎると、時間的なロスも増え、コースタイム（区間所要時間）が厳しくなってしまう。ある程度わかっているルートであれば、1～2時間ごとにひとつのポイントを設定するのが理想的だろう。

八ヶ岳の美濃戸口から赤岳までのルートを例にあげよう。ここでのポイントは「山小屋」と「分岐点」という明確なもの。❶美濃戸口から歩きはじめて約1時間20分で1番目のポイントであり、休憩ポイントでもある❷赤岳山荘に到着。その後、登山道が二股に分かれる❸分岐点でルートを確認し、左側の北沢に入る。そこから1時間強で❹堰堤。さらに1時間強で❺赤岳鉱泉に到着する。休憩後、赤岳方面へ。45分ほどで第3の山小屋の❻行者小屋を通過。さらに尾根沿いを歩いて1時間強で❼赤岳に続く尾根に出る。

目安は休憩ポイントや明確な道など

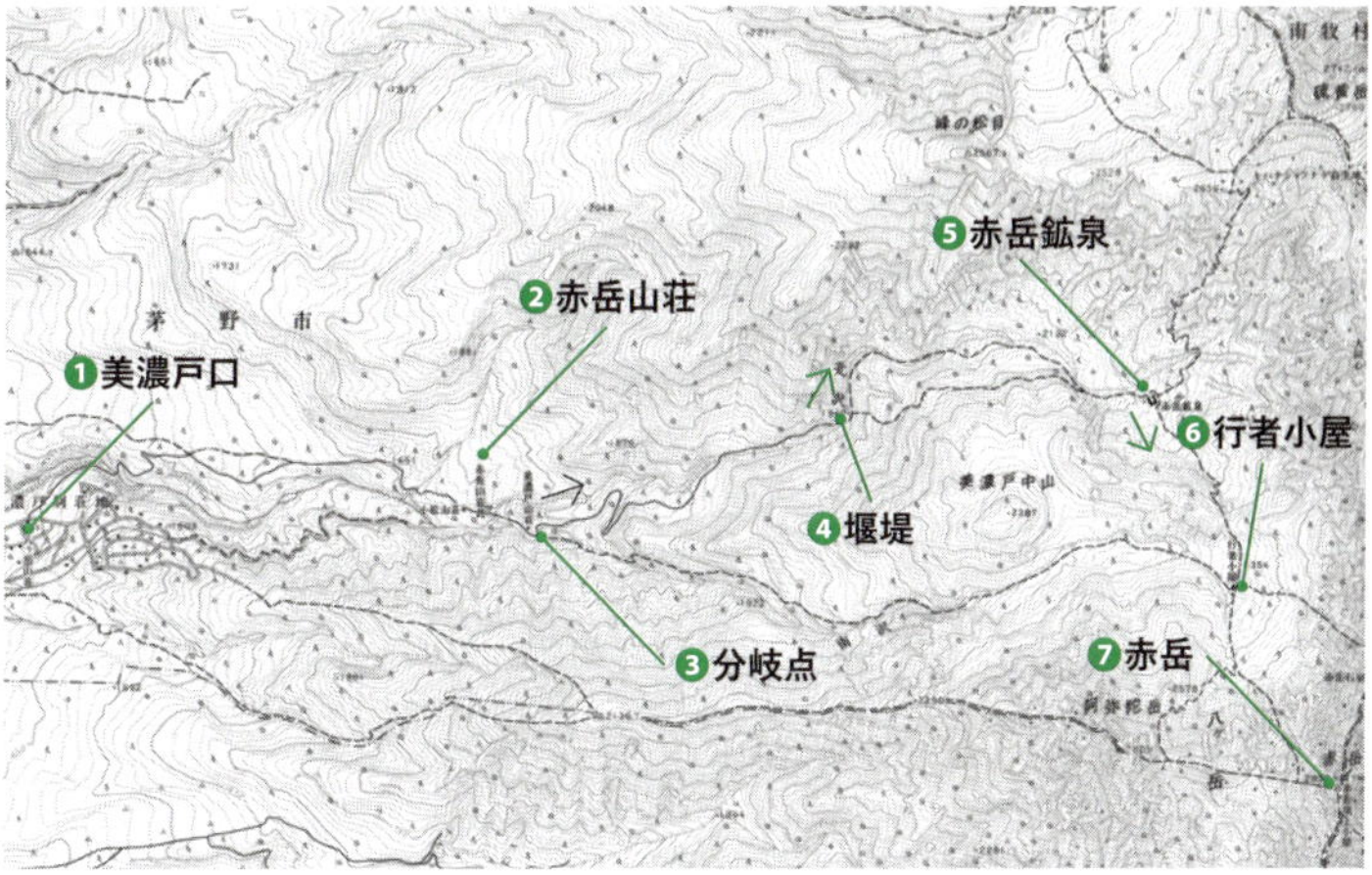

八ヶ岳・美濃戸口（登山口）～赤岳山頂

❶美濃戸口をスタートして❷赤岳山荘で休憩。複数のポイントの1番目の通過地点だ。少し進むと二股の❸分岐点に出る。赤岳へは、右側の南沢コースのほうが早いが、ここでは左側のなだらかな北沢からのアプローチとする。分岐点から1時間強で❹堰堤に到着。沢が増水しているときは右ルートを選ぶこともある。堰堤から1時間強で次の確認ポイントである❺赤岳鉱泉に到着する。ここで休憩し、2番目の分岐を右へ。次の確認ポイントは同じく山小屋の❻行者小屋。そこから1時間強で赤岳の尾根沿いに出る。目的地❼赤岳までに通過したポイントは合計6つ。明確なポイントを選ぶことで、その都度ルート確認ができ、スムーズなライン取りができることがわかるはずだ

休憩ポイントを設定する時間的な目安は、1～2時間歩いて1回のペース。慣れてきたら2時間に1回というのが理想的だが、最初のうちは1時間おきのほうがわかりやすいだろう。ちなみに、視界の悪いときは30分おき、10分おきにポイント設定し、ルートをこまめに修正することもある。またコースタイムは登山用地図を参考にするのがもっとも手軽でわかりやすい。コースタイムは平均的な時間が記載されている。また、登山用地図には山小屋の位置が記されているだけでなく、その山小屋が通年営業しているのか期間営業なのか詳しく書かれているので、休憩ポイントを選ぶときにも参考になる

登山口から歩いてきて最初のポイントが赤岳山荘。通年営業しているため、休憩場所としても適している

確認ポイントはすべて登山計画書（登山届）に記入し、別にメモをした紙を地形図と一緒に携帯しておく

コースタイムを予測する

まずは平地で自分の歩く速さを確認する

登山計画を立てるうえで最初にやらなければいけないのはコースタイムを予測することだ。実際に自分がどのくらいの距離を移動し、どれだけの時間を要するのか、地図を参考に割り出していく。目的地へ到達するための時間を自分で計算するのは意外に面白い。さらに、登山の装備などもコースタイムを参考に選んでいくことになる。

すでに紹介したように、登山用地図にはコースタイムが記載されている。それを参考にするのもよいが、登山用地図にはあくまで平均的な時間しか記載されていない。そのため、それが自分に合っているかどうかがわからないのだ。自分でコースタイムを予測することは、今後の資料づくりにもとても参考になる。それに、登山用地図には載っていないエリアに行く場合には、必然的に自分で計算しなくてはいけなくなる。

では、実際にコースタイムを予測するためには何をすればよいのか？　今までの登山経験もふまえ、まず平地で確認できる作業がある。それは自分が平らな道を30分もしくは1時間でどのくらい歩けるのかを把握しておくことだ。一方、山登りでは決して手ぶらで歩くことはない。必ず荷物を背負った状態になるため、当然平地での移動速度とは変わってくる。話は逸れるが、登山では、最初は速いスピードで歩いていたのに、最後のほうには疲れてコースタイムがどんどん遅くなってしまうのは良くない歩き方だといえる。一定のペースで歩くためにも、自分の移動速度は把握しておきたい。

荷物の重量	距離→時間	速さ
5kg前後	1km →15分 4km →1時間	4km／時
10kg前後	3km →1時間	3km／時
15kg前後	2km →1時間	3km／時

平らなコースで
荷物がある場合の歩く速さ

平らなコースを歩くときの速さの目安を荷物の重さ別に整理したのが上の表。5kg前後の荷物を持って歩く場合、1km歩くのに15分かかる。つまり1時間で4km歩けることにもなる。実際の登山では距離よりもコースタイムを目安にする。登山用地図のルート上には距離ではなくコースタイムが細かく記載されている

自宅の近所や街中などの平坦な道を実際に歩いてみて、自分の歩く速さを測ってみるとよい

話を戻そう。平らな道であれば、通常1時間に4kmぐらいは歩けるはずだ。もうひとつ、平地で確認してみてほしいのは、10kgの荷物を背負ったらどのくらい歩けるかということ。これはだいたい1時間に3kmくらいを目安にすればよいだろう。

さらに今度は、一泊二日の山行を想定して、15kgを背負った場合も確認してみる。この場合、移動速度はさらに落ち、身軽な状態で移動したときの約半分の2kmしか歩けなくなってしまう。こうしたデータを自分で把握しておくことが大切だ。

登山では当然、標高差も計算に入れておかなければならない。この場合、傾斜を100m登るとすると、たいてい20分ぐらいはかかる。これは標高100mの高度差を登る時間なので、移動距離ではないことに注意したい（標高差についての詳細は次ページにて）。

ここまでの概要をふまえ、次ページでは実際にコースタイムの計算をしてみたい。まずは、キルビメーターを使って地形図上のコースの距離を出しておこう。

標高差の移動時間を加味する

もう一度整理すると、コースタイムを計算するうえで必要な情報は、歩くルートの距離と標高差。距離から割り出されるコースタイムは平らな道を歩いた場合にかかる時間をさす。あくまで水平方向への移動時間だ。ただ登山において平らな道だけを歩くことはありえない。必ず傾斜のある道を登り、下る。そこで実際のコースタイムは、距離から割り出される水平方向への移動時間に、登りと下りの垂直方向への移動、つまり標高差の移動時間を加味したものになる。

前ページでも紹介したように、標高差１００ｍを移動するのに要する時間はだいたい20分。これが一般的な登山道の登りの目安で、速さに直すと時速３００～３５０ｍほど。一方、下りの場合は少し速くなって時速４００ｍ。標高差１００ｍの移動に15分かかる計算だ（左ページの表を参照）。

これらの値をもとにすれば、どのくらいの標高差を移動するかでその時間を算出することが可能だ。距離については、すでに解説したように、自分の持っている荷物の重さに合わせて１時間に何kmで移動できるのかを調べておけば、仮の時速が出る。この時速と距離がわかれば、時間は算出できる。これで標高差を移動する時間と距離を移動する時間のふたつの時間がそろった。あとはこのふたつを足したものが実際のコースタイムになる。左ページに示したコースタイムの計算例を参考に一度シミュレーションをしてみよう。

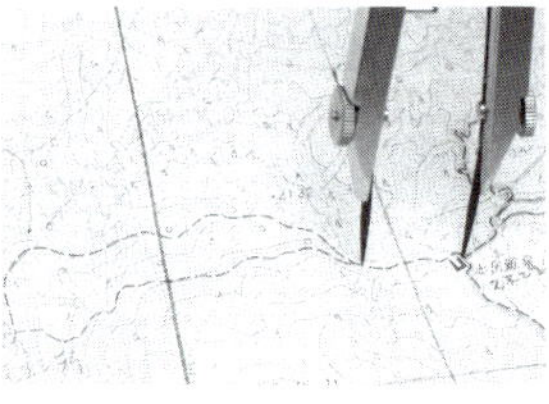

地形図を利用する場合は、移動するコースの距離と標高差をあらかじめ測っておく

コースタイムを予測する目的は、綿密な登山計画を立てることにある。何時に出発し、どこで休憩して、いつ目的地に到着できるのか。宿泊は必要か、荷物はどのくらい必要かまで、すべての準備の手がかりになる。登山の基本中の基本なので、ぜひ覚えてほしい。

標高差と歩く速さの関係

	距離→時間	速さ
登り	約 87m → 15 分／350m → 60 分	0.35km ／時
下り	100m → 15 分／400m → 60 分	0.4km ／時

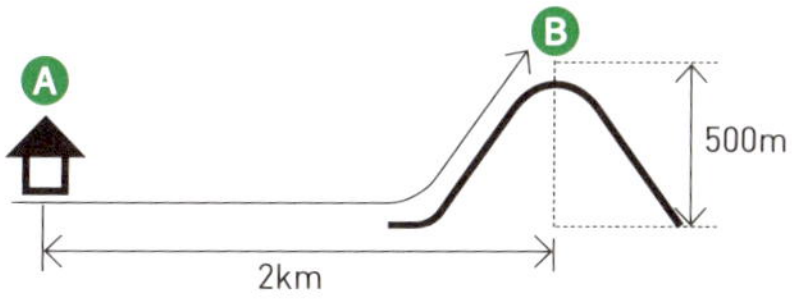

例1 荷物 5kg の場合

ⒶⒷ間距離：2km　標高差：500m

距離のコースタイム（平らなコースの速さ= 4km ／時とする）

2（km）÷ 4（km ／時）＝ 0.5（時間）（= 30 分）

標高差のコースタイム（登りの速さ= 0.35km ／時とする）

0.5（km）（500m）÷ 0.35（km ／時）=約 1.42（時間）（=約1時間 25 分）

Ⓐ→Ⓑ間のコースタイム：30 分+約1時間 25 分=約1時間 55 分

例 2 荷物 10kg の場合（例 1 と同様の方法でコースタイムを算出）

ⒶⒷ間［距離のコースタイム］1 時間＋［標高差のコースタイム］約 34 分=約 1 時間 34 分

ⒷⒸ間［距離のコースタイム］1 時間 20 分＋［標高差のコースタイム］約 51 分=約 2 時間 11 分

ⒸⒹ間［距離のコースタイム］40 分＋［標高差のコースタイム］約 1 時間 8 分=約 1 時間 48 分

Ⓐ→Ⓓ間のコースタイム：約 5 時間 33 分

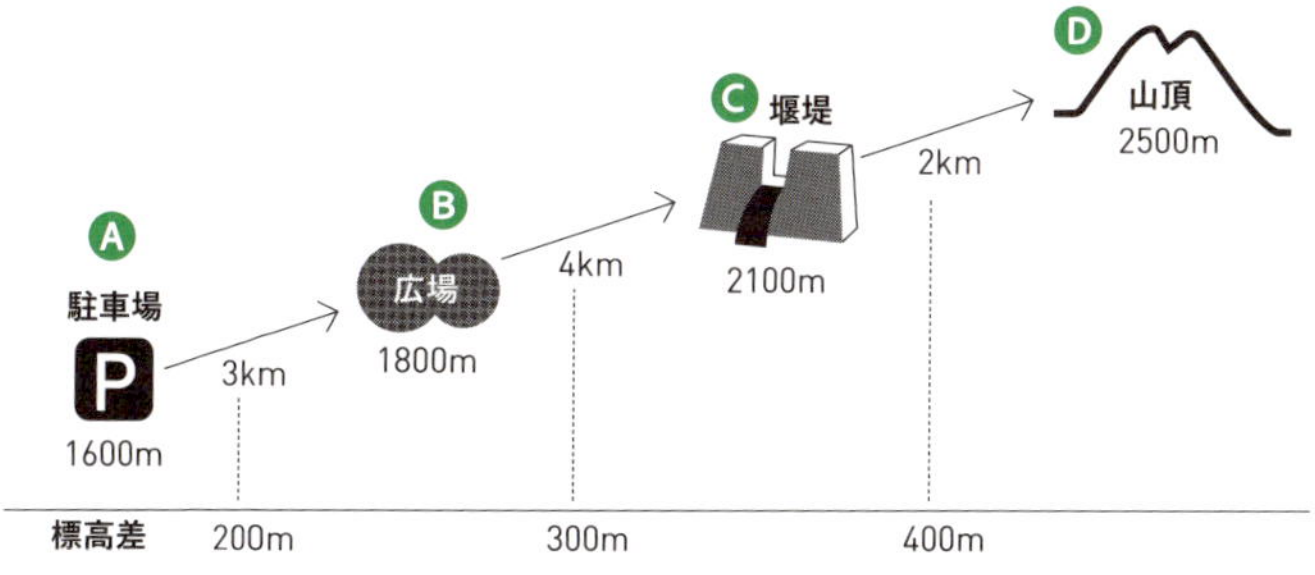

ホワイトアウトナビゲーションマップを作成しよう

地図とは別に作成する緊急用マップ

ホワイトアウトとは、湿度の変化によって強いガスが発生した場合、または吹雪によって視界が確保できない状態のことだ。ひどいときには、自分の足元や手すら見えなくなることもある。おもに雪山で起こる現象だが、ときには夏でも起こりうる。

登山ではホワイトアウトの事態を想定し、事前に地図とは別にホワイトアウトナビゲーションマップというものを作成しておく必要がある。使うシチュエーションはおもに雪山。通常の雪山登山でも、バックカントリースキーでも、これさえあれば広大な雪原のなかで迷うことなく歩くことができるだろう。

ここではホワイトアウトナビゲーションマップを作成し、現場で応用する方法を順に説明していきたい。

北アルプス穂高岳を例に作成したホワイトアウトナビゲーションマップが左ページの図である。まず標高1602m付近のスタート地点から❶横尾山荘→❷岩小屋→❸本谷橋→❹本谷涸沢の出合→❺涸沢ヒュッテ→❻涸沢小屋→❼前穂高北尾根5、6のコルと通過する複数のポイントを記入する。そしてベアリングを利用し、次のポイントまでの角度を求める。これで視界の悪いなかでも進む方角が割り出せる。さらに後退することも考えて、バックベアリングの角度も記載しておく。

ポイントの標高と標高差を測っておくのも大切だ。次のポイントにベアリングの角度を合わせて進むことは可能だが、広い雪原ではつい行きすぎてしまう。事前に標高がわかれば行きすぎを防ぐこともできる。

標高差と歩く速さの関係

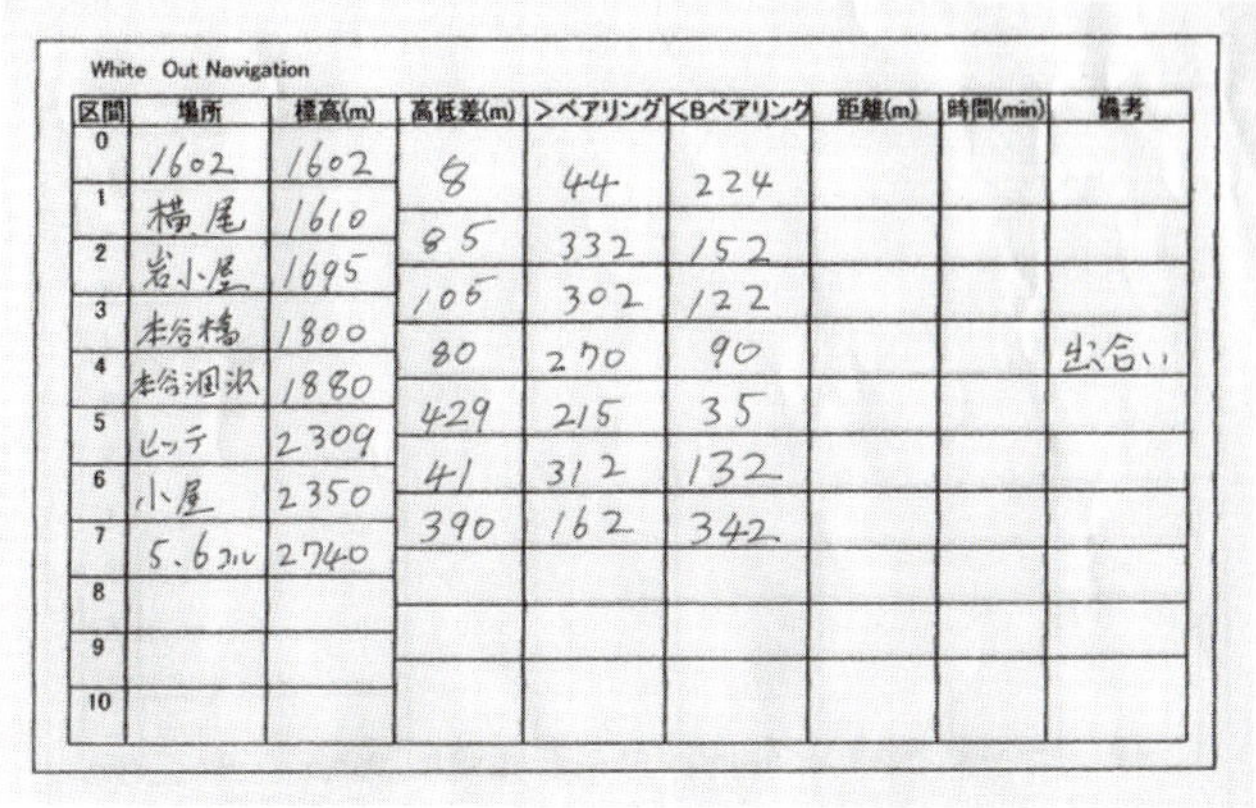

White Out Navigation

区間	場所	標高(m)	高低差(m)	>ベアリング	<Bベアリング	距離(m)	時間(min)	備考
0	1602	1602	8	44	224			
1	横尾	1610	85	332	152			
2	岩小屋	1695	105	302	122			
3	本谷橋	1800	80	270	90			出合い
4	本谷涸沢	1880	429	215	35			
5	ヒュッテ	2309	41	312	132			
6	小屋	2350	390	162	342			
7	5.6コル	2740						
8								
9								
10								

バックベアリングの角度をベアリングの角度から計算する方法もある。スタート地点→横尾山荘のようにベアリングの角度が180度よりも小さい場合は、44度に180度を足せば224度と出る。逆に横尾→岩小屋のように180度より大きな値の場合は、332度から180度を引けば152度というバックベアリングの値が算出できる

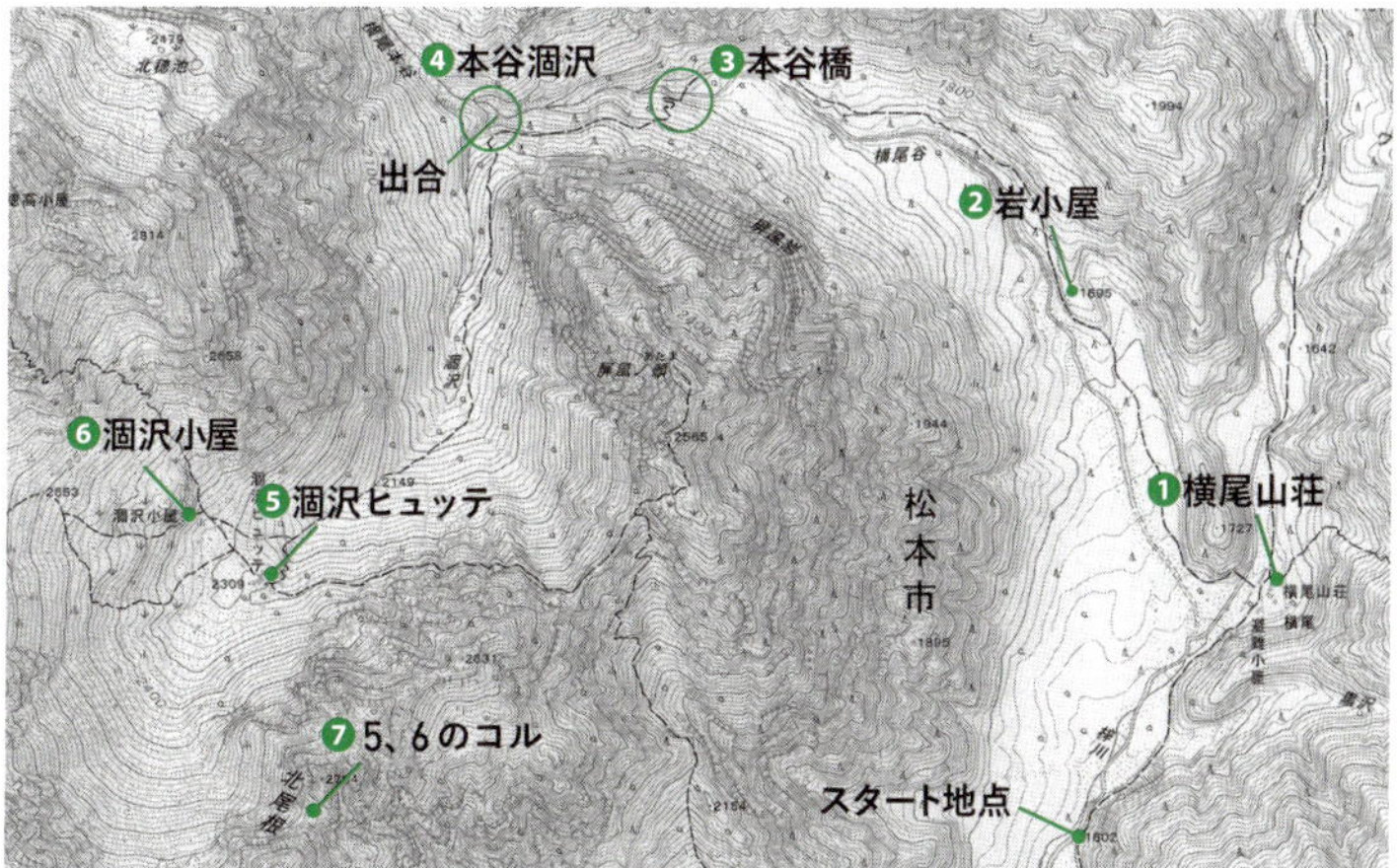

指示役、先行者と役割を分担して行動する

次にナビゲーションマップを実際に山で使って行動する方法を解説していこう。この場合、ひとりでもできるが、できればふたりないし3人ぐらいがよい。ここでは3人いると仮定しよう。ひとりは先行して歩く、もうひとりは舵取り、さらにもうひとりは地図とコンパスを見て指示を出す、とそれぞれ役割を分担する。

まず指示役が地図とナビゲーションマップを参考にし、方向を確認する。先ほどの例でいえば、ナビゲーションマップを参照して44度の方角を舵取り役に告げる。舵取り役はベアリングし、44度の方角に体ごとコンパスを向ける。同時に舵取り役はその方角にストックもしくはピッケルを指し示し、先行者に歩く方向と目的地の高度を伝える。ストックは動かさず、常にベアリングの角度と同じ向きを維持する。その方向へ、先行者に歩いて先行してもらう。先行者は腕時計などに装着された高度計を見ながら歩いていく。

ただし、この方法で一気に何百mもの移動はできない。なぜなら、ホワイトアウトという状況では、数十mすら移動できない状況も多いからだ。ロープがあればロープで体を結び合い、先行者が移動し、視界が確保されている範囲で止まる、もしくはロープの長さ分だけ移動する。先行者が止まったら、今度は指示役と舵取り役のふたりもそこまで移動する。そしてベアリングをし直し、先ほどと同じことを繰り返して目的地まで移動するのだ。

これはいざとなったらぶっつけ本番でやるしかないが、できれば事前に練習しておきたい。広大な斜面があり、逃げられる場所があるエリアがおすすめだ。具体例をあげれば、室堂から立山周辺の山、室堂山荘をベースに浄土山などに登るのが練習になる。ホワイトアウトでない場合は山の形状も開けて確認しやすいし、なにより携帯電話も通じる。もちろん、警察のお世話にはならないほうがよいが、何があっても大丈夫という意味では練習場所にもってこいだろう。

ホワイトアウトナビゲーションマップを使って行動する方法

舵取り役は指示された方角にベアリングしてストックをその方向に指し、後方から先行者に歩く方向を指示する。もし先行者の歩く方向がずれたら「11時の方向にずれて」というように、時計の角度を目安にして、ベアリングどおりに歩いてもらう

現場ではチームワークはもちろん、きちんとした役割分担も重要だ。この場合は、登山届に記載されたリーダーが指示役になるべき。いざホワイトアウトの状況に置かれると動揺してなかなか決められないものだ。とにかく冷静になって誰がリーダーとして指示を出し、誰を守らなければいけないのかをはっきりとさせること

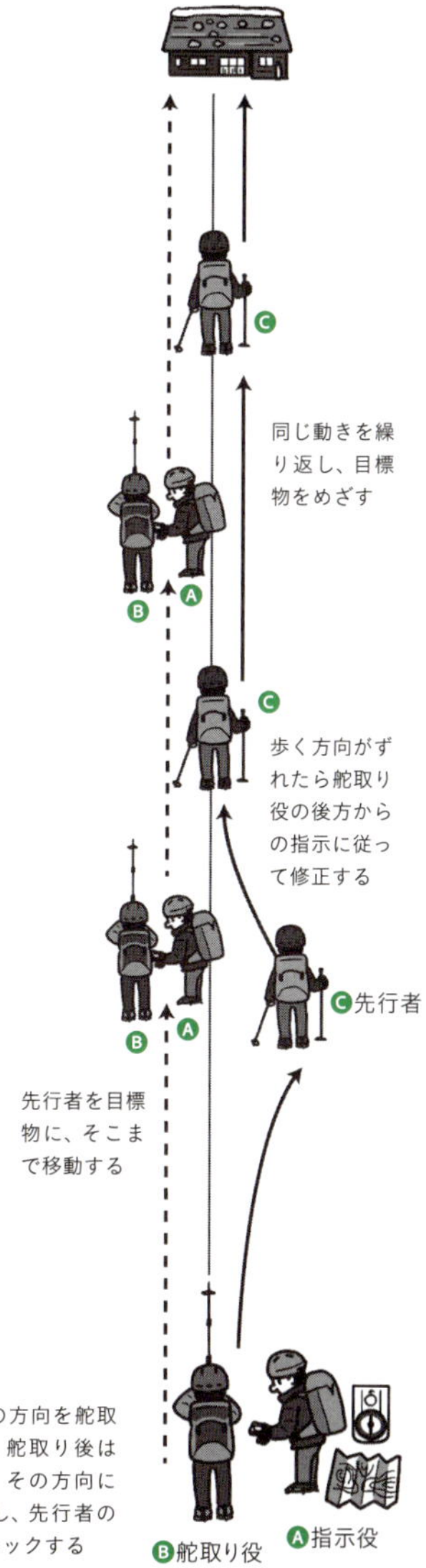
先行者は目的の方向を舵取り役に伝える。舵取り後はベアリングし、その方向にストックを示し、先行者の歩く方向をチェックする

確認ポイントをおさえる

おもに地形の大きな変化に着目する

実際の山では、地図と現場を照らし合わせ、自分の現在地の状況はもちろん、これから進むべき方向の確認ができるポイントを事前に把握しておくことが大切だ。たとえば、進んできた方向から急に曲がるような場所はどういった地形なのか。さらには、沢と沢が合流している出合であったり、急に尾根が開けたり狭くなったりと、地形の変化に富んでいる場所がおもな対象だ。先のページで解説したように、こうした明確な確認ポイントを複数おさえておくことは、自然の状況に応じたコース選択などの対応がスムーズに行え、危険回避にもつながる。

今回は穂高岳の地形図を参考にしてみよう。ポイント❶では、川に対して登山道が左岸側から右岸側に変わる。そのため橋を渡る必要がある。ここは積雪期と無雪期とで登山道が大きく変わるポイントだ。通常は橋が架かっているが、積雪期には雪崩の影響を防ぐために橋は使えない。よって、残雪期や積雪期には❶のポイントからは登山道を外れて沢上を歩くことになる。また❷は涸沢と横尾本谷の出合になっている。登山道が一気に南へと方角を変える明確な確認ポイントだ。

さらに、この両側の斜面にも注目しておきたい。右側の一部は急に切り立った斜面のため比較的雪崩が起きにくいが、落石は起きやすい場所であることが等高線の様子から判断できる。逆になだらかな左の傾斜は雪が積もりやすく、気温の変化などで雪崩や落石も多く発生することが予測できる。

確認ポイントはどこか?

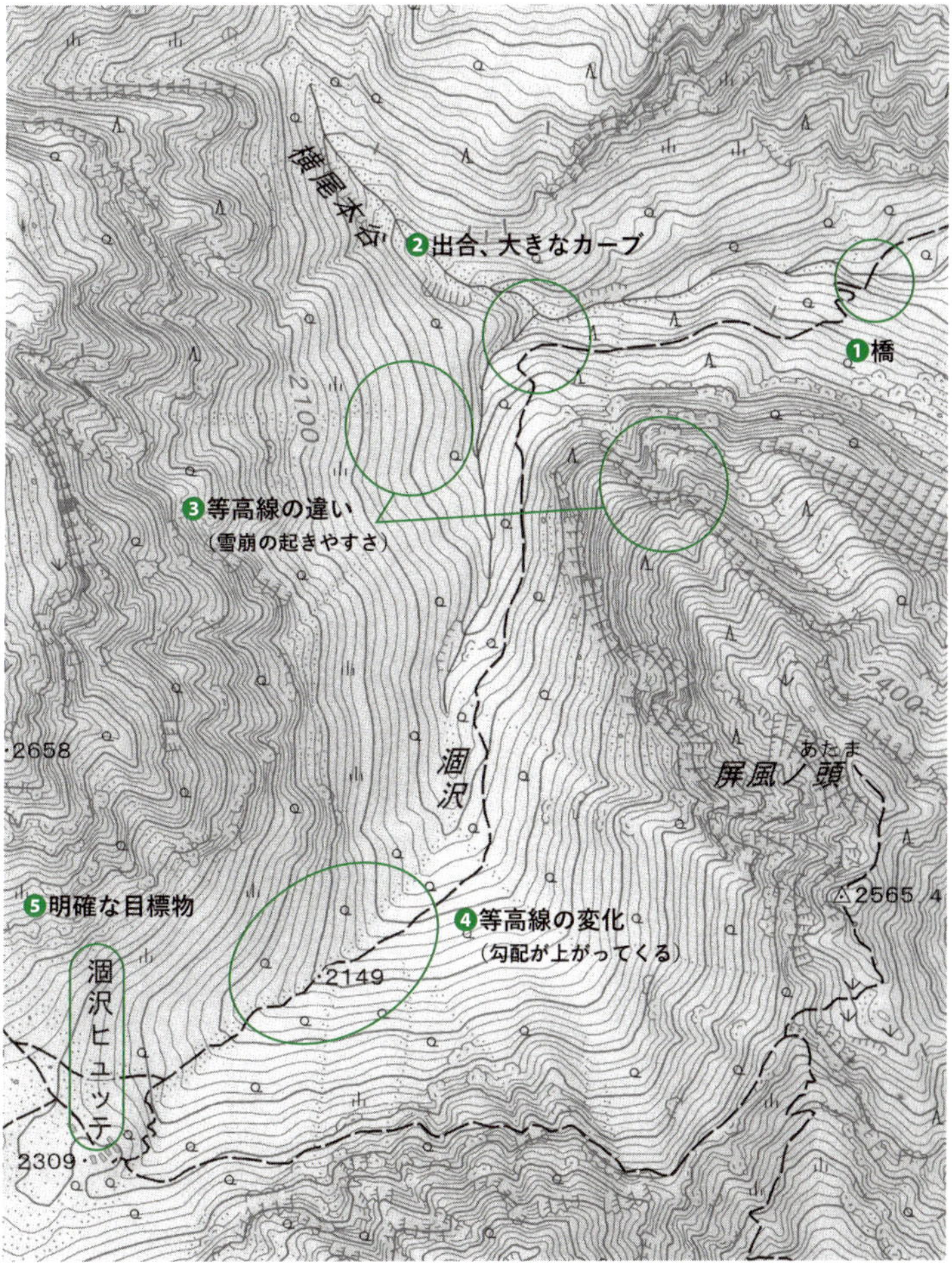

目的地 **穂高岳涸沢**

通常❶の橋までは沢沿いを登り、橋を渡ると登山道は沢から離れていく。しかし、橋のない積雪期には、ここから沢上を進む。また、地図上❷からも同様に積雪期と無雪期では登山道が変わる。これは❸付近の雪崩の影響によるものだ。そのまま涸沢をどんどん歩いていくと、ポイント❹付近から傾斜が変わってくるのが等高線からもわかる。もうここまで来ると、3分の2は歩いたということが現場で判断できる。さらに進むと❺涸沢ヒュッテという山小屋がある。目視できるランドマークとして地図上で確認しておこう

地図上の目標物を決めよう

進行方向の目標物を選んでベアリングする

山頂からさらに縦走していく場合、そのルート上に小さな尾根や小さなギャップ、キレットが続いたりすると、自分がどこにいるのか、現在地がわからなくなってしまう。そのためにも、見た目の目標物と地図上の目標物を常に把握しながら歩けるようにしておくことが望ましい。なぜなら、自分の決めた目標物が常に視界の範囲にあれば現在地もわかりやすいし、いざ地図を使ったときにも比較の基準になりやすいからだ。

山頂の見晴らしが良かった場合、360度の方向にさまざまなものを捉えることができるかもしれないが、実際に目標物にするのは自分がこれから進むべき方向に対して先にあるものであって、決して後方のものではいけない。なぜなら、たとえ後ろにどんなに大きく目立つ目標物があったとしても、ルート上を進むにつれて、標高が下がったりすると、別の尾根に隠れて見えなくなってしまうこともあるからだ。目標物はあくまで自分が進むべき先のライン上にあることが前提だ。左ページの地図では、鬼ヶ面山からⒶのポイントは明確に見える。しかし、尾根上に鋸岳方面へ❶あたりまで進むと標高が下がり、北西方向に伸びた尾根にⒶは隠れてしまう。そこで進行方向にある別の目標物としてⒷⒸⒹのいずれかの山を選ぶ。結論からいえば、Ⓑをベアリングするのが正解。より正確な位置を決めるのであればⒷとⒸ2点をベアリングして線を引くのがよさそうだが、2点はほぼ一直線上にあることから、ルート上からいちばん近いⒷをベアリングすれば十分だと判断した。

目標物を決める

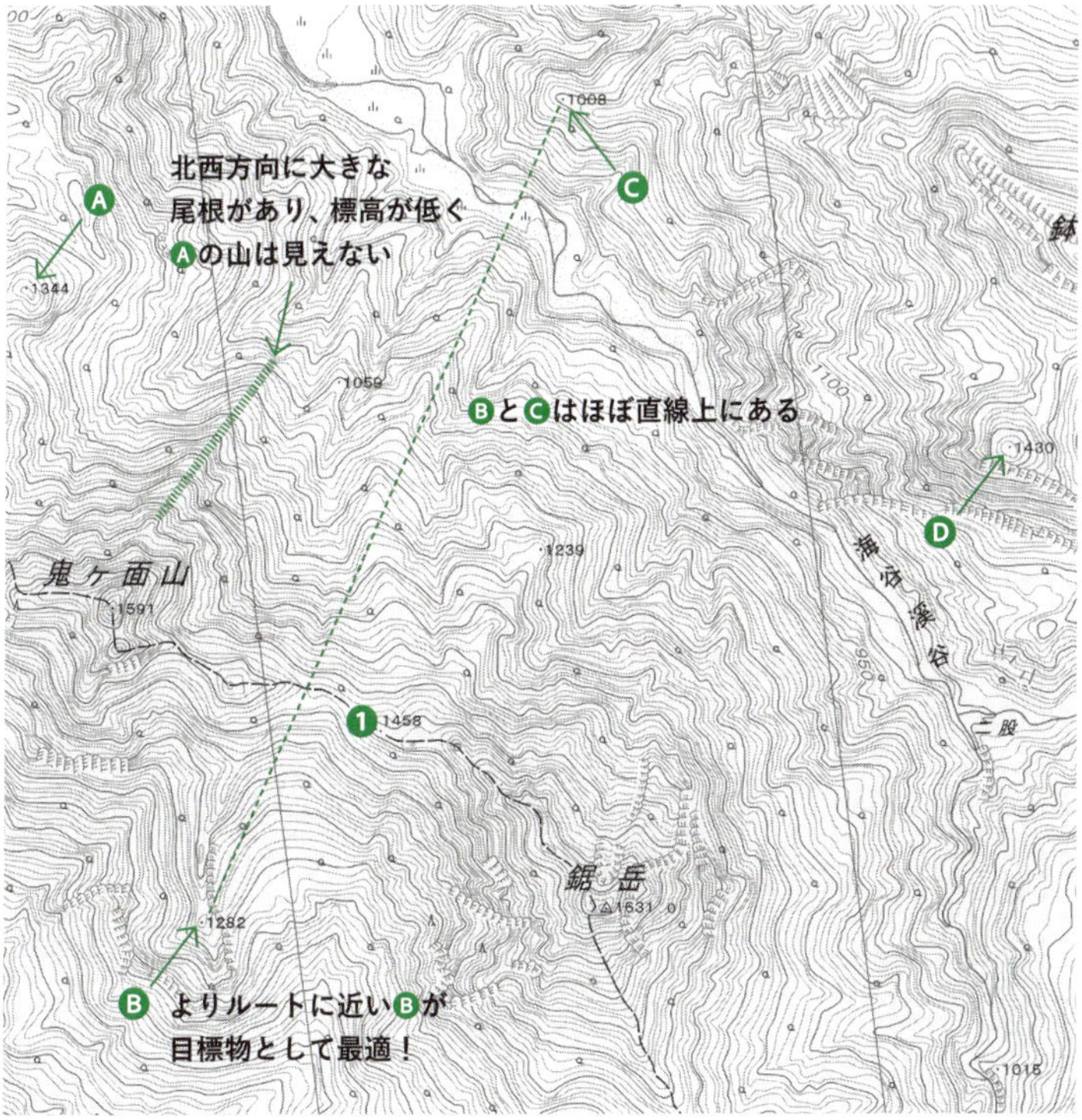

現在地 鬼ヶ面山〜鋸岳への縦走路❶

目標物の候補 ピークⒶ〜Ⓓ

標高1591mの鬼ヶ面山から尾根上を❶まで歩くと、目標物Ⓐの山は後方になるうえに、標高も100mほど下がってしまう。Ⓐの標高は1344mであり、鬼ヶ面山の尾根に隠れて見えなくなる。そこでⒷⒸⒹのなかから目標物を選び直す。もっとも近くで目視できるポイントはⒷとⒸの地点。しかしここで2点以上の目標物から線を引く必要はない。なぜなら、稜線上にいることは間違いないからだ。Ⓑをベアリングすれば、必然的に稜線と交わるのでわかりやすい。常に複数の目標物を選ぶ必要はなく、状況に合わせて最適な手段をとること

鋸岳

写真＝三宅 岳

偽のピークに惑わされないために

大きな尾根の分岐点は要確認

偽のピークとは、本来のピークまたは本峰と呼ばれている山頂の前にある稜線上のピークのことをいう。とくに稜線を登りきったあと下りになるようなシチュエーションでは本峰と勘違いしやすい。登山用地図ではあえて〝偽ピーク〟と記載されている場合もある。連続するピークを越えて本峰に辿り着くルートでは非常に惑わされやすく、長い尾根ほどそうしたケースに遭遇しやすい。さらに、視界が奪われるホワイトアウト時などはとくに注意が必要だ。

では、惑わされないためにはどうすればよいか。それには自分のなかにさまざまな引き出しをもっていなければならない。ひとつには事前に地図の主要な尾根や谷に線を引いておき、現場で状況を照らし合わせながら位置を再確認すること。それと同時に高度計も活用する。通常、偽のピークというものは、本峰よりも標高が低い。もうひとつはコースタイム。自分で予想したコースタイムや登山用地図で目安となるコースタイムを常に意識しながら歩くことで「本峰に到着するのは早すぎるんじゃないか?」といった冷静な判断もできる。偽ピークに立っていると本峰のほうが低く見えてしまうこともある。そのためにも高度計やコースタイムを利用することが大切だ。

また、本峰が偽ピークの陰になって見えなくなってしまったため、目の前のピークを本峰と勘違いして、つい歩く速度を上げてしまうパターンがよくある。これは無駄な体力の消耗につながるため、地図をよく確認して行動するようにしたい。

“偽ピーク”を見分けるポイント

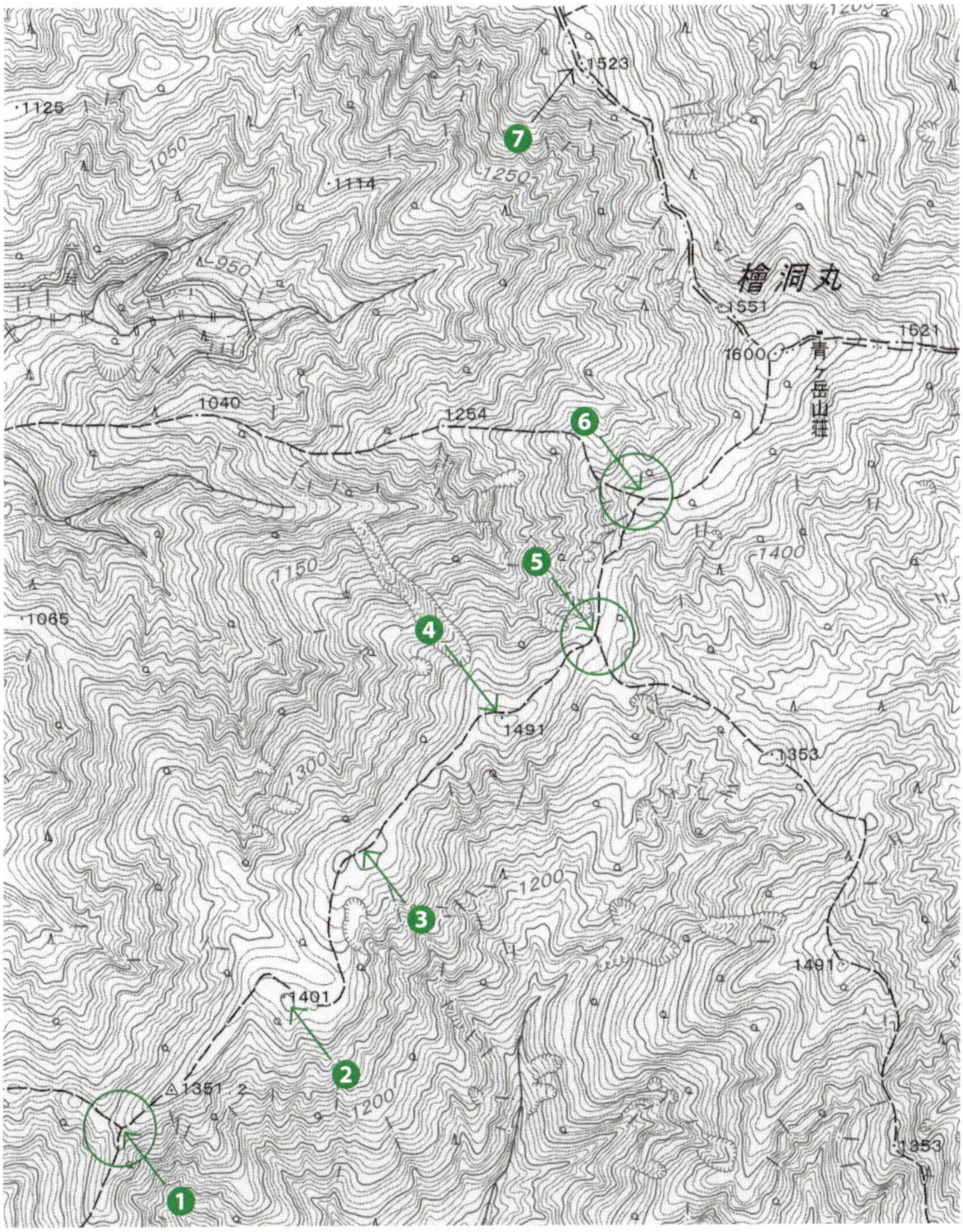

現在地 **檜洞丸への縦走路**

❶〜❼のうち、偽ピークの可能性が高いのは❶❺❻。とくに❶は怪しい。❷❸❹❼は等高線の中央が小さく閉曲しておりピークとわかる。一方、❶❺❻に共通しているのは尾根の分岐点であること。とくに❶は尾根が大きいこともあり、ピークに見えなくもない。もし❶から縦走して檜洞丸に登頂し❼へ向かう場合、❶を❷のピークと勘違いすると、❷を❸と思い込み、そのまま1ピークずつずれる。そして最終的には❻を檜洞丸と認識したまま、誤って標高1254mの尾根へと入ってしまうことにもなりかねない

自然の目標物を目安にして歩く

目視による確認で時間のロスを抑える

ここまで繰り返し強調してきたように、登山では地図と現場の状況を照らし合わせながら行動することが基本である。

しかし、その都度コンパスを使ってベアリングをし、高度計を確認していたのでは時間がかかってしまい、むしろ安全上よいとはいえない。

登山の大前提はスピード。これは安全につながる大事な要素である。ここではコンパスや高度計を使わず、目視による臨機応変な判断によって、時間のロスを抑えていくコツを次のステップとして考えていきたい。

左ページに穂高岳周辺の地形図を示した。ここでは槍平小屋から南岳小屋までの移動を例にあげてみよう。

地図上の実線で示したのが谷を歩くルート。Ⓐの区間は広くなだらかな地形だ。Ⓑの区間では谷の地形が狭まってきて、右岸（川の下流方向を見て右側）にあった登山道は沢を渡って左岸へ移る。これも目で見てわかるポイントだ。Ⓒの区間は沢から離れ、広い尾根を登っていく。Ⓓの区間では尾根が狭まり、細い尾根に変わっていく。次のⒺ区間では再び谷状の地形に入り、右側にある尾根をめざして登る。Ⓕの区間はスタート地点に急峻な壁が急に現れる。ここは直登できないので、地図上でもわかるように道が大きく右に巻いて尾根に取りついている。そして、尾根上を歩いていけば南岳小屋に辿り着ける。

地形図の特徴もわかりやすく、かつ現場を目視して状況を把握しやすいルートだといえる。

地形の大きな変化をあらかじめ地図から読み取る

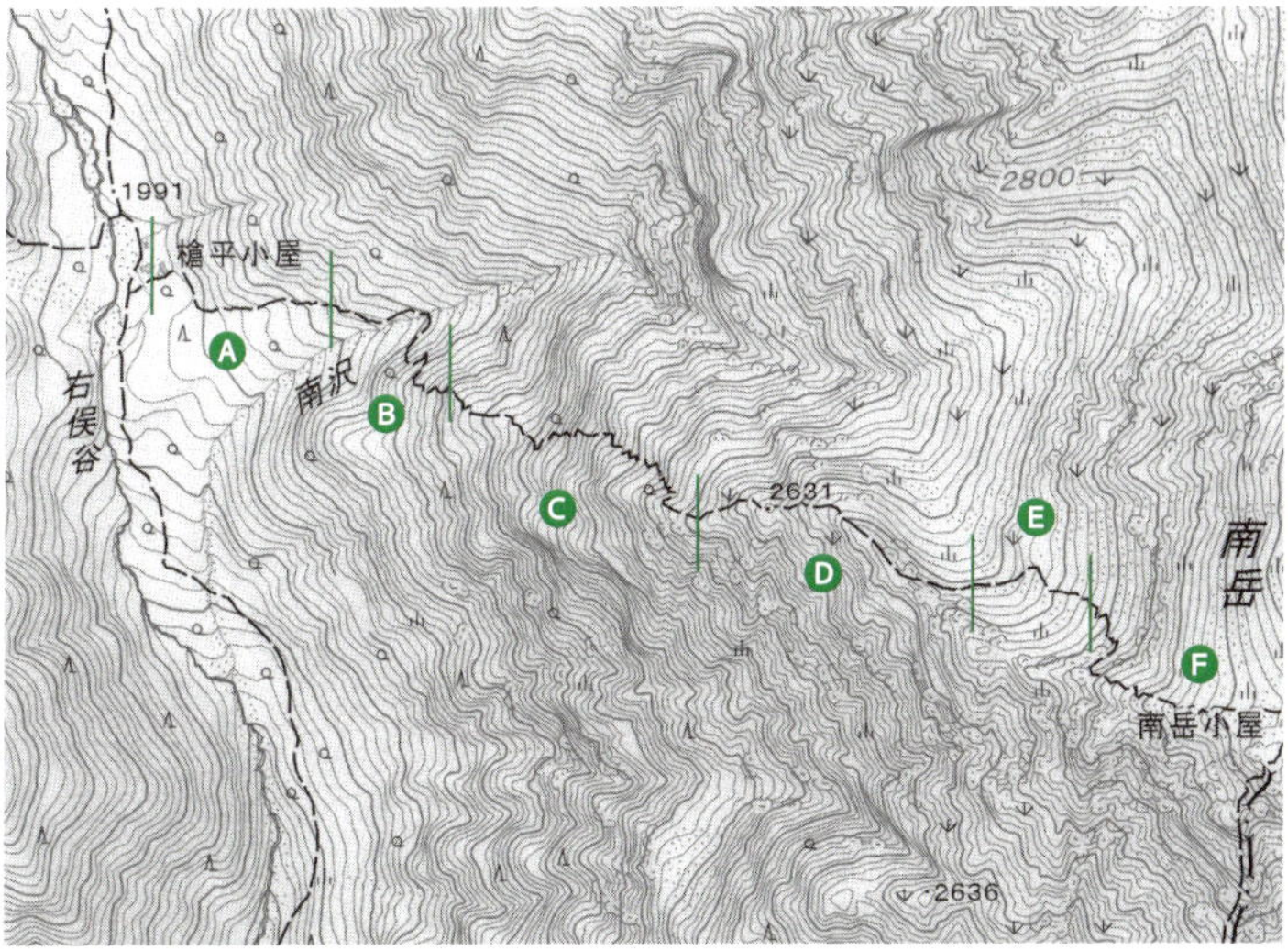

槍平小屋〜南沢〜南岳小屋

槍平小屋付近から南岳をめざすルートは、谷と尾根の形状が上手に利用されている様子が地形図からも読み取れる。さらに、途中、沢を横断したり、併走したり、目印となる急な岩場などもあるなど、目視で目標物を確認しながら歩くには最良のルートだ

写真＝三宅 岳

地図に書かれていない情報を読む

地図と現実との違いに戸惑わないために

たとえば、登山道を見失いやすい場所などは事前に地図で確認しておくことが大事だ。しかし登山用地図はともかく、国土地理院刊行の地形図を見てもそのような記載はない。そこで地形の特徴を表す等高線や地図記号などから、地形図には直接書かれていない情報を事前に読み取るテクニックを養う必要がある。

たとえば、夏でも冬でも有名な八ヶ岳の赤岳。国土地理院刊行の地形図には、有名な「文三郎尾根」も名前の記載はされていない。また、阿弥陀岳を経由していくルートと文三郎尾根を登っていくルートが合流するポイントから赤岳までの登山道ルートが直線で記されている。この区間は急峻な崖が続き、鎖場や梯子が数多くあるほどの難所だ。本来であれば直線で進めるような道ではない。おそらく崖があまりにも急すぎて、2万5千分の1の地形図では厳密に表すことができないことが想像できる。地形図の線と実際の様子があまりにも違いすぎて現場で戸惑わないようにしたい。

一方、赤岳から横岳周辺のエリアは稜線上を歩くようにラインが引かれている。しかし、地形図から読み取れるように、稜線上は等高線というよりも、岩場がマーキングされている。したがって、この道は決して稜線沿いだけでないことを把握しておく。稜線だけでないということはどういうことかというと、ナイフのように切り落ちた、とても2本の足では立てないような道もあり、実際に現場に行くと鎖場や梯子、トラバースポイントなど、地図からは読み取れないシチュエーションが多々ある。

登山道を見失いやすい場所

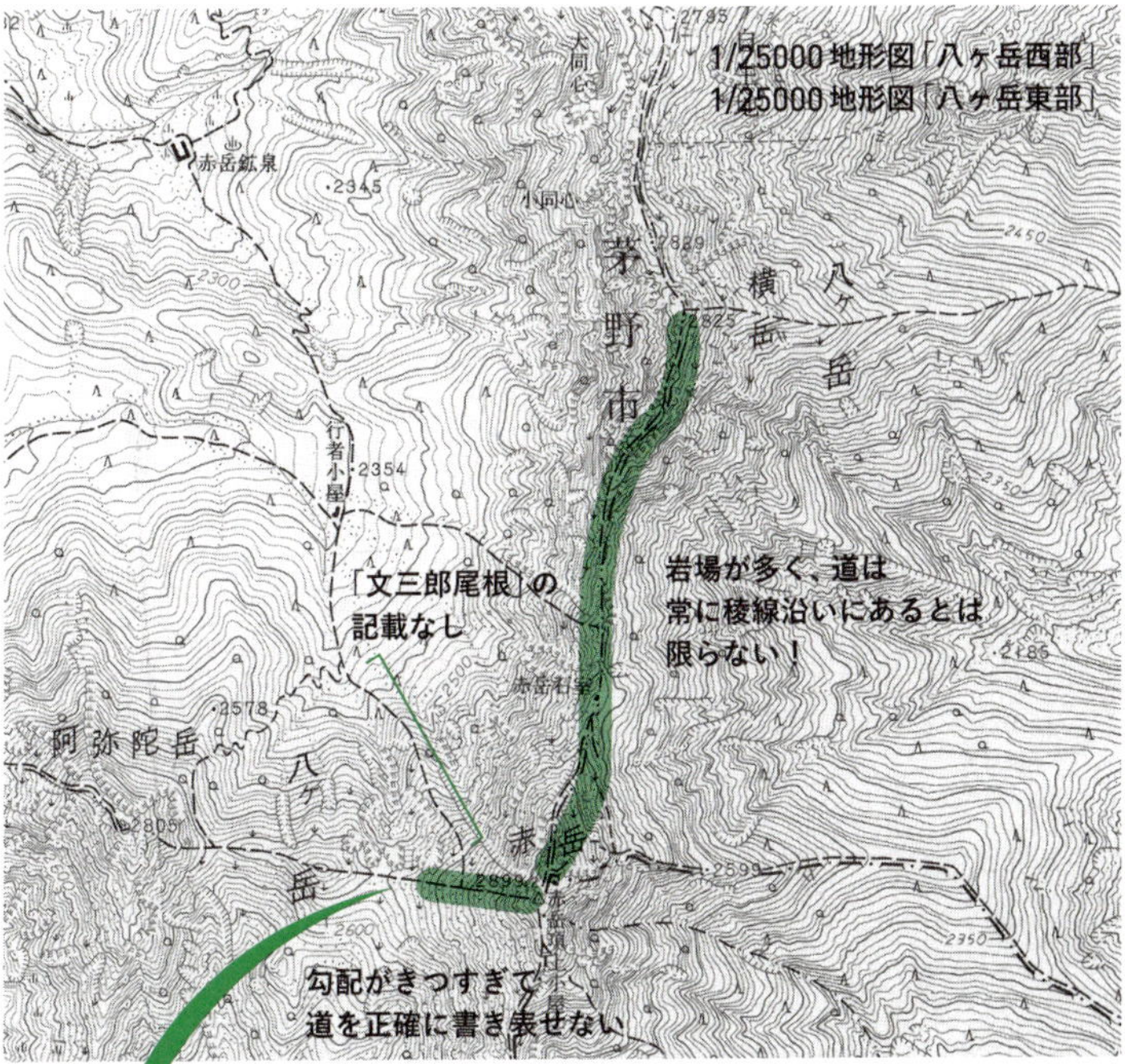

八ヶ岳、赤岳〜横岳

赤岳〜横岳のエリアに限らず、たとえ地図上で稜線沿いに登山道が記されていても、周辺に岩場などのマークがある場合には、そこには歩行が困難な難所がある可能性が高い。地形図で事前に確認しておき、現場に行って道に迷ったり、驚かないようにしよう

古い地形図（左上）には、阿弥陀岳経由のルートと文三郎尾根のルートとの合流点から赤岳までは登山道を示すための点線すら引かれていなかった。それだけ崖が急すぎるということだ　写真＝岡野朋之

迷いやすい場所の地形パターンをつかむ

実際に登山道を見失ったり、迷いやすい場所というのは、地形図からもある程度予測できる。たとえば、先ほど紹介した横岳から尾根上を北に進んだ硫黄岳周辺もその典型的なケースだ。硫黄岳山荘から硫黄岳に登る区間は、右側が広大な斜面、左側は沢状に切り落ちている。仮にここでホワイトアウトに遭遇した場合、どちら側に移動するのもリスクが高い。右側は広すぎて迷いやすく、左側は滑落のおそれがある。またすでに森林限界を越えハイマツ地であり、視界は良い分、風が強くホワイトアウトにもなりやすく、迷いやすいポイントであるということが予想される。

次の赤岩の頭から赤岳鉱泉までの分岐も同じようなことがいえる。赤岳鉱泉に下りていく道はジグザグに曲がっていて迷いやすいうえ、森林帯を抜けていくため、積雪期の歩行はとくに困難な場合も多い。

もうひとつのケースとして、天狗岳エリアの渋の湯から黒百合ヒュッテ、さらに天狗岳へのルートがある。渋の湯から黒百合ヒュッテまでは樹林帯と、後半はそのなかにある谷状の地形を歩く。ここは目標物の少ない単調な道が続くため迷いやすい。このような場所では、地形図で歩くラインを認識しておくとともに、目線を広く、遠くに保つことで、木に巻かれた赤いテープなど小さな目標物も見逃さず、チェックするようにする。

さらに、黒百合ヒュッテから天狗岳の登頂ルートのように、石がゴロゴロした広大な斜面も迷いやすい。たとえ夏場の視界の良いときでも、周りが石だらけでは、登山道という明確な踏み跡がわかりにくくなってしまう。それでも現場をよく観察することで、石に施されたマーキングを見つけることもできる。地図を参考にしながら現場の目視も大切にしていきたい。

単調な景色が続く森林のなかでは、木に巻きつけられたテープを目印に

迷いやすい場所とは?

目的地 硫黄岳

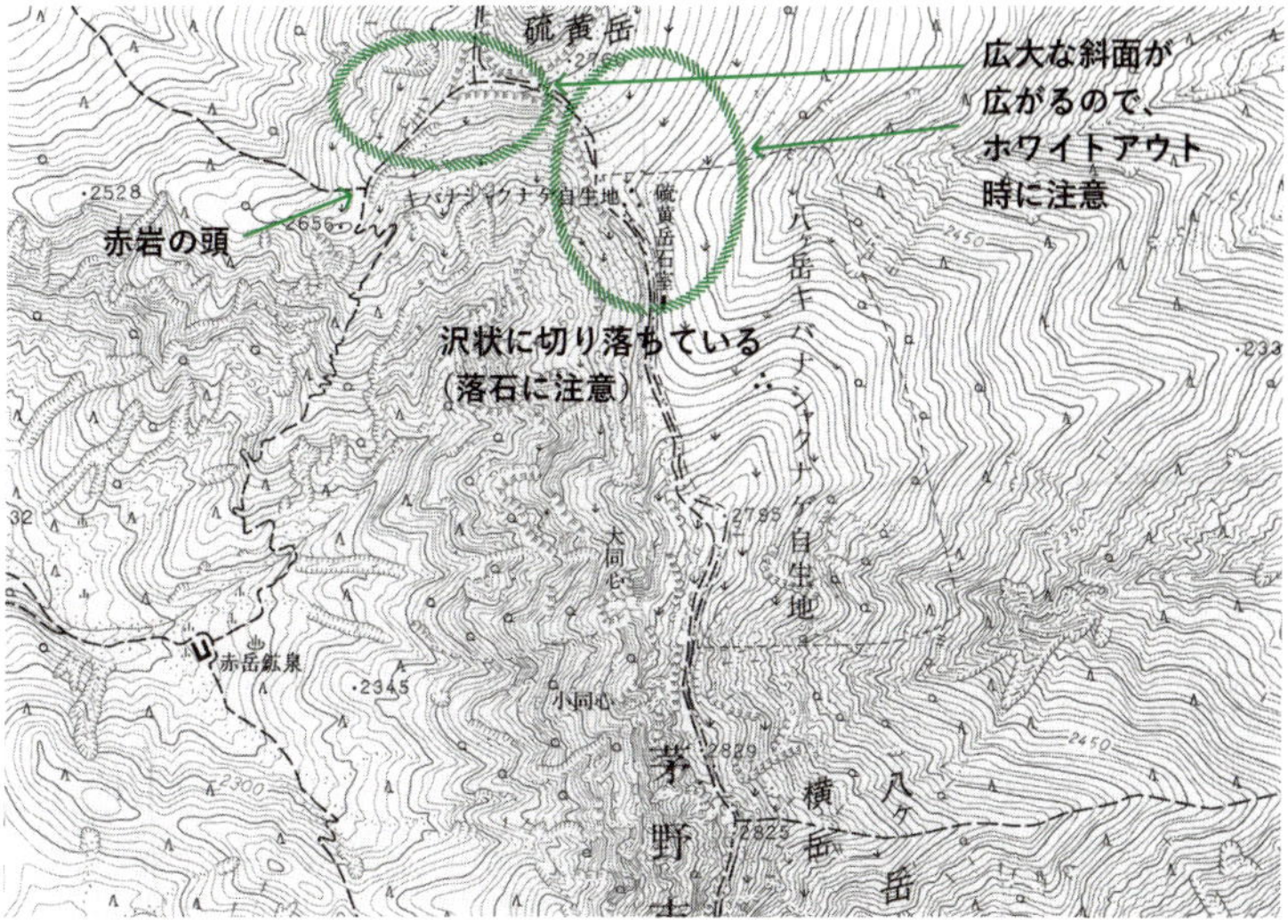

硫黄岳山頂は平らで広々としているため濃霧時には十分注意が必要だ。反対に硫黄岳へ続く尾根の西側斜面は沢状に切り落ちており、滑落の危険性もはらんでいる。どちらも地形図から明確に読み取れる

目的地 渋の湯、黒百合ヒュッテ〜天狗岳

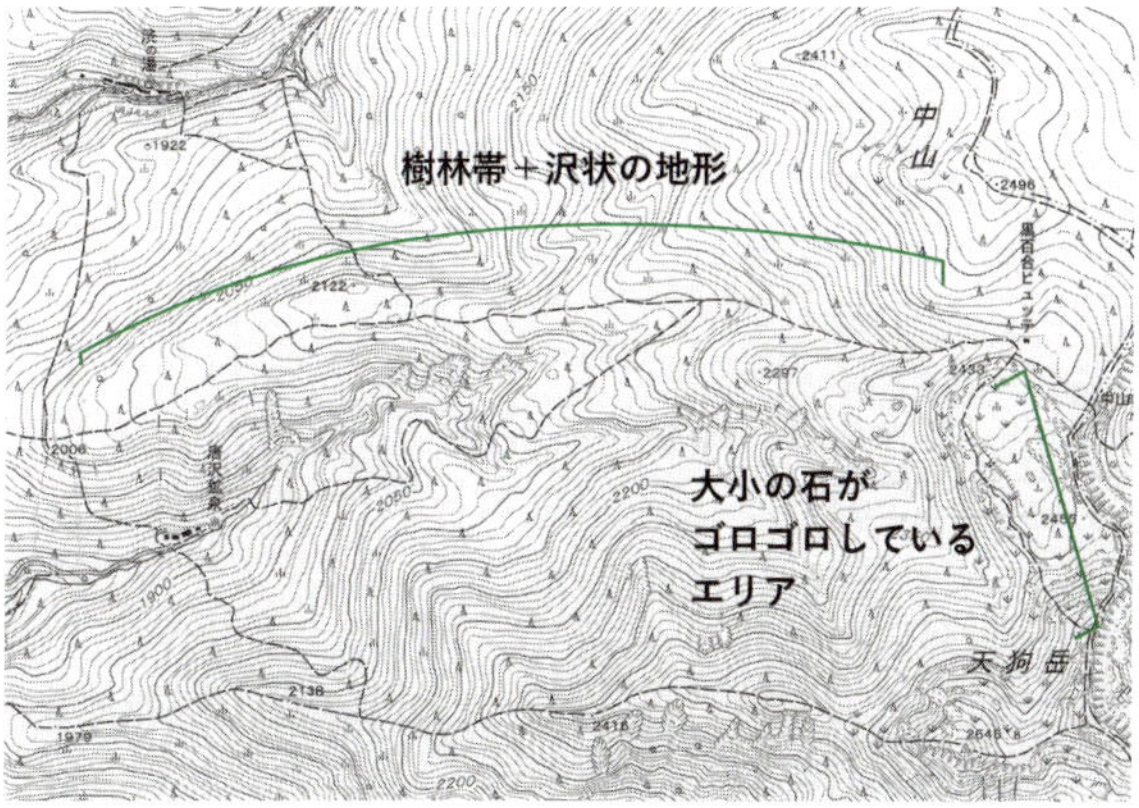

黒百合ヒュッテから天狗岳までは広大な斜面で目標物に乏しいうえに、足元が石だらけで踏み跡がつきにくく、やはり登山道を見失いやすい。またホワイトアウトなど天候にも左右されやすい

地図上でビバークポイントを探す

緊急時に備え、適地をチェックしておく

北アルプスや八ヶ岳や丹沢など、国立公園、国定公園に指定された場所では、指定された場所以外でのキャンプは原則として禁止されている。したがって登山でキャンプをする場合は、登山用地図などを参照し、キャンプ指定地の所在を事前に必ず確認しておくことが必要だ。

一方、キャンプを想定していない登山でも、怪我や天候不良などで動けなくなってしまった場合、やむを得ずビバーク（緊急時の野営）をする可能性もある。ここでは、緊急事態に備え、地形図からビバークに適した場所を探すためのヒントを紹介したい。

まず、ビバーク適地の条件には平らで広すぎないことがあげられる。平らであることが重要なファクターだ。崖や狭い尾根上はテントを張ることも難しいし、水場もないことが予想される。

ただし、広くて平らな場所は風の影響を受けやすい。よって、周囲に樹木や山などがあり、風が遮られることがビバーク適地のふたつ目の条件だ。さらに樹木については その種類も重要になってくる。地形図上にハイマツの記号が記されているエリアでは風を防ぐ効果は期待できない。松とはいえ背丈が低いからだ。一方、木の高さもあり林が密集している杉などの針葉樹林であれば、その効果は期待できるだろう。

そして3つ目は落石の危険が少ないこと。傾斜のある尾根や崩れやすい崖などがある場所は、いくら風よけになるとしても避けるべきだ。

ビバークポイント適地の条件

1 **風が遮られること**
2 **平らなこと**（ただし、樹木のないところ、またはハイマツ地などは不向き）
3 **落石の危険が少ないこと**

例

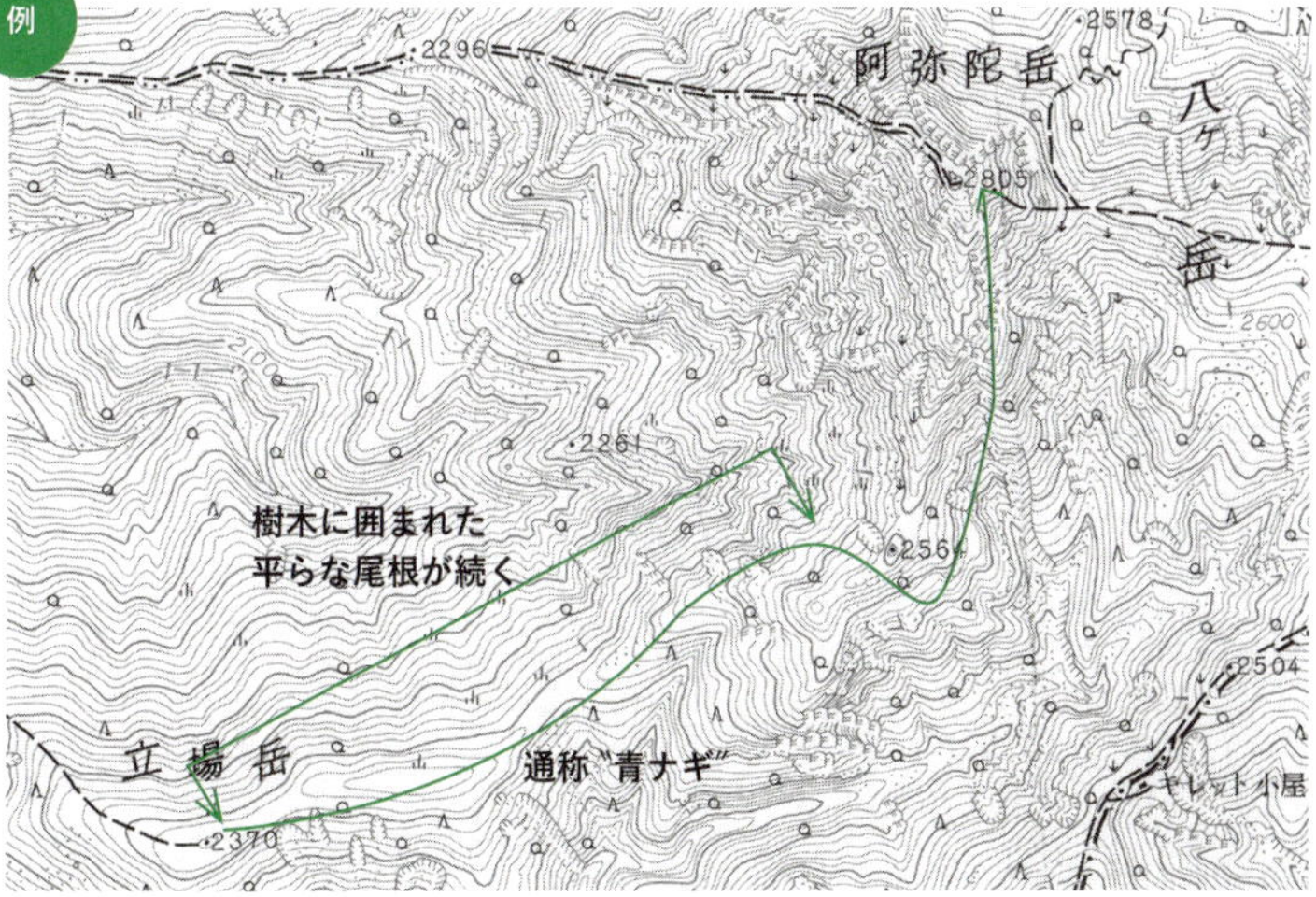

目的地 **阿弥陀岳南稜**

バリエーションルートのひとつ、阿弥陀岳南稜。リスクマネジメントとして事前にビバークポイントを探しておくことも必要だ。ビバークポイントの条件は、風を遮れる、平らである、落石がない、この3つ。立場岳周辺は広葉樹林、針葉樹林、ハイマツが入り混じった場所でもあり、地図上では尾根にもかかわらず平らな場所が多くビバークには適している。稜線上を阿弥陀岳方面に進むと、さらに広く平らな場所に出る。通称・青ナギと呼ばれる見晴らしは良い場所だが、ハイマツ地なので風を防ぐことが難しい。さらに進むと再び針葉樹林になり、青ナギよりも狭いが平らな場所も見つけられる。この区間をビバークポイントとして登山計画の段階でチェックしておくことが望ましい

写真＝岡野朋之

地図上にメモを残す

書き込みで地図を自分流にアレンジ

地図に残すメモは、事前に書き込むものと現場で書き込むものに分けられる。

事前に書き込む内容とは、主要な尾根や谷、目的の山頂、山小屋などで、それぞれの位置を蛍光ペンでマーキングし、名称を添えておけば、現場で地図を開いたときにひと目で情報が確認できる。

また、地形図の線で記されていない一般の登山道とは別のバリエーションルートを行く場合は、ポイントごとにさらに細かい情報を明記しておくことが重要だ。たとえば前穂高北尾根には8つの連なるピークがある。そこで現在地をわかりやすくするために、1峰、2峰、3峰というように数字で記入しておくと、地図を見た瞬間イメージしやすい。またはピークとピークの間のコルのような、地形図からも読み取れる明確な場所にはそのマークを記入するなど、自分が使いやすいように事前に地図をアレンジしていく作業のことだ。

一方、現場で直接、あるいは現場から帰ってきてから書き込むメモは、そのすべてが今後の山行につながる。たとえ次回は別の山に行くとしても、ポイント間の時間をメモに残しておけば、今後自分のコースタイムを予想するうえでの重要な手がかりになる。ほかにも高山植物が好きな人であれば「ここにこんな花が咲いていた」というメモでいいし、落石注意ポイントを明記しておくことも大事だ。慣れてくれば、夏場に木が倒れているのを確認しただけで、そこは雪崩が起きやすい場所だと予想でき、積雪期の山行にも役立つ。

事前に行うこと

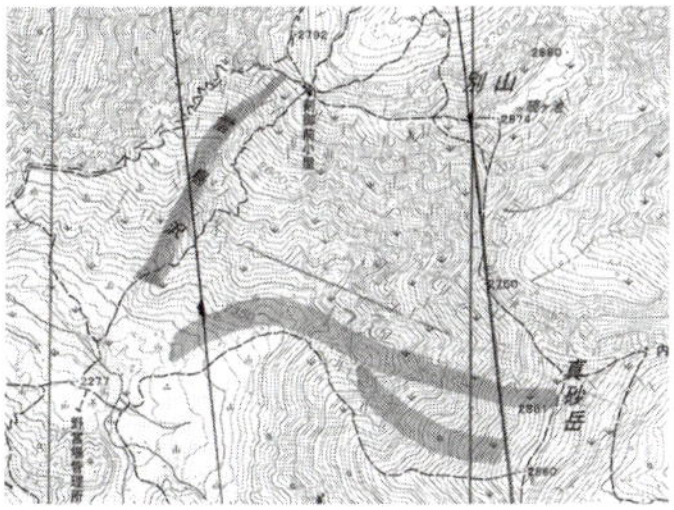

尾根と谷を色分けしてマーキングする

雷鳥沢のような主要な谷から、一般ルートではない周辺の谷まで、主要な尾根と色分けしてマーキングしておく。こうすることで、現場での現在地確認はもとより、周辺の広い地形の概要を視覚的に捉えることができる

確認ポイントにマーキングする

妙義山の西側をカバーしている2万5千分の1地形図「南軽井沢」。登山道にある神社、名勝などが小さく表記されている。ポイントになる場所をマーキングし、山頂、コース名などの情報を書き入れ、追加している

現場でもしくは戻ってから行うこと

地形の変化、新たな人工物など

ルート周辺に崩落などの危険箇所を見つけた場合には、現場か、もしくは戻ってからそのポイントや様子をメモに残しておく。夏場に地形を確認し、雪崩の危険が予測できた場合なども同様だ。また鎖場、梯子など、新たに設置された人工物も重要なポイントだ

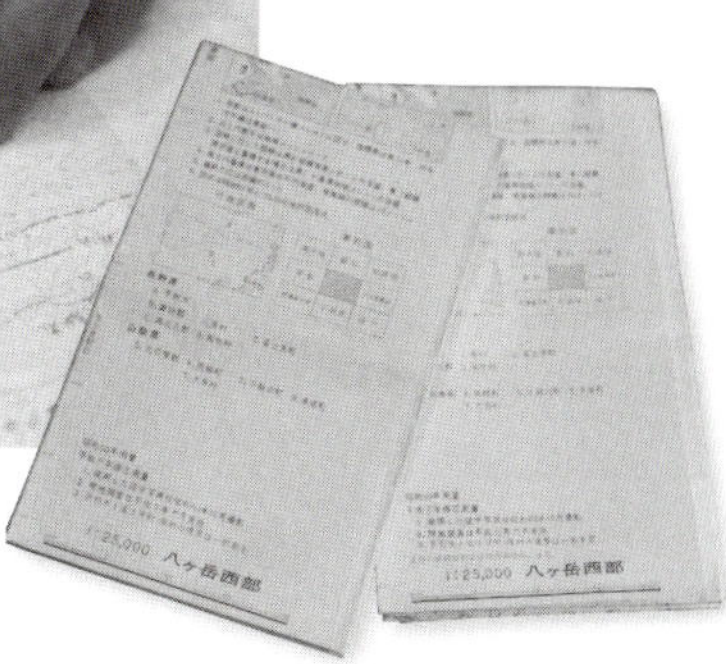

地形図はメモ用と無記入のもののふたつを用意するとよい

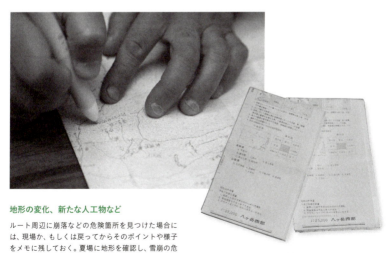

Column ④

テント設営についての注意

山での宿泊は山小屋を利用するのが一般的だが、それ以外にもキャンプ指定地にテントを設営して泊まる方法もある。キャンプを目的とした登山だけでなく、ハイシーズンに山小屋が混雑して泊まれない場合などにテントを利用するケースも多い。

テントでの宿泊のメリットは個人の空間が広がること。あまり周りの人に気を使うことなく、プライベートが確保できて過ごしやすい。山小屋のように食事の時間も決まっていない。夜に星を見ながら食事をすることもできるし、朝早い時間にも自分たちのペースで行動できる。

ただし、周りに同じキャンパーがいたり、山小屋に泊まっているお客さんもいる場合もある。常識の時間内で行動することはもちろん、朝早いときなどは、山小屋での生活と同じように周りの人に気を使いながら静かに行動する必要があることはお忘れなく。

ところで、先に述べたように、日本の山というのは基本的に国立公園や国定公園に指定されているか、あるいは個人所有である。テント設営は指定されたエリアのみで許されているケースが多い。したがって、キャンプ指定地以外でテントを設営することを前提とした行動計画を立てることは原則としてできない。ところが最近、登山口付近にある道の駅などにテントを張って宿泊している登山者が多く見られる。

しかも「テント設営禁止」という看板が立てられているにもかかわらず、車を置き、その横にテントを張ってしまう人が多い悲しい現状がある。

もし街中の公園や公共の駐車場に無許可でテントを張っていれば、すぐに警察が来るだろう。山でも街でも一般常識には変わりはないということを忘れないでおこう。

残念ながらこうした基本的なマナーを守らない一部の心ない登山者によって、地元の方とトラブルになり、その場所を利用できなくなるケースを過去に数多く見てきた。登山は健全なスポーツである。登山者自身が同じ登山者に迷惑をかけるような行為は絶対に慎むべきだ。

登山口付近の駐車場は私有地、または公共の場所であることが多い。無断でのテント設営は絶対に慎むこと

Chapter5

さまざまな
アウトドア用地図

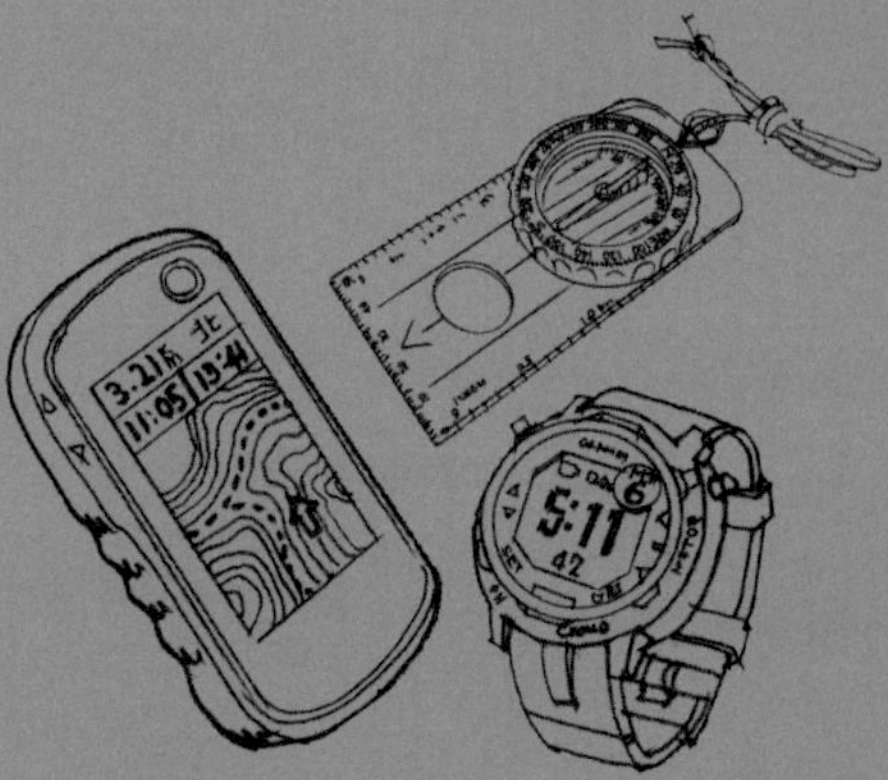

特殊な地図

より詳細な情報に特化した野外地図

前章までは国土地理院刊行の2万5千分の1の地形図や市販の登山用地図など、あくまで登山やハイキングなどを対象とした地図を中心に話を進めてきた。一方、地図という観点からこれをさらにアウトドア全般に範囲を広げて俯瞰してみると、登山用の一般図とは性質の異なる特殊な地図が存在している。

アウトドアの世界には、それぞれの遊びの用途に特化した地図やガイドマップがあることは、本書の冒頭でも少し触れた。バイクであればツーリングマップがあり、バックカントリースキーにはそれ専用の地図がある。国土地理院の地形図をベースとした登山用地図もまた登山に特化した地図であり、豊富な情報を盛り込んだガイドブックであるともいえる。

特殊な地図は大きくふたつに分けられる。ひとつは先ほどのツーリングマップやバックカントリースキー用のルート図、さらに海図などのような、地形図をベースに用途に合わせて図や絵などを増やしてわかりやすくしたもの。

もうひとつは地形図では細かすぎて表すことの難しい地図を拡大化し、さらに詳細にしたもの。その最たるものがロッククライミングなどで使う地図で「ルート図」または「トポ」と呼ばれる。さらに川でカヌーをやる際のリバーツーリングマップなどもそれにあたる。

本章ではこうした特殊な地図のなかから、クライミングやバックカントリースキーのルート図、海図について紹介したいと思う。

『山スキールート212』『新版 東京起点 沢登りルート100』『アルパインクライミングルートガイド 北アルプス編』（いずれも山と溪谷社）

特殊な地図の種類

内容が細かすぎて表しきれず地図を拡大して情報を加えたもの

ex）ロッククライミングのトポ、沢登りのトポ、川地図など

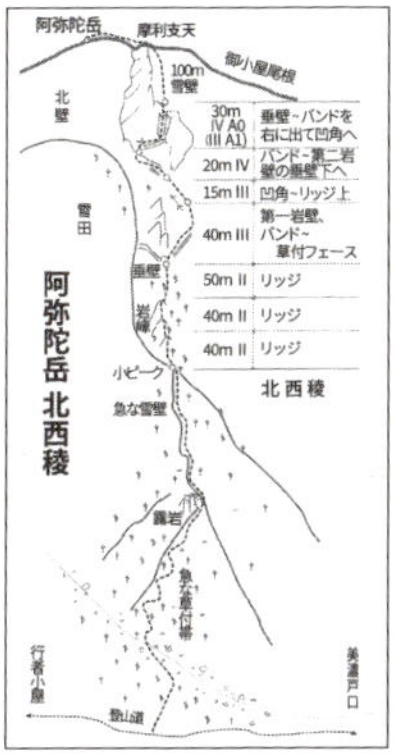

ロッククライミングのトポ

地形図上ではあまりにも細かすぎて描き表せないものを拡大化してより明確にしたもの。トポだけでは目的地に到達できないので地形図を併用することになる

『アルパインクライミングルートガイド　八ケ岳・北アルプス・谷川岳編』（山と溪谷社）

地形図をもとに情報を加えてわかりやすくしたもの

ex）バックカントリースキーのルート図、海図など

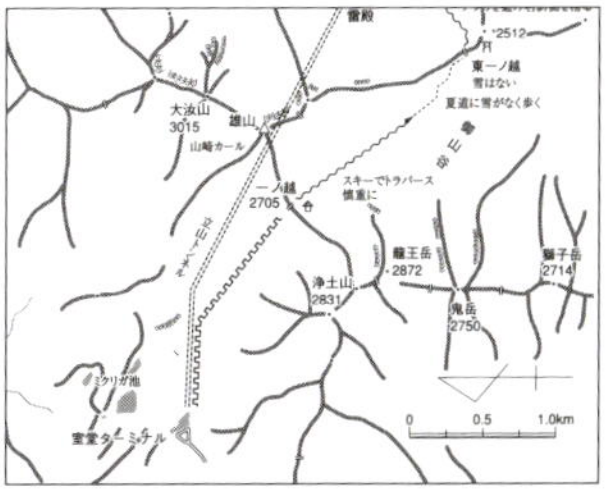

『山スキールートガイド105』（本の泉社）より

バックカントリースキーのルート図

基本的に登山と同じ雪山をフィールドにすることもあり、地形図に記号などを書き加えたものから、図例のように必要な情報だけを簡略化したものもある

登山用地図とガイドブック

初めて登る山の概要をつかむために

コースタイムを知ることが目的

登山用地図とは、国土地理院刊行の地形図をもとに、登山道はもちろん、休憩ポイント、さらに上級者向きやロープでの確保が必要な危険ルートなど、登山に必要な情報が詳細に記載された地図である。だからいきなり国土地理院の地形図を見るよりも、こちらのほうが断然わかりやすい。

登山用地図を使ういちばんの目的はコースタイム。登山コースの平均的な区間所要時間がひと目でわかる。ゆえに自分がこれから登山をするうえでの計画が立てられ、登山届の作成にも大いに役立つ。

市販の登山用地図は限られており、昭文社が出している『山と高原地図』がもっともメジャーだ。

一方、地図にガイドブックを併用するのもおすすめ。全国の主要な山、エリア、登山コース、それぞれに精通した筆者が解説を担当し、地図や写真も豊富な登山ガイドブックは、初めて登る山やコースの概要を知るのに最適だ。

また、ガイドブックの利点は登山の参考日数がわかること。たとえば、ふたつの山を縦走するとしよう。登山用地図に記されたコースタイムが10時間であっても、果たしてそれが一日で歩けるコースなのか、初めての場合はなかなかイメージできないものだ。その点、ガイドブックには「体力のある人には日帰りコース」「初心者には宿泊がおすすめ」といった経験や楽しみ方の違いによる目安、さらに周辺からのアクセスまで書かれているため、登山プランも立てやすい。

さまざまな登山用地図とガイドブック

『ヤマケイアルペンガイド　北アルプス 剱・立山連峰』(山と溪谷社)、『新版改訂 高尾山登山詳細図』(吉備人出版)、『山と高原地図 槍ヶ岳・穂高岳 上高地 2024』(昭文社)

ガイドブックでスポット的な情報をつかもう

主要な山をコースごとに細分化し、それぞれ概略からコースタイム、参考日数、ルートの難易度、登山の適期、交通アクセス、宿泊先まで丁寧なコメントを加えている。カラーページのため、山や自然の美しい写真はもちろん、地図も色分けされていてわかりやすい。さらに、現場までのアクセス方法や時間も含めた登山全体の所要時間の目安などが記載されており、登山プランを立てる際にとても参考になる

山と溪谷社『ヤマケイ アルペンガイド』シリーズがおすすめ

最新の登山用地図の素材は、破れにくく、水に強いユポ紙を採用している。「紙」といっても一般的な木材パルプ製の紙ではなく、ポリプロピレン樹脂を原料とする。また、筆記にも適しており、現場で地図に直接メモを書き入れるのにも最適だ

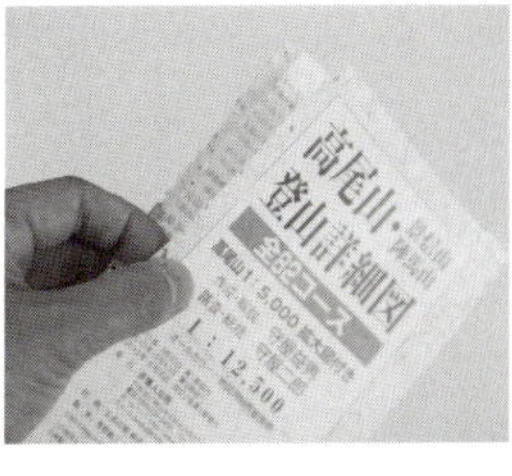

メインの地図は5万分の1
危険箇所、核心部は2万5千分の1

通常、登山用地図は5万分の1の縮尺でつくられている。なぜなら、ひとつの山、たとえば甲斐駒ヶ岳・北岳に登る場合、国土地理院の2万5千分の1地形図なら、その地図を複数枚持っていかなくてはならない。かさばるし、少しルートが変わるたびに該当する地図を出し入れするのは面倒だ。そんな理由から登山用地図の少なくともメインの地図は5万分の1で表される。

一方、鎖場や梯子が必要な危険な箇所のある山域では、その登山用地図の裏側にそのような危険箇所が集中するエリアだけを2万5千分の1の縮尺に拡大し、その特徴などが細かく明記されている（左ページ参照）。山域の核心部となるエリアなども同様だ。

また、裏面には地図だけではなく、宿泊施設、日帰り入浴施設、交通機関、場所によっては山岳診療所などの連絡先が掲載されている。現場で必要な基本情報が一枚の地図に幅広く網羅されているのが登山用地図の特徴だといえる。ちなみに、登山用地図を購入するには、山道具を扱っている大型店がおすすめ。もちろん、一般の書店でもよいが、目的の地図をスムーズに見つけるためには、やはり山に関する知識が豊富な専門店のほうがよりよいだろう。

また、意外に見落としがちなのが、地図を購入する時期だ。毎年登山シーズンの直前になると、地図を求める人が一気に増え、在庫不足や欠品状態になり、必要な地図がなかなか手に入らなくなる。みんな考えることは同じなのだ。そこでひとつの目安としては、夏山なら6月、冬山なら10、11月と、常にベストシーズンの前から動いて準備することを心がけたい。

市販の登山用地図でも、本当に欲しい時期にないと、インターネットでプレミアがつくこともある

表面
1/50000

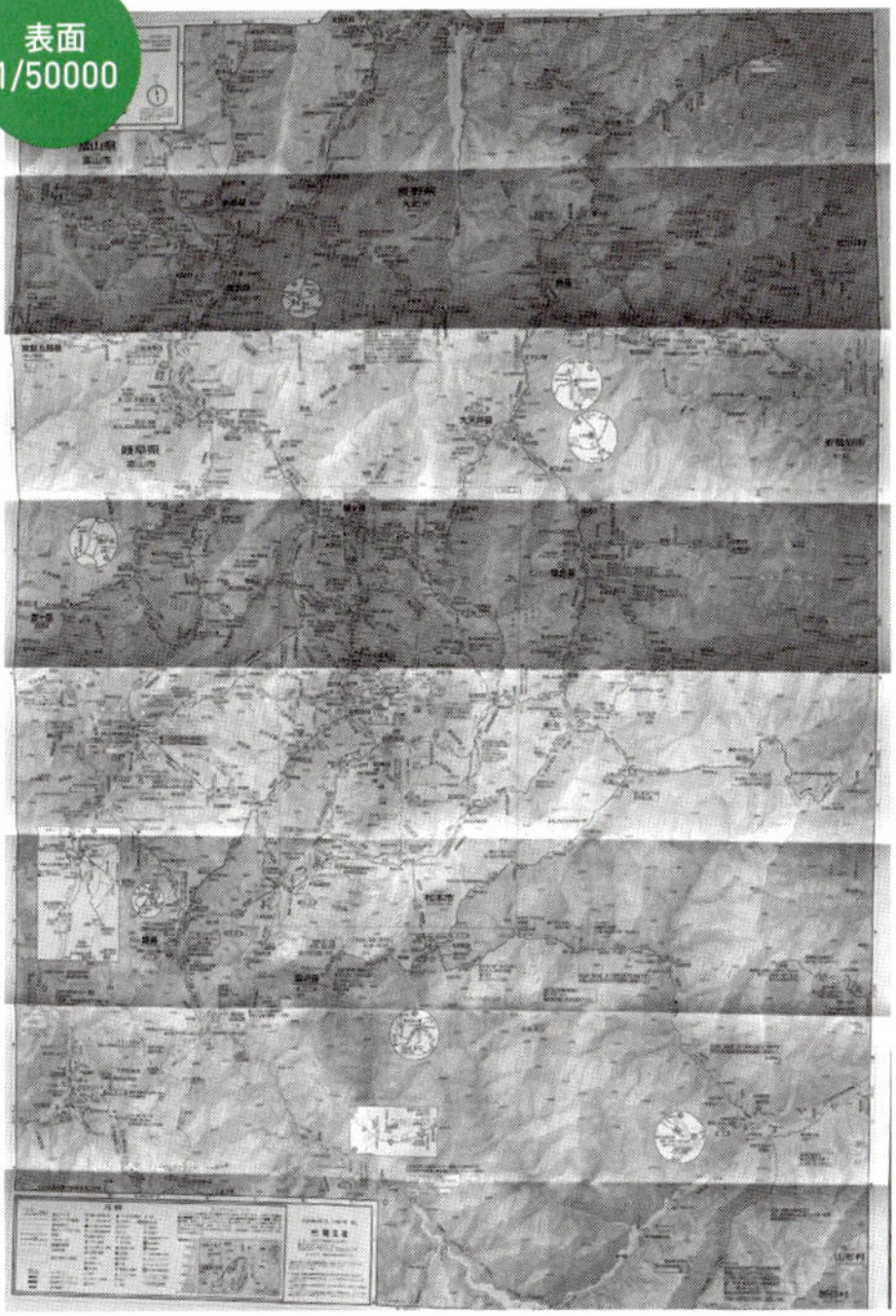

登山用地図で確認すべき重要なポイントは、まずコースタイム。そして、山小屋、水場、危険箇所の有無。とくに難しいルートについては点線で示してある。さらに、山に登るための集合場所やアクセス方法、駐車場、トイレの場所なども確認したい。また、山や沢、尾根、確認ポイントの名前など、読み取れる情報量は多い

『山と高原地図 槍ヶ岳・穂高岳 上高地 2024』（昭文社）

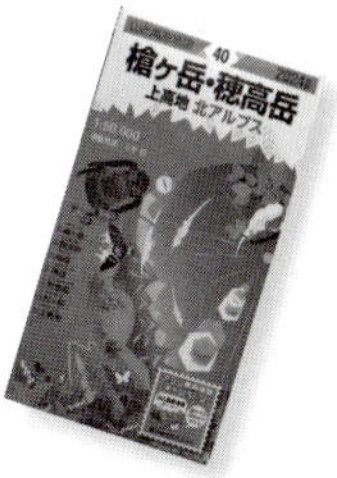

裏面
1/25000

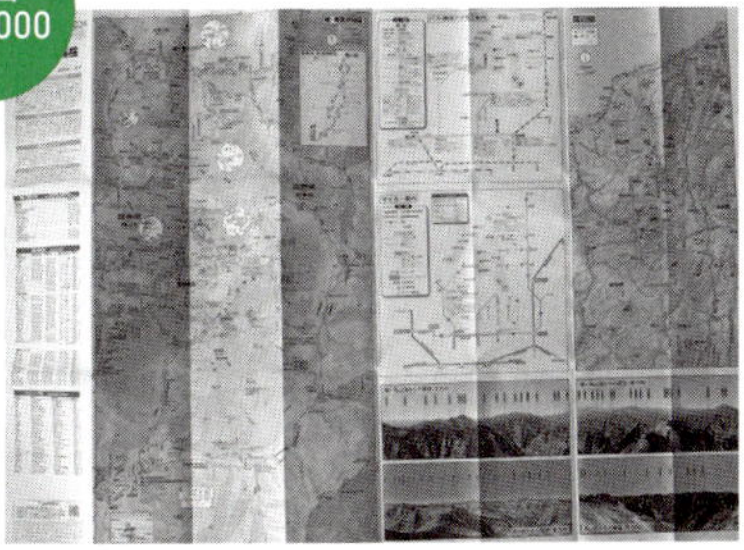

2万5千分の1の詳細図、さらに縮尺の小さな50万分の1の周辺図が並ぶ。欄外には宿泊施設、キャンプ場の位置、交通機関、各種問い合わせ先が掲載される

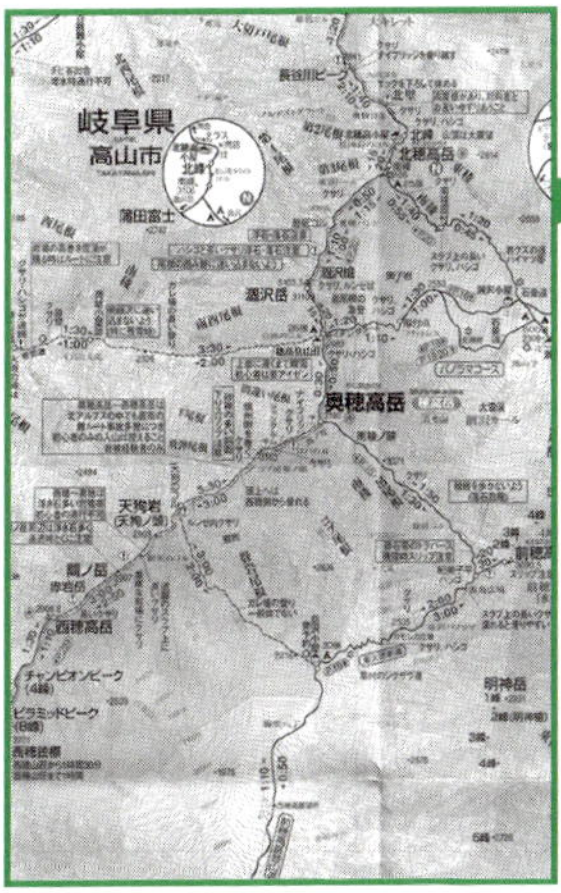

槍・穂高詳細図

地形の特徴を示した記載がかなり濃い。難ルートや危険箇所については、「クサリ・ハシゴ」「落石危険」など具体的なコメントが詳細に書かれている

ノーマルルートとハイグレードルート

コースの難度が一目でわかる

登山地図には、登山計画に必要なさまざまな情報が書き込まれている。前頁で紹介しているようなもののほか、コースのレベルもひと目でわかるようになっている。

登山地図『山と高原地図』を見ると、実線で示されたコースと破線で示されたコースの2種類があるのがわかる。実線で示されているのはノーマルルート（昭文社の地図凡例では「登山コース」）で、破線で示されたほうはハイグレードルート（昭文社の地図凡例では「登山コース（難路）」と呼ばれるものである。ハイグレードルートは、ノーマルルートよりも難所が多かったり、万が一事故が起きた際にレスキューしにくい地形だったりするため、登山経験が豊富で技術の高い人向けのコースである。

ハイグレードルートの特徴は、クライミング技術が必要になるバリエーションルート（P.124）に次ぐ難度で、バリエーションルートとの違いは鎖や梯子といった登山者用のお膳立てがされていることだ。しかし、クライミングが必要なほどの傾斜はないため積雪しやすく、積雪すると梯子や鎖が見えなくなり、バリエーションルートよりも難度が高くなるコースも存在する。

高難度で有名なハイグレードルートとしては、北アルプスの西穂高岳と奥穂高岳を繋ぐ、全長4・5kmのジャンダルムを通るコースである。このコースは急峻な岩場やナイフのように切り立った尾根を通るのが特徴で、積雪があると梯子が見えなくなったり、雪庇もできやすくなったりするため踏み抜き等にも十分注意が必要な上級者コースである。

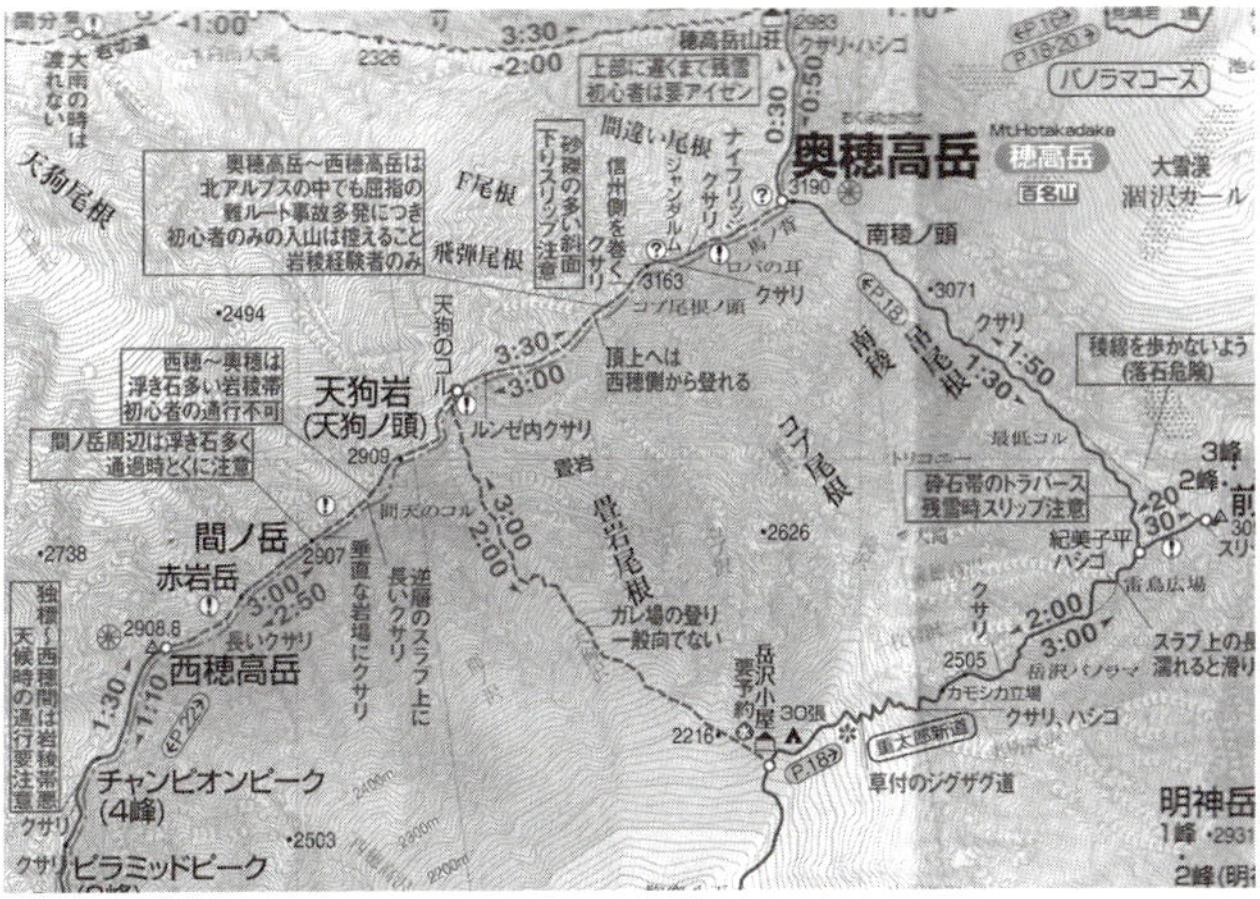

地図からコースの難易度を読み解く

『山と高原地図』では、実線が一般的な「登山コース」(ノーマルルート)、破線が「登山コース(難路)」(ハイグレードルート)である。単独行動は避け、高い登山技術と経験を積んだ上級者とパーティーを組んで挑戦したい

『山と高原地図 槍ヶ岳・穂高岳 上高地 2024』(昭文社)

ジャンダルム付近

西穂高岳と奥穂高岳をつなぐコースは北アルプス屈指の難ルートとして知られる。とくに積雪期(長いと初雪11月～残雪翌年7月上旬)は慎重な行動が必要となる

クライミング用のトポを見る

クライミングに特化した地図とは

クライミングとは、手足を使って垂直の岸壁や人工壁を登るアクティビティーの総称だ。山登りをするためのひとつの手段でもあり、クライミングで山頂をめざす場合はバリエーションルートと呼ばれる登山地図には載っていないコースを使う。このコースはノーマルルートとは異なり、クライミングの技術が必要になるため非常に難度が高い。一方で、山頂をめざさず、壁を登ることだけを目的としたクライミングもある。

これらクライミングには、「トポ」と呼ばれる地図が用いられる。地形図では描き表せない細かい部分をより明確に描き、さらにそのルートの難易度が表記されている。

まずは谷川岳、一ノ倉岳を例に実際のトポを見てみよう。一ノ倉岳の頂上をめざすためのルートには、地形図や登山用地図に載っている一般ルートのほか、バリエーションルートも存在する。一ノ倉岳の岩壁を登って山頂をめざすルートだ。

まず、左ページ右上から国土地理院の地形図の一ノ倉岳周辺を見てほしい。岩のマークばかりで、どこをどう行ったらよいのか正直まったくわからない。にもかかわらず、一ノ倉岳を登るバリエーションルートだけでも無数にあり、実際はそのなかからひとつのルートに絞っていく。そこでクライミング専用地図トポの出番だ。トポは先に述べたように、地形図には描けない細かい部分を表した地図で、わかりやすいものは3段階に分けて表示している。左ページの例図を参考にしてほしい。

バリエーションルートを登るために必要なトポ

南稜・中央稜周辺

場所：谷川岳一ノ倉沢鳥帽子沢奥壁南稜

スタート地点（クライミング用語では取りつきと呼ぶ）からのトポ。ここには難易度（グレード）やルートの長さ（ピッチ）、さらに岩の形状など、クライミングに必要な情報が事細かに描いてある。一般者向けの登山ルート図とはまったく異なるものだ。ただ、このバリエーションルートに行くためには登山道を利用するため、トポだけでなく最初に紹介した地形図も必要になってくる。さらに、登頂したらロープによる懸垂下降をする以外は、クライミングでも一般的な登山ルートを下るのが基本なのだ

『アルパインクライミングルートガイド　八ケ岳・北アルプス・谷川岳編』（山と溪谷社）

1/25000 地形図「茂倉岳」

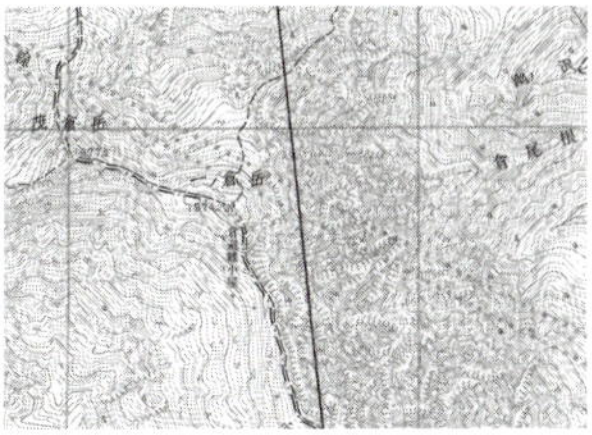

一ノ倉岳周辺は等高線では描き表せないほど傾斜が急。岩の表記ばかりでこれではルートも読み取れない

鳥帽子沢奥壁南稜

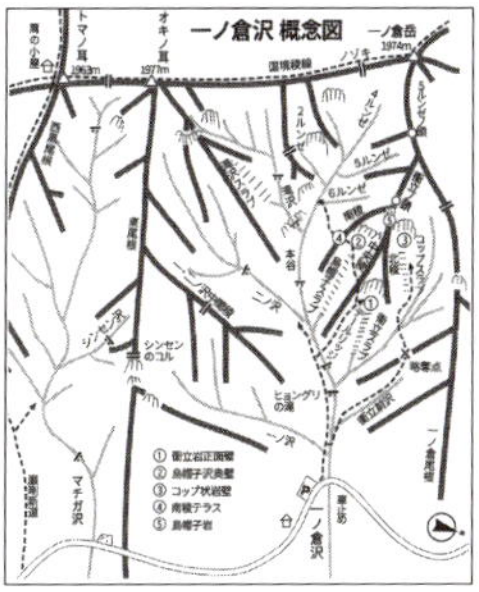

一ノ倉沢周辺に焦点をあてたトポ。これでおおまかなロケーションがつかめる。この南稜部分をめざす

一ノ倉沢周辺

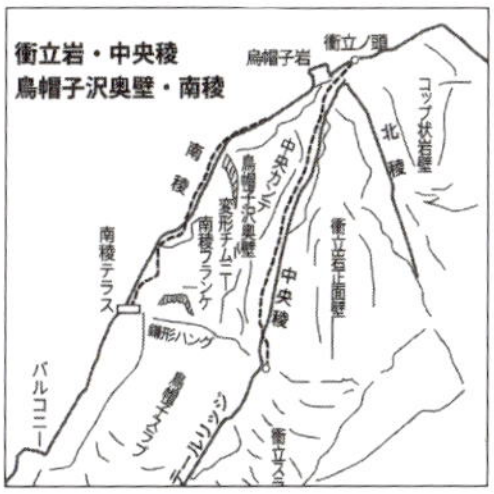

さらに南稜と中央稜をクローズアップしたトポ。岩壁の形状が明らかに。南稜テラスから岩をよじ登る

クライミングの種類

登山とリンクしたものが多い

クライミングの種類はロッククライミング、アイスクライミング、シャワークライミング（沢登り）の大きく3つに分けられる。

ロッククライミングにはスポーツクライミング、あるいはフリークライミングと呼ばれるジャンルがある。フリークライミングとは、基本的には登頂よりも、ひとつの岸壁や岩場を登ることを目的としている。登山とは離れ、岩登り自体を楽しむジャンルだ。最近ではこれを室内でも行う。また、フリークライミングからさらに細分化されたボルダリングというものもある。フリークライミングとの決定的な違いはロープを使わないこと。基本的に飛び降りても安全が確保できる高さの岩を、短い距離で登ることをボルダリングという。

一方、マルチピッチクライミングとコンティニュアスクライミングはふたり以上がロープを結び合い、岩場を連続して登っていくもの。長いルートや登頂を目的としたクライミングでオールシーズン楽しめる。

次は沢登り。読んで字のごとく、沢を登るクライミングである。こちらも独特なルート図が存在する。

そして、季節が変わると、この沢はアイスクライミングの場になる。もちろんアイスクライミング用のルート図もあり、さらに細分化されていく。

ロッククライミングのなかでも岩を登ることに特化したフリークライミング

クライミング（登《とう》攀《はん》）の種類

ロッククライミング（岩登り）
- “岩を登ることに特化” スポーツクライミング
  - ロープを使用する ─ フリークライミング
  - ロープを使用しない ボルダリング、クラッグクライミング ─ フリークライミング
- マルチピッチクライミング ─ アルパインクライミング
- コンティニュアスクライミング ビッグウォールetc. ─ アルパインクライミング

“氷を登る” アイスクライミング ┈ “岩と氷雪が混在した岩壁・氷雪壁を登る” ミックスクライミング ─ アルパインクライミング

“沢を遡行する” シャワークライミング（沢登り）

バリエーションルートクライミング

登山地図には載っていない非常に挑戦的なルートである。登破するためには、多くの知識やクライミング・登山技術が必要になる

「アルパインクライミング」本来の意味とは？

本来はヨーロッパで行われる氷河、氷、岩、雪など、すべての要素を含んだクライミングスタイルのこと

アイスクライミング

凍結した沢や滝、氷柱を登るクライミングのこと。さらに岩と氷雪が混ざった氷雪壁を登ることをミックスクライミングとも呼ぶ

グレード表記

「トポ」に使われる表記──❶

クライミングの種類とレベルが一目瞭然

クライミング用のトポにはそのルートの難易度を示したグレードが必ず表記される。これが大きな特徴だ。

グレード表記は万国共通ではなく、オーストラリアやアメリカ、ヨーロッパなど国や地域で異なる。日本ではアメリカのYDS（ヨセミテ・デシマル・システム）とUIAA（国際山岳連盟）推奨のグレードの両方を採用している。

日本のフリークライミングではおもにデシマルグレードが使用される。左ページの表の2番目の数字は「5・2」とある。「5」はクラス、「.2」はレベルをそれぞれ表している。クラスとは登山やクライミングの種類によって1～6まで分類されたもの。1がハイキング程度、2がハイキングコースの鎖場程度と続き、5はフリークライミングを意味する。「.2」のレベルはそれぞれの難しさを表し、数字が大きくなればなるほど難しくなる。「.10」からはさらに「○.a」～「○.d」という具合にレベルが細分化されていく。

UIAAのグレードはおもにアルパインクライミングで使用される。グレードをローマ数字のI（1級）から順に表記していく。デシマルグレードとのグレード表記の対応関係については表を参考にしてほしい。

グレード表記はクライマーのレベルと密接に関係してくる。自分の登攀レベルを知ったうえで、このグレードなら登れるのかどうかを判断する材料にもなるし、難しいところを登る際の目標にもできる。クライミングをする際はきちんと確認すること。

クライミンググレード表記

YDS (ヨセミテ・デシマル・システム) (アメリカ、日本) おもに フリークライミングで使用 ex.「5.2」 クラス／レベル	UIAA (国際山岳連盟) おもにコンティニュアスクライミング、アルパインクライミングで使用 ※下記はUIAA（RCC Ⅱ）グレード		フランス おもにフランス国内で使用
5.1	Ⅰ	非常にやさしい	1
5.2	Ⅱ	やさしい	1－2
5.3	Ⅲ－	やや難しい（ロープを使う）	2－3
	Ⅲ		3－4
5.4	Ⅲ＋		4－5a
	Ⅳ－	難しい	5a－5b
	Ⅳ		5b－5c
5.5	Ⅳ＋		5c－6a
5.6	Ⅴ－	非常に難しい	6a－6a＋
5.7	Ⅴ		6a＋
5.8	Ⅴ＋		6b
5.9	Ⅵ－	極度に難しい	6b＋
5.10a	Ⅵ		6b＋－6c
5.10b	Ⅵ＋		6c
5.10c	≀		6c＋
5.10d			7a
5.11a			7a＋
≀			≀

Decimalグレードのクラス表記

クラス1：ハイキング程度
クラス2：ハイキングコースの鎖場程度
クラス3：三点確保が必要
クラス4：ロープによる確保が必要
クラス5：フリークライミング
クラス6：人工登攀

その他

RCCII グレード　(UIAA グレードに準じ、それに日本独自の基準を加えて作成)
ルートグレード　1～6 級、さらに上下で細分登攀距離、所要時間、傾斜、技術的困難度、プロテクションの条件、岩の状態で等級が決まる

岩場のルート記号

「トポ」に使われる表記――②

岩の形状を表し、地図を立体化させたもの

クライミング用のトポに使われる記号には岩の形状を表したものが多い。これは地形図における等高線と同様、地図を立体化させる役割をもっている。

トポを読みこなすためには、そうした岩特有の形状とその記号表記を理解しなくてはならない。ここではまず岩に関する代表的な名称をあげて簡単に説明してみよう。左ページの記号表とあわせて見てほしい。

フェース　水平面に対して90度前後の角度の岩面。

スラブ　90度以下の傾斜のゆるやかな岩面。

コーナー　ふたつの岩面が接し、本を開いたような凹状の部分。壁の間の角度が90～120度のものをさすことが多い。

オーバーハング　水平面に対して90度以上の張り出した岩面。完全に水平方向に張り出したところはルーフと呼ぶ。

ピナクル　尖塔の意味。岩稜や岩壁上に突き出た小さな突起物のこと。

リッジ　コーナーとは逆に飛び出した角で凸状になっている。

カンテ　壁面の末端にある鋭角に尖った岩角。アレートとも呼ぶ。

テラス　岩壁上にある、通常は横に走る水平に近い場所。ビレイ点や休憩場所になる。

ルンゼ　岩盤に食い込んだ急な岩の溝。ガリー、クーロワールとも呼ばれる。

ガレ場　石や岩が堆積した場所。大きな岩の場合は

ゴーロと呼ばれる。

クラック　岩の割れ目。大きさによって名称が変わり、大きなものはチムニー、よく見えるものがクラック、小さな割れ目はリスと呼ぶ。

チョックストーン　クラックにはまり込んだ石のこと。

ビレイ点　安全確保のためのロープをつなぐための支点。

ルート記号

意味	記号	意味	記号
フェース	記号なし	クラック	
スラブ		チムニー	
オーバーハング		フレーク	
ルーフ		チョックストーン	
ピナクル		草付き	
リッジ		ブッシュ	
カンテ（アレート）		洞穴、岩小屋	
レッジ		ビレイ点	
テラス		アブミビレイ点	
バンド		ルート	
凹角（コーナー）		ルート（図では隠れている）	
ルンゼ（ガリー、クーロワール）		ボルト	
ガレ場		ピトン	

バリエーションルートの「トポ」

阿弥陀岳北西稜

2級上　Ⅳ A1(A0)　4〜7時間
『アルパインクライミングルートガイド　八ケ岳・北アルプス・谷川岳編』(山と溪谷社)

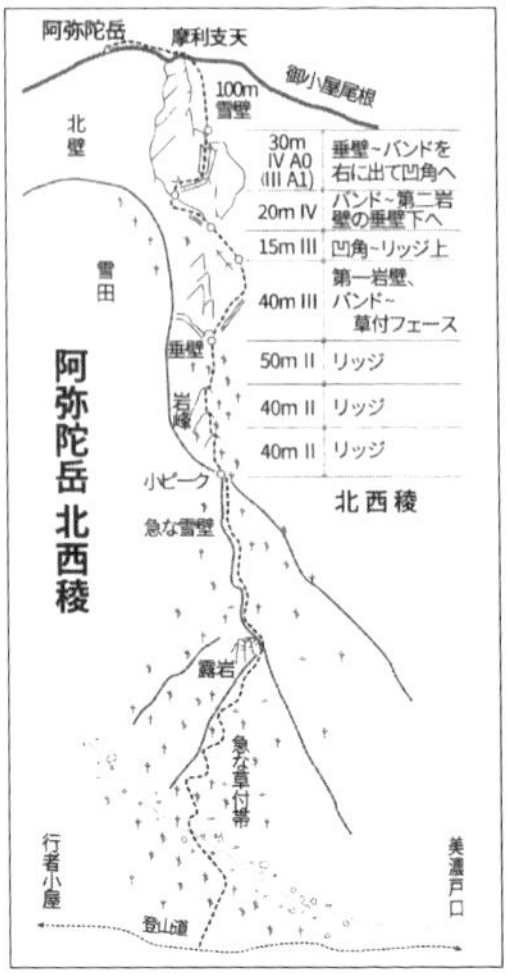

右上が八ヶ岳エリアの実際のトポ。前ページのルート記号と見比べてみよう。登山道から阿弥陀岳の御小屋尾根までの登攀ルートが岩の形状とともに克明に記載されているのがわかる。また、トポ上にはルート記号のほか、区間ごとにUIAAグレードが表記されている。さらにオリジナルのトポには、ルート全体のUIAAグレード、さらにルートの特徴を総合判断して1〜6級で評価したルートグレード、平均コースタイムなども併記される(本ページでは欄外に記載)※写真の後方に見えているのが阿弥陀岳北稜。右側の稜線部分が右上のトポで描かれている北西稜

沢登りの「遡行図」を読む

沢特有の個性的な記号も

沢登りもロッククライミングと同じように、それに特化したトポがある。沢登りの場合はこれを「遡行図」と呼ぶことが多い。遡行図もまた2万5千分の1の地形図をもとに、さらに地形図では表記できない細かな情報を拡大化した地図に盛り込んだものだ。そしてトポと同様に基本的には手描きでつくられている。使われる記号も沢登りで通る滝や釜、堰堤など独特なものが多く、それらをシンプルでわかりやすい図で表記しているのが大きな特徴だ。

沢登りはクライミングの一部。これは日本独特の登山スタイルといってもよいだろう。ヨーロッパにもわずかだがキャニオニングと呼ばれる沢下りのジャンルがある。日本では沢登りだけを専門にしている人たちのことを〝沢屋〟と呼ぶ。沢というのは、滝があったり、ナメがあったりと、要は乾いているところではなくて、濡れた岩場を登ることを意味している。

地形図上では、山頂から等高線が食い込んでいる地形のところが谷、すなわち沢になる。そこを登って山頂をめざすのはもちろん、その沢のみのルートを楽しむスタイルもある。

沢登り専用のトポ、遡行図には沢についてのさまざまな情報が記載されており、そのなかにはクライミングと同様にグレード表記も含まれている。

次頁の図を見てもわかるように、遡行図の表記は、水量を表していたもの、滝の数や形状、種類、支流と本流との水量の違い、ワサビ田、堰堤、ゴルジュ帯、泳ぐポイントなどどれも個性的だ。この表記方法については明確なルールはなく、作成した人によってさまざま。

グレードについては、基本的にＵＩＡＡに準じている。ただし、沢登りのグレードに関しては、あくまで参考程度にとどめたい。なぜなら、沢は天候によって水量が変わるため、難易度は常に変動するものと考えたほうがよいからだ。

一方、沢登りの遡行図は、ロッククライミング用のトポよりも、比較的作成者のコメントなどが細かく記載されている場合が多い。そしてロッククライミングではルートのスタート地点は取りつきと呼ぶのに対し、沢登りではこれを入渓点と呼ぶ。また、実際の沢登りでは、難しい滝に挑戦する面白さもあるが、個人の技量や状況によっては登ることができない滝もある。そのような場合に滝を迂回することを高巻きという。そこを高巻きするのには右岸側がよいのか、左岸側がよいのか、それも遡行図に明記しておくのが基本だ。さらには、滝の形状と高さ（落差）などがわかれば、ロープを使って登るシチュエーションでは大変参考になるだろう。

遡行図の記号例

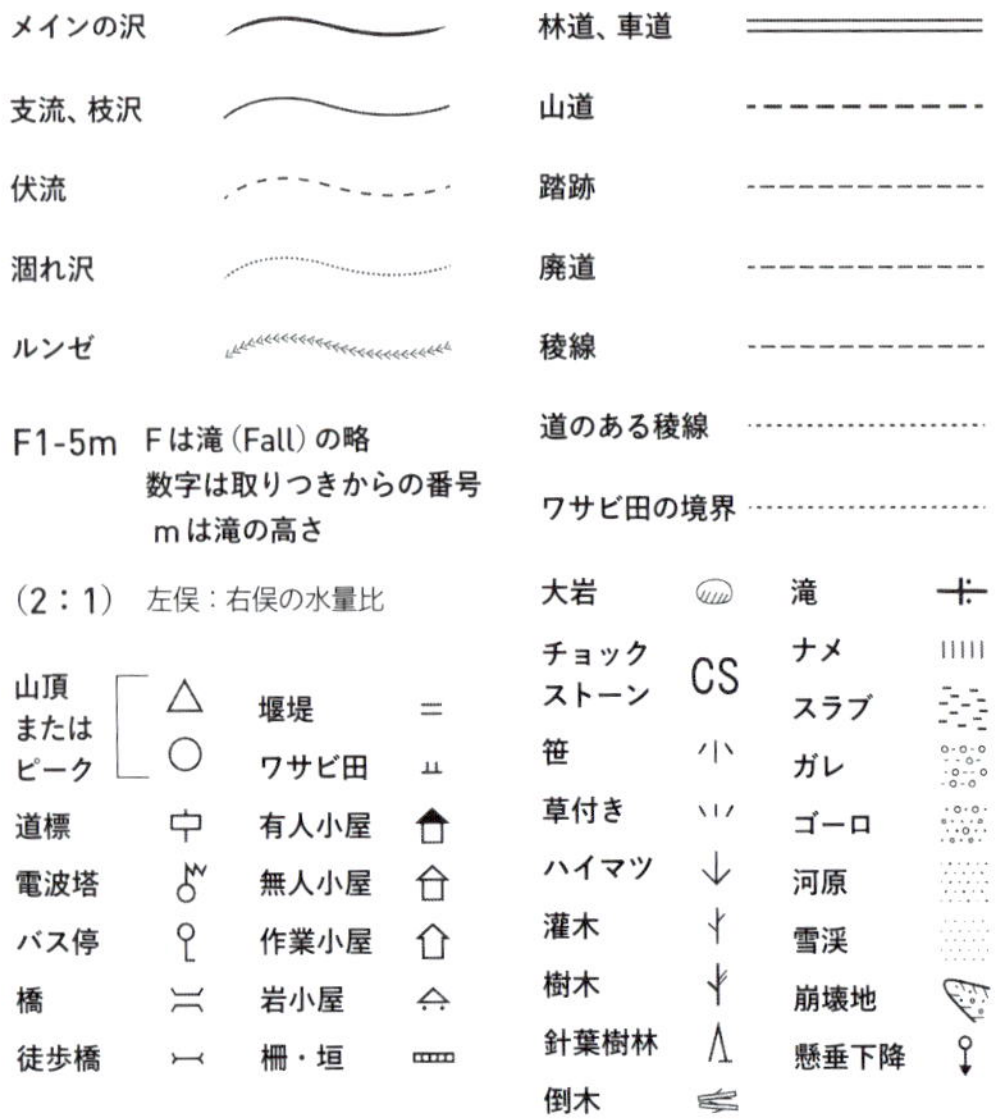

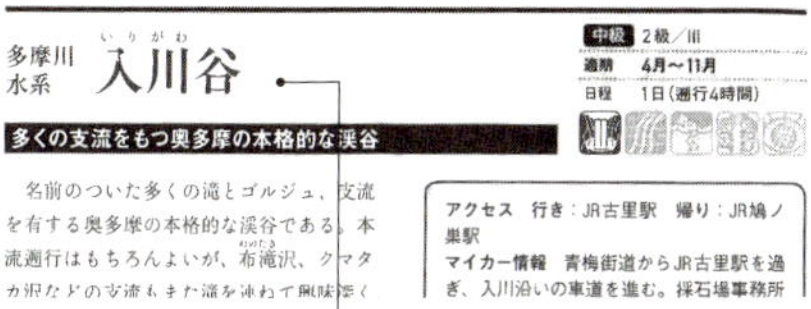

多摩川水系 入川谷《いりがわ》

多くの支流をもつ奥多摩の本格的な渓谷

中級 2級／III

適期 4月～11月

日程 1日（遡行4時間）

名前のついた多くの滝とゴルジュ、支流を有する奥多摩の本格的な渓谷である。本流遡行はもちろんよいが、布滝《ぬのたき》沢、クマタカ沢などの支流もまた滝を連ねて興味深く

アクセス　行き：JR古里駅　帰り：JR鳩ノ巣駅

マイカー情報　青梅街道からJR古里駅を過ぎ、入川沿いの車道を進む。採石場事務所

グレード表記（困難度）、所要時間

沢名

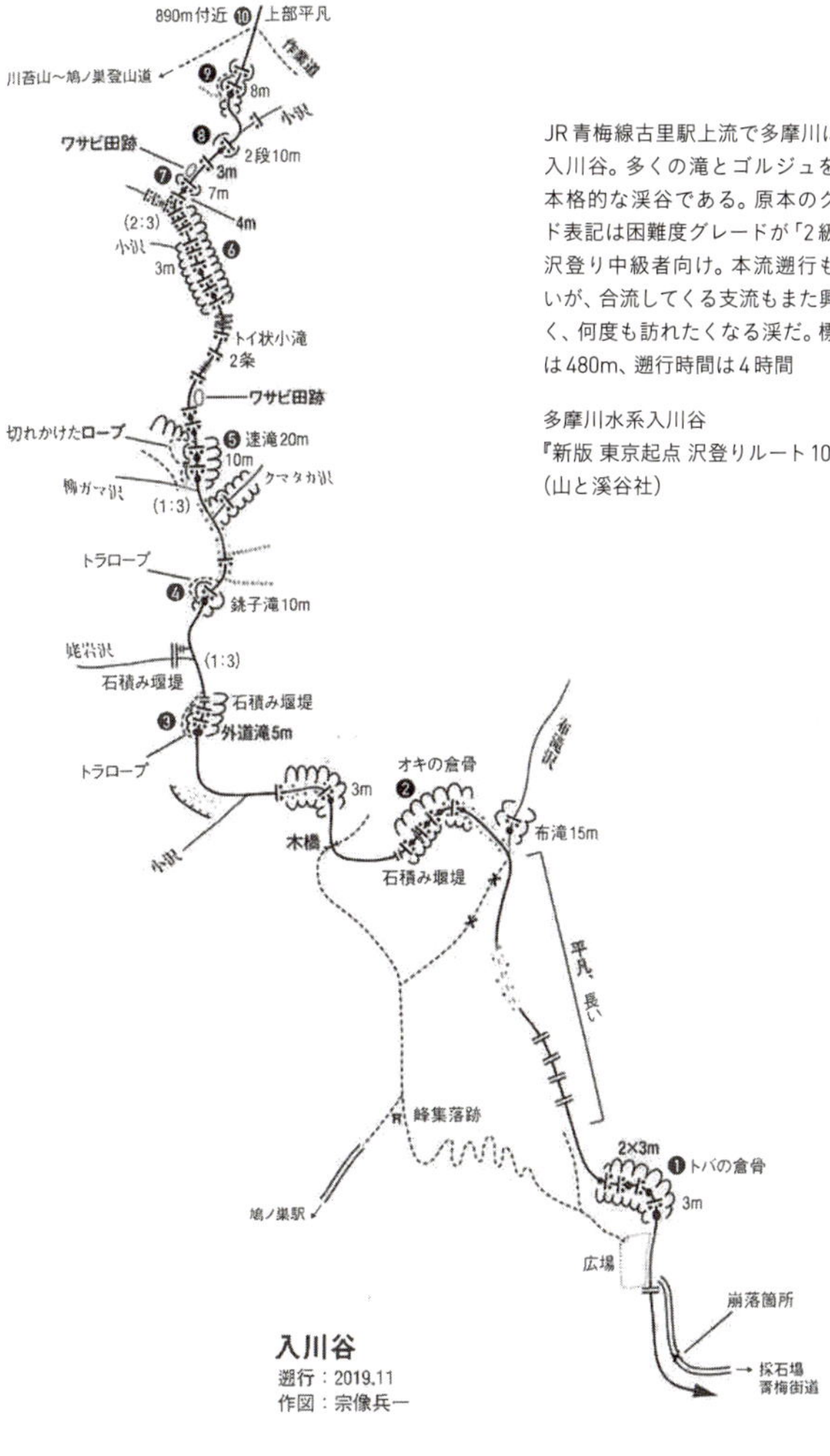

JR青梅線古里駅上流で多摩川に注ぐ入川谷。多くの滝とゴルジュを持つ本格的な渓谷である。原本のグレード表記は困難度グレードが「2級」と、沢登り中級者向け。本流遡行も楽しいが、合流してくる支流もまた興味深く、何度も訪れたくなる渓だ。標高差は480m、遡行時間は4時間

多摩川水系入川谷
『新版 東京起点 沢登りルート100』
（山と溪谷社）

自分でトポをつくる

開拓ルートや既存ルートの情報更新に

自分でトポをつくる理由はふたつある。ひとつは、新しいルートを開拓した場合、自分が再び同じルートを登れるように、あるいは次に登る人のために、詳細を記録に残しておくためだ。ちなみに私は仕事柄たくさんのトポをつくっている。もちろん、これまで覚えたルート記号を使えば、みなさんにもつくれるはずだ。

もうひとつは、既存のルートに自分が新たなボルトを打ったり、整備したことなどを付け加え、いわば情報を更新するためにトポをつくるケースである。

トポというものは基本的に個人の主観で描かれたものだ(沢登りの遡行図も同じ)。ほとんどの情報が記号化され、明確に岩場のマークをつけたり、また、自分の技術と表記されたグレードに違いがあれば書き直すといった場合もある。自分に必要な情報を自由によりわかりやすく整理、記録できる。これが自分でトポをつくることの最大のメリットだ。

一方、別の理由でトポをつくることもある。ここまで話してきたのはすべて岩を登るためのものだったが、反対に下山のためにトポをつくる場合もある。クライミングでは常に登山道を下山できるとは限らない。道なき道を歩き、安全圏まで戻ることもある。しかも対象になるエリアは、やはり等高線では描き表せないような険しく複雑な沢や尾根ばかりで、とても地形図を見るだけでは下りることはできない。クライミングではときとしてオリジナルの下山用トポが必要になることも参考までに覚えておいてほしい。

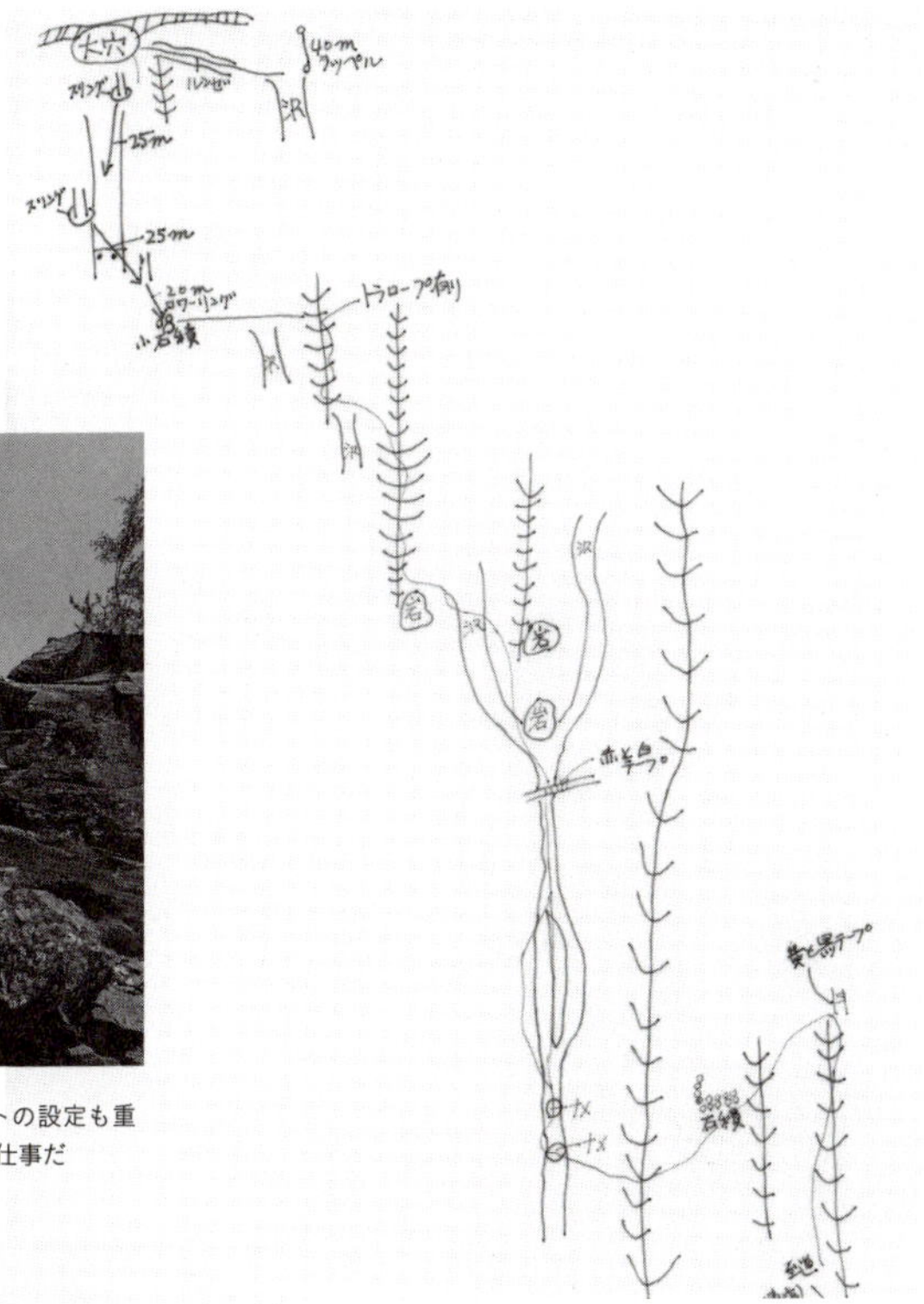

クライミングでは下降ルートの設定も重要。下るのもなかなか大変な仕事だ

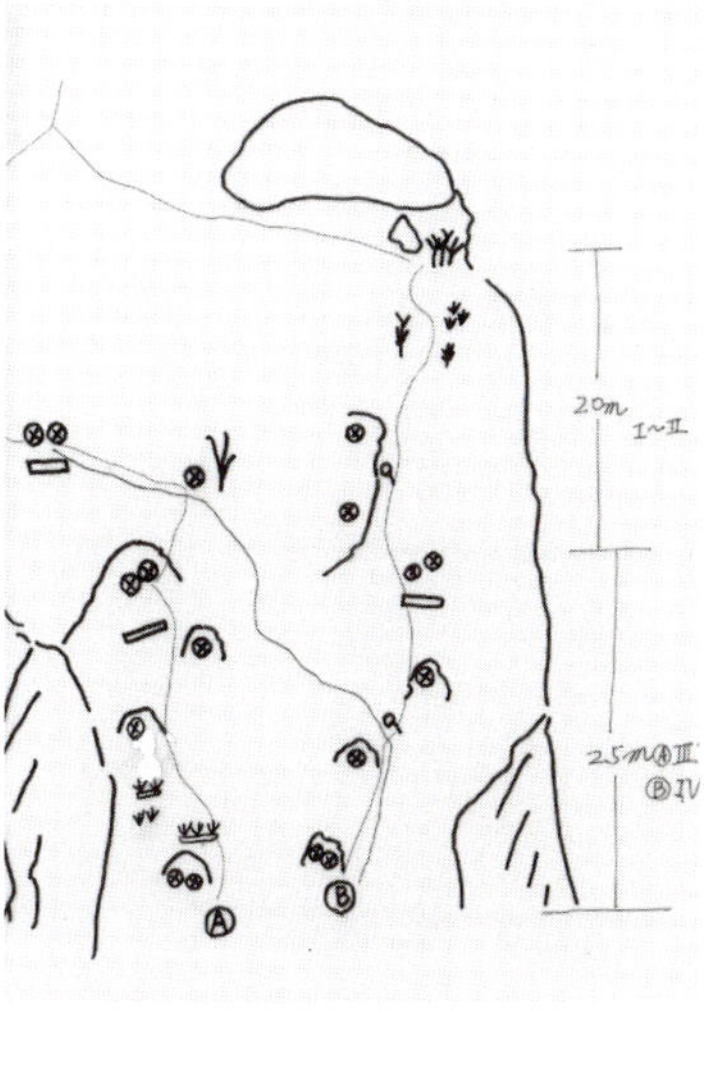

下山用トポ

著者が開拓した下山ルートをトポに描き表したもの。通常の登山での登頂後、通常のルートで戻ることが困難になり、やむを得ず急峻な岩の斜面を下降したのがきっかけ。地形図には載っていない小さな沢、岩や目印として置いた積み石や木に結んだ色テープの位置までも正確に記述されている

登り用トポ

クライミング用のトポ。こちらも著者が開拓したオリジナルルートのひとつ。手描きの実にシンプルな図には、岩の形状と位置、テラスやビレイ点、草付きの位置などスムーズに登攀を行うために必要な情報が収められている。また、自らグレードの判定を行い、精査したものを描き込んでいる

雪山のアクティビティーについて

雪山でも地図を活用する

雪山では夏に比べてアウトドアでの遊びのメニューが増える。バックカントリースキー、またはポピュラーな雪山におけるピークハント、氷雪に覆われた岩壁でのクライミングなど、いずれも雪があるからこそ成立する個性的なアクティビティーばかりだ。

さらに、夏に沢登りを楽しんだ沢や滝の一部が冬の厳しい冷え込みで凍結し、そのままアイスクライミングの舞台へと様変わりするのも、雪のシーズンならではの魅力といえよう。

このように、雪山ではメニューが増えるとともに、それぞれの特徴によって、地形図の見方やコンパスとの併用方法も異なってくる。

一方、雪山で安全に楽しく遊ぶためにもっとも気をつけなければならないのが雪崩だ。これは冬の積雪期に限らず、春の残雪期にも同じことがいえる。雪のあるところで遊ぶ以上、これは避けて通れない。

そこでここからは、まず地形図から雪崩の危険性を予測する方法を知り、続いて地形図やルート図を活用するバックカントリースキーについて解説していきたいと思う。

スキーを履いて雪の斜面を下降するバックカントリースキー。雪山遊びの代表格だ

雪や氷に覆われた山がメインフィールド。雪山だからこそその危険性や難しさもあるが、夏に比べて楽しみ方の選択肢はかなり広がる

地図から雪崩の危険を予測する

等高線の幅0・5㎜前後は雪崩の危険あり

雪のあるシチュエーションであれば雪崩という現象はどこでも起こりうる。たとえば、住宅の屋根に積もった雪が崩れ落ちることがよくある。山に限らず、街でも雪崩の危険性はあるということだ。

さて、山には雪崩が起きやすい条件がある。それは傾斜だ。一般に斜面の傾斜25〜60度では表層雪崩が起きやすいといわれる。60度以上になると傾斜が急すぎて雪は斜面に付着しにくい。したがって、雪崩が起きたとしても、非常に浅い雪崩になるため影響は少ない。

逆に傾斜が25度以下の場合、雪は積もりやすいが、傾斜がない分、滑り落ちる確率は低い。

さらに、この25〜60度の範囲のなかでも30〜45度の部分は、雪の積もりやすい絶妙な傾斜を示すため、雪崩がもっとも起きやすい角度といえる。

この傾斜角度との関係を応用すれば、地形図上から雪崩の起きやすい危険エリアを割り出すことができる。そのカギになるのはやはり等高線だ。

たとえば、等高線の間隔が0・5㎜前後の場合、傾斜角は40度前後に相当する。ということは、もし実際の等高線の間隔が0・5㎜前後であれば、そのエリアは雪崩が起きやすい条件になる。等高線の間隔から雪崩の起きやすさを調べるには、コンパスを利用する方法が便利だ。ほとんどのコンパスには1㎜単位で定規の目盛りが刻まれている。地形図にコンパスの定規を当て1㎜の目盛りのなかに等高線がふたつ並べば、傾斜角度が40度前後、つまり雪崩が起きやすいと判断できる。

針葉樹林には雪崩を止める効果も

もうひとつ、地形図から雪崩の危険を知る手がかりになるのが谷状の地形だ。水の流れと同じように、雪崩も高いところから低いところに落ちていく。沢状の地形にはその傾斜によって雪が溜まりやすい。つまりそこに雪崩が発生する要因がある。

最後に植生も大事なポイントだ。周りに遮るものがない条件では、雪崩は当然起きやすい。しかし、木々や人工物などが密集していれば、それらが雪崩に対してストッパーの役目を果たしてくれる。地形図上で見られるおもな植生は、ハイマツ帯、広葉樹林、針葉樹林。このうちハイマツは背丈が低く、雪で簡単に覆われてしまうので雪崩の抑止効果はない。広葉樹林は適度に間隔が開いている場合が多く、スキーで滑りやすいが、雪崩は起きやすい。反対に針葉樹林は人工的に植林されたものが多く、均一に木々が並んで密集しているので、雪崩に関しては非常に安全性が高いエリアだ。

斜面の傾斜と表層雪崩の危険度の目安

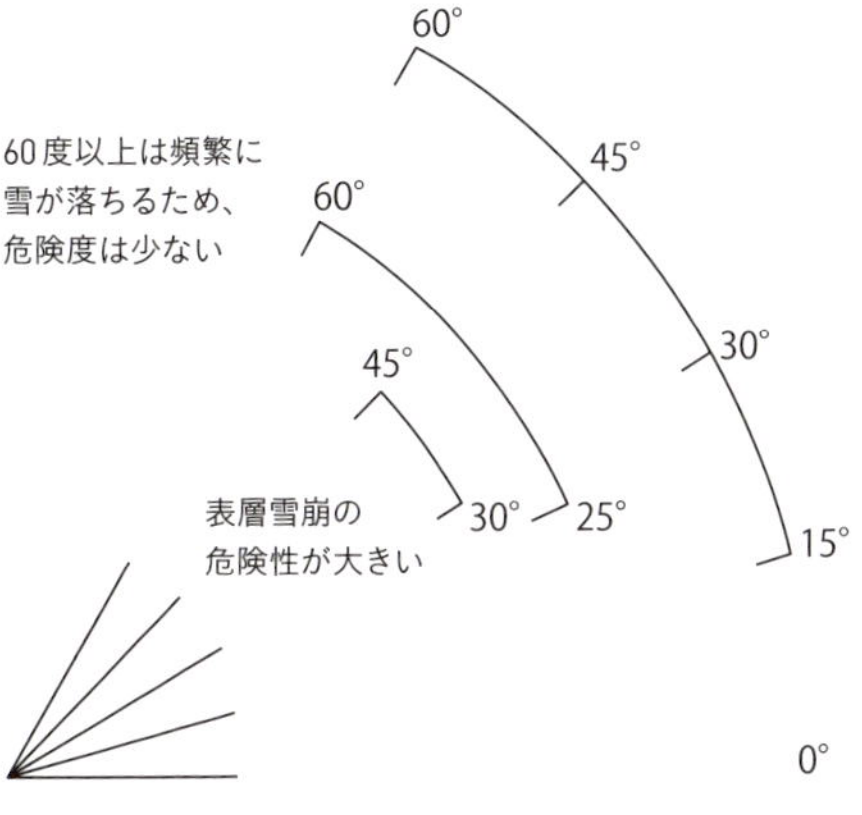

一般的に雪崩が起きやすい傾斜は25～60度といわれる。60度より大きいと雪が積もりにくく危険性が低い。また25度より小さいと雪は積もりやすいが落ちにくい。もっとも危険性が高いのは30～45度。表層雪崩が起きやすい傾斜角度だ。等高線の間隔からも危険性が読み取れる

雪崩の起きやすい場所の具体例

では、実際の地形図から雪崩のリスクを読み解いてみよう。場所は八ヶ岳の阿弥陀岳と赤岳付近である。

ここではまず谷（沢）に着目したい。基本的に雪崩はどこでも起きる可能性はあるが、やはり谷の地形やその角度の変化によって起きやすくなるケースが多い。

左ページの図の❶は赤岳沢だ。登山道は沢から離れているため基本的には安全なのだが、行者小屋から登山道に入る場合には赤岳沢を横切るので注意しよう。次に❷の中岳沢。冬はここをトレイルすることは多々あるが、深い谷状の地形で、周辺の植生も広葉樹林、またはハイマツのため、アバランチストッパーが少なく、雪崩は起きやすい。地形図上からも非常に危険であると予測しよう。あとは現場で雪の状況を見て、このルートを利用するかどうかを判断する。❸は文三郎尾根。尾根上を歩いていくが、頂上付近の北東斜面は雪崩が発生しやすい角度になっているので注意が必要だ。

デブリや倒木に要注意！

なお、現場での目視で雪崩の可能性を予測することもできる。たとえばデブリの存在。デブリとは雪崩が起きた際にいちばん下にできる雪の塊のこと。デブリ＝雪崩の発生地点と考えてよい。

もうひとつは倒木。斜面の木が折れている場所は過去に雪崩があった可能性も考えられる。夏の登山で雪崩が起きそうな角度の斜面を歩いていると、気づくことがある。

雪崩を防ぎやすいのは？

まばらな広葉樹林（上）よりも密な針葉樹林（下）のほうが雪崩のストッパーになる

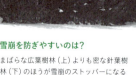

雪崩の起きやすい場所とは?

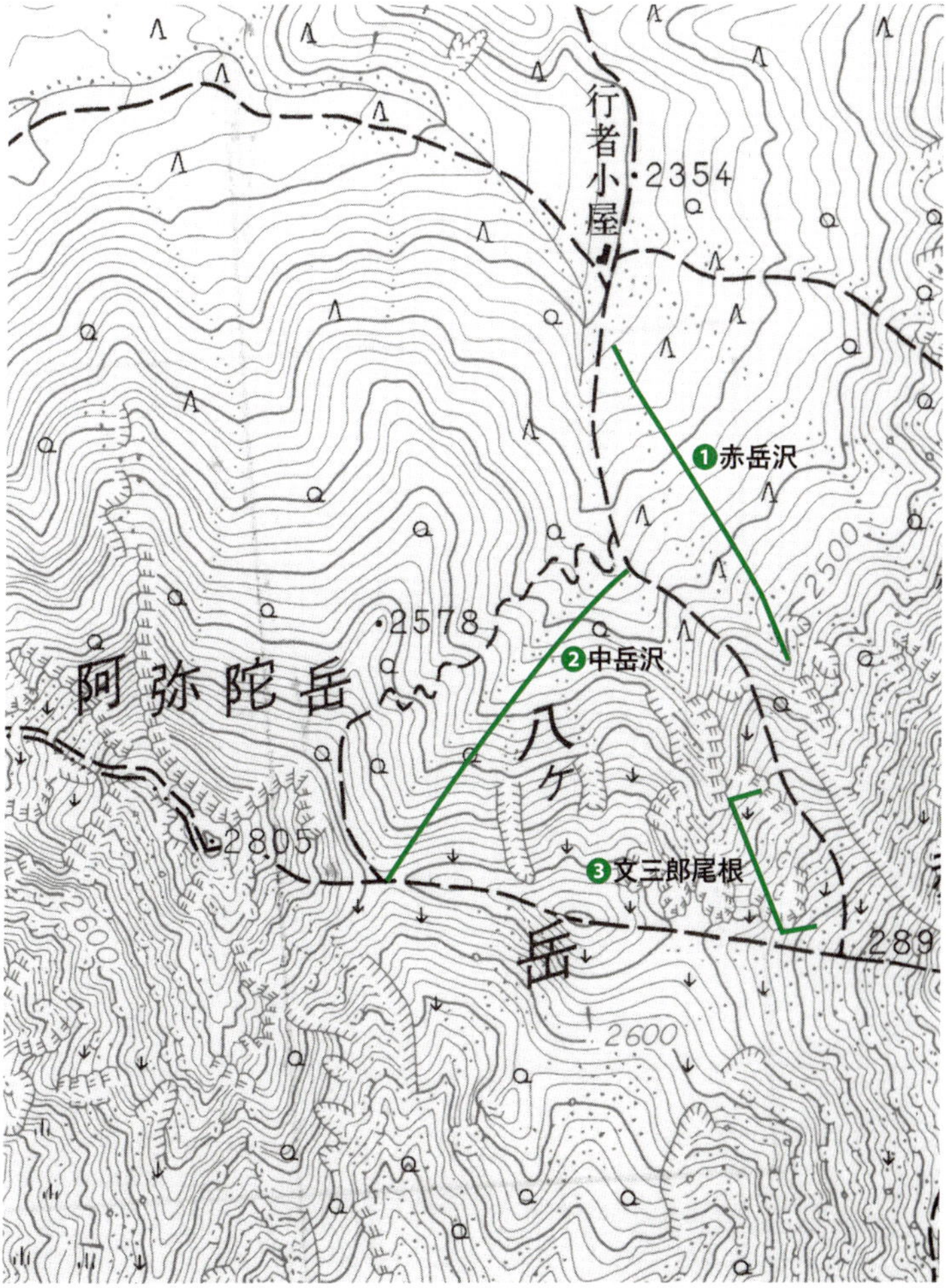

まず行者小屋から文三郎尾根を登って赤岳へ向かうルートから。登山道は❶赤岳沢から離れているため基本的には問題ないが、行者小屋から登山道に入る際にこの沢を横切ることになるので注意が必要だ。❷中岳沢は冬もトレイルコースとして利用される。ただ、針葉樹林が中心の赤岳沢周辺とは違い、中岳沢周囲の植生記号は広葉樹林とハイマツ地。斜面の木々はまばらで、雪崩を堰き止める効果は期待できそうにない。地形図を見る限りでも雪崩の危険性はかなり高い。❸文三郎尾根を登った山頂付近の北東側は等高線の間隔が0.5㎜。斜面からの雪崩が発生しやすいといえるし、現にここでは起きている

雪山の宿泊ポイント

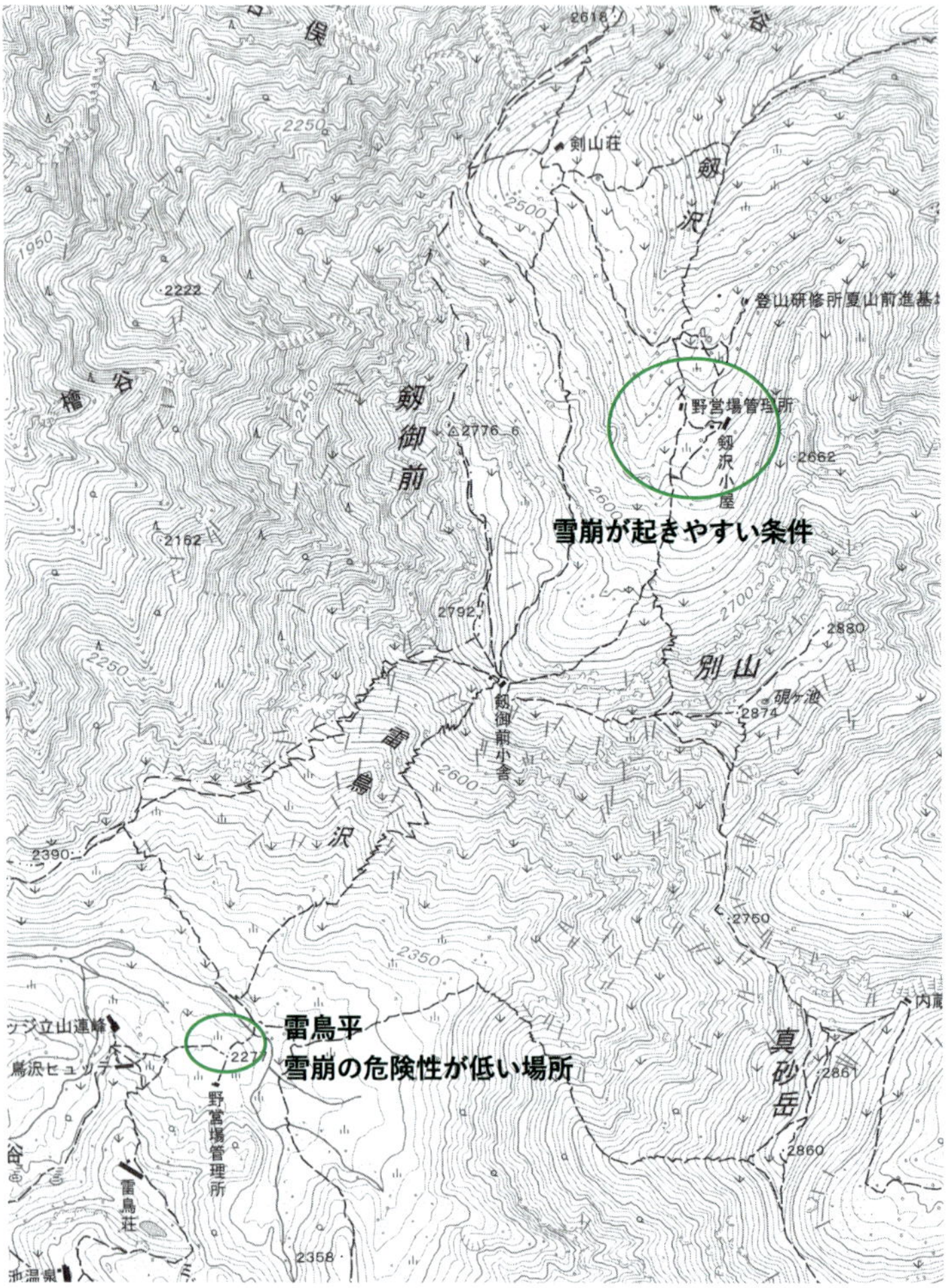

キャンプ指定地であっても、雪崩が起こる季節ではおすすめできない場所がある。たとえば、平地がベースのキャンプ場でも、周りを見渡すと沢状の地形であることも。剱岳の剱沢小屋付近にあるキャンプ指定地。ここはすべて周りが傾斜に覆われており、唯一、雪崩が起きにくい場所は北斜面のみだ。北斜面以外はすべてキャンプ指定地よりも高い場所にあり、雪崩が集中することが予想される。その周辺域では雷鳥平付近が安全だ。ここは周りが平らであり、沢や急な斜面から一定の距離が保たれている。万が一周辺で雪崩が発生しても、キャンプ指定地まで雪崩が到達する可能性がきわめて低い。ここなら冬場や積雪期でも安心してテントを張ることができそうだ

バックカントリースキーで地図を使う

トポは事前確認、現場では地形図をメインに

本来スキーとはこのバックカントリースキーのことをさし、みなさんがよく知っている一般的なスキーはゲレンデスキーと呼ばれるものだ。ゲレンデスキーとの違いは、基本的にリフトや休憩スペースなどの施設がない状況で、すべて自分の管理下で行うということ。つまり、雪山登山のシチュエーションとまったく同じで、基本的に自然の山域を歩いて登り（ハイクアップ）、下りはスキーを使って滑走するのがバックカントリースキーのスタイルだ。そして、アックスやクランポン、すなわちピッケルやアイゼンなど雪山専用の装備のほか、当然、雪崩の知識や地図を読む技術も必要になってくる。

バックカントリースキーにも専用のルート図（トポ）が掲載されたガイドブックや地図がある。これらは事前にコースの概要を把握するのにとても参考になる。ただし、実際の現場では国土地理院刊行の地形図をおもに使用する。なぜならルート図には等高線や方角などが細かく明記されていないからだ。現在地の確認やこれから滑るラインを明確にベアリングするためには地形図がどうしても必要になる。不安な場合にはルート図をコピーして持っていくこともよいだろう。

バックカントリースキーのフィールドは雪山登山と同じ自然の山域

登山とは比べものにならない移動距離

地形図を使う場合、滑走ラインと歩くラインを線で描く（下図参照）。曲線ではなく、必ず直線でポイントごとに結びつける。ポイントごとにベアリングしやすくするためだ。これは必ずしも線のとおりに滑るのではなく、あくまで次のポイントへの目安と考える。

バックカントリースキーの目的はピークハントではない。この地図でもピークはどこも踏んでいない。滑ることを主目的とし、アプローチも公共機関を利用してできるだけスピーディーに行う。ここでは室堂までトロリーバスやロープウェーを乗り継ぎ、滑走時間や滑走距離を長くできるようなスケジューリング、またはコース取りを、地図で計画を立てている。

また、バックカントリースキーは、雪のない山での登山に比べ、下りの滑走はもちろんのこと、登りを歩くスピードも速い。通常の登山行動の計画では考えられないほどの移動距離を得られるのが大きな特徴だ。

1/25000 地形図「立山」+「黒部湖」

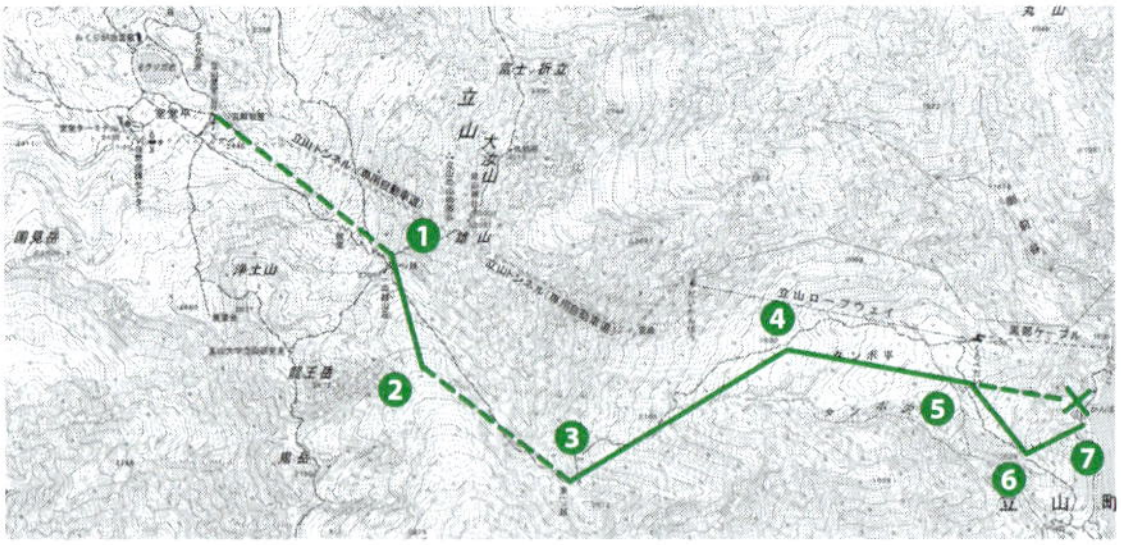

室堂から❶一ノ越山荘まではスキーを履いてハイクアップし、❶から❷まで滑走する。ここで御山谷に滑りすぎると❸東一ノ越までさらにハイクアップしなければならない。❸の標高2500mラインに沿って、これ以上沢に滑り込まないよう❷でいったん切り、標高を落とさないようにトラバースしていくのがポイント。❸から❹に滑り込む。ここは大きな谷状の地形で滑りやすいが雪崩発生地帯だ。休憩すらできないと予想し、❹に向けて速やかに滑り下りる。❺からもなだらかな谷状で滑りやすいが、そのまま進むとダムの上の大きな崖に行きあたる。ここは滑走も歩いて下りるのも困難だ。そこで❺の地点で❻の標高1629mにベアリングをし直し滑っていく。さらに❻から❼は広葉樹林が密集して滑走しにくいとともに、傾斜がきつくなっていく。木にぶつからないように気をつけて滑るようにしよう

山スキー用のルートガイド

ルート図 タンボ平 『山スキールートガイド105』(本の泉社)より

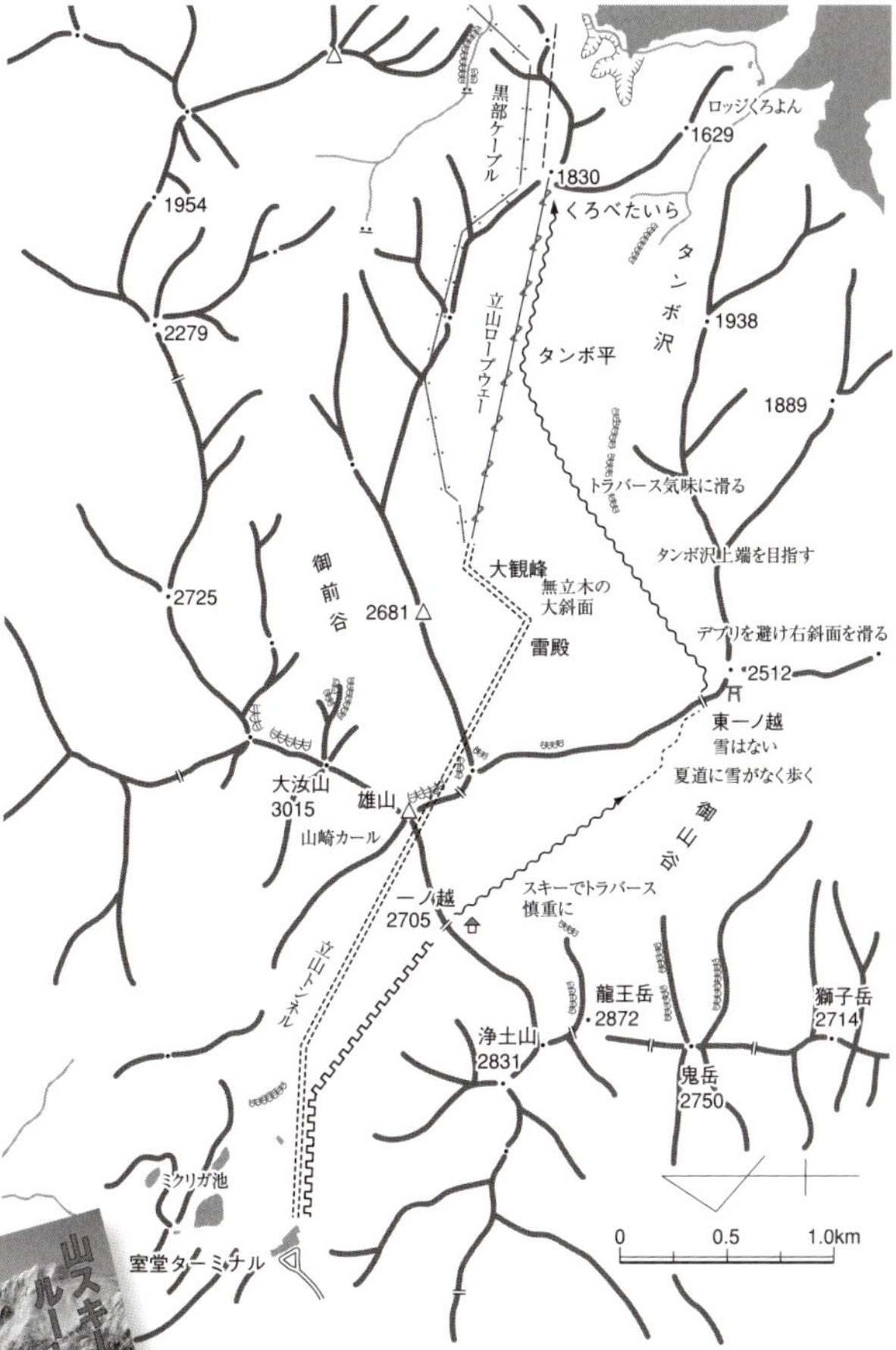

右ページの地形図と同じルートをスキー用に書き表されたものがこの図。スキー向けのルート図には独特なライン記号がある。代表的なものは滑走ライン、板を履いてのハイクアップ、もうひとつは板を担ぐまたはバックパックに装着してスキーブーツで歩くラインの3つだ。またスキーではよく使われるロープウェーやリフトは明確に示されており、さらには雪崩発生地帯も描かれている場合もあるので参考にしよう

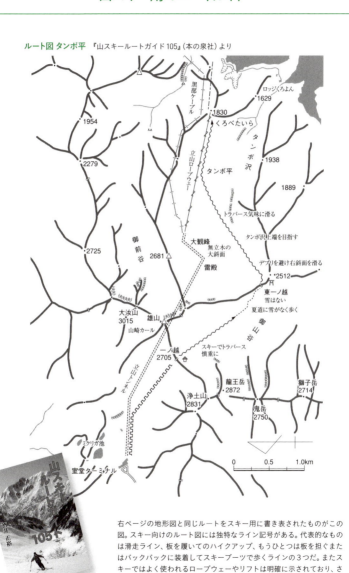

海図の種類と記載内容

道のない海上で安全な針路を知る

水深や海底危険物、航路標識などを記載

航海をするための〝海の地図〟が海図（チャート）である。

一般に海図といえば、海上保安庁が刊行する「航海用海図」をさす。基本的に全紙サイズ（1085㎜×765㎜）で、縮尺はさまざまだが、日本沿岸は縮尺20万分の1シリーズ（25万分の1、30万分の1もあり）でカバーされている。そのうえで、エリアによってはより詳細な情報が記載された10万分の1や5万分の1、あるいはそれ以上の大縮尺の図が用意されている。なお、航海用海図をそのままデジタルデータ化した「航海用電子海図（ENC）」もある。

航海用海図には、緯度・経度および方位、海岸線の表示のほか、水深や底質、等深線、航路標識、潮流、航行上注意すべき海底危険物（障害物）などの情報が盛り込まれている。また陸上部分は、沿岸部の地形がわかる等高線や港湾施設、沿岸付近の道路、鉄道、工場など、施設として使用したり海上からの目標物にできたりするものが記載されている。

航海用海図は、どちらかというと商船のような大型船の航海を前提につくられている。これに対し、B3判の多色刷りで記載情報も小型のプレジャーボート向けに編集された「ヨット・モーターボート用参考図（Yチャート）」や、港やマリーナへの入り方が解説された「プレジャーボート・小型船用港湾案内（Sガイド）」というチャートもある。これらは「沿岸小型船参考図」と呼ばれ、日本水路協会が発行している。

航海用海図

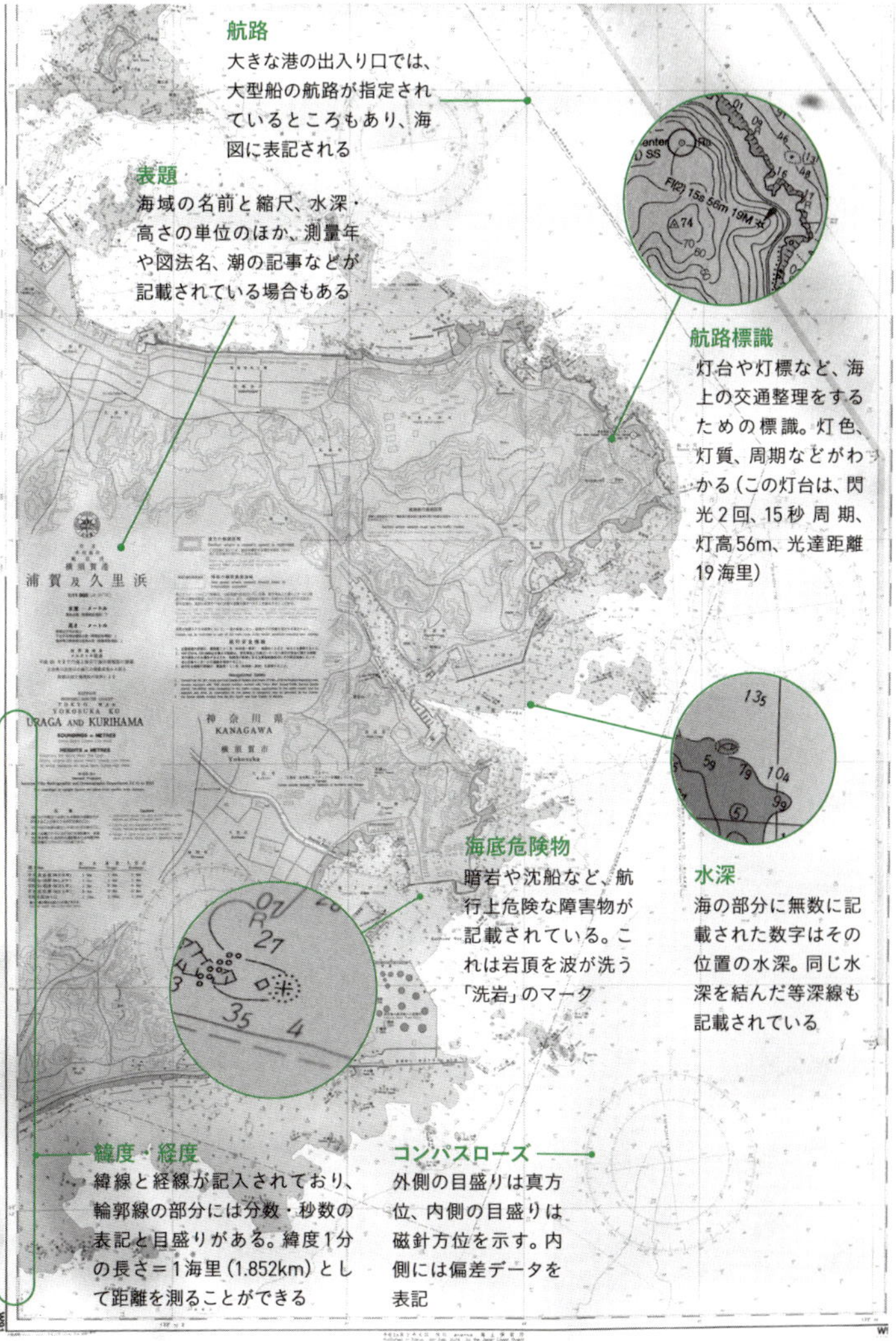

東京湾・横須賀港周辺の航海用海図。海図の購入は日本水路協会(Tel.03-5708-7070 http://www.jha.or.jp)および指定の販売所、取次店で。同協会ではオンライン販売も行っている

海図の読み方

方位と距離の測り方を覚えよう

距離はコースの真横の緯度目盛りで測る

海図に記載された情報でもっとも重要なのは、水深と海底危険物だろう。海の水深は潮の干満などで変化する。航行の安全を考え、海図上の水深は最低水面（この面から下がることがほとんどまれな面）を基準にした、もっとも浅いといえる状態で記されている。また、同じ水深をつないだ等深線も記載され（通常は2m、5m、10m、20m、200m）、海底の起伏がわかる。

一方、海底危険物は、航行の危険となる岩のほか、沈んでいる船、サンドウェーブ（海底の大きな砂の波。移動するので実際の水深が海図と変わることがある）などが記載されている。岩については、最低水面時に海面上に出ている干出岩、岩頂を波が洗う洗岩、海面下の暗岩、といった区別がされている。

水深を示す表示とともにS、Mなどの英文字記載があるのは、砂や泥などの底質を示したもの。錨《いかり》を打つときや釣りのポイントを探すときは、これを参考にする。また強い潮流がある海域では、潮流の向きや速さも海図上で知ることができる。

目的地までの方位を調べる場合は、左ページの図のように2枚の三角定規を使い、調べたいコースの角度をコンパスローズのところにスライドさせて読み取る。また距離は、ディバイダーを使い、調べたいコースの真横の緯度目盛りで測る。この緯度目盛りを読むことで、たとえば海図上の特定の位置の緯度・経度を出したり、逆にGPSなどで知った位置を海図上に落とし込むこともできる。

おもな海図記号

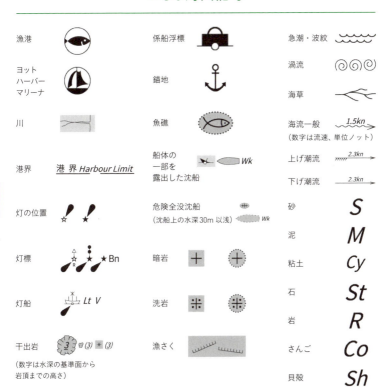

記号名	記号
漁港	
ヨット ハーバー マリーナ	
川	
港界	港 界 Harbour Limit
灯の位置	
灯標	R ★Bn
灯船	Lt V
干出岩（数字は水深の基準面から岩頂までの高さ）	3 (3) (3)
係船浮標	
錨地	
魚礁	
船体の一部を露出した沈船	Wk
危険全没沈船（沈船上の水深30m 以浅）	Wk
暗岩	
洗岩	
漁さく	
急潮・波紋	
渦流	
海草	
海流一般（数字は流速、単位ノット）	1.5kn
上げ潮流	2.3kn
下げ潮流	2.3kn
砂	S
泥	M
粘土	Cy
石	St
岩	R
さんご	Co
貝殻	Sh

方位、距離を読み取る

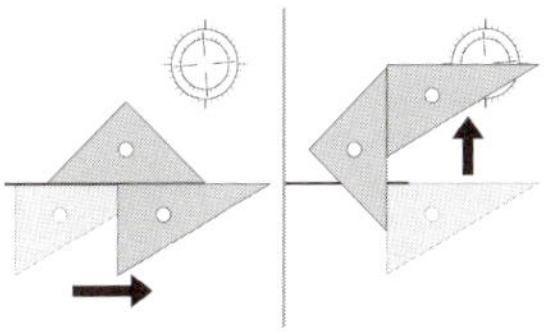

目的地までのコース（太線）に三角定規を当て、その角度を維持するように、もうひとつの三角定規を当ててスライドさせコンパスローズのところに移動させる

緯度は1分が1海里（ノーティカルマイル）。この海図（縮尺11000分の1）の場合、緯度目盛りは白黒の1目盛りが1/10海里となる

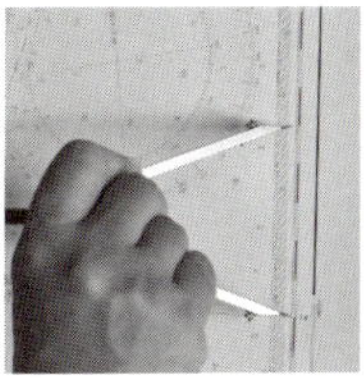

ホワイトアウトの危険性について

もう25年位前の出来事である。立山山麓、真砂岳から真砂沢をバックカントリースキーで行動中、ホワイトアウトに見舞われた。今ならホワイトアウトになりそうな状況をある程度は予想できるが、その頃はまだ経験が浅く知識もなかった。

突然のホワイトアウト。しかも猛吹雪。5月のことである。そのとき思いついたのは、このまま滑走して真砂沢小屋まで行くか、登り返すかのふたつ。真砂沢小屋付近に滑走すれば小屋の周辺にはクレバスの可能性がある。一方、稜線に戻れば猛烈な吹雪が予想される。どちらを選択してもデメリットがあった。そこで悩んだあげく、真砂沢小屋方面に滑走することに決めた。

幸いホワイトアウトナビゲーションマップを作成していたので最大限に活用した。5月の湿度が高い状況で、マップケースや防水の時計がこれほどありがたく感じたことはなかった。

高度を確認し、目的のポイントにベアリングして慎重に進んだ。このとき、もしナビゲーションマップを作成していなかったならば、その状況で高度を割り出し、ベアリングするのはかなり困難であっただろう。晴れていて無風であれば何の苦にもならず、むしろ楽しい作業になるが、この厳しい状況下では想像しただけでも大変だ。

そして、いちばん大切なのは冷静さだ。バックパックを開けて、地図を取り出すほんのわずかな時間でも、パックのなかにどんどん雪が入ってくる。そして、視界が1m位の状況だ。自分自身の行動も必要最低限に。行動する前に頭で考え、しっかりとプランニングして無駄な行動は控えること。とりあえずの行動は、かえって遅くなるし、リスクも高くなる。

幸いこのときは、ピンポイントで小屋に到着できた。到着したとき、「あー助かった」「快適だ」と安堵の気持ちと同時に、達成感がみなぎってきた。無事であったことで、困難な状況を乗り越えたことを素直に喜べた。

だが、これは決して誇れることでも自慢できるものでもない。遭難と同じく、それを未然に防ぐことが最も大切なことなのだ。地図やコンパス、高度計を使いこなすことはもちろんだが、アウトドアの世界では、現場の状況をいかに把握するかがカギである。天候やメンバーの体調などを常に考え、最良の行動を選択することが楽しく安全な山行につながると思う。

READING MAPS

Chapter6

地図の便利な使い方

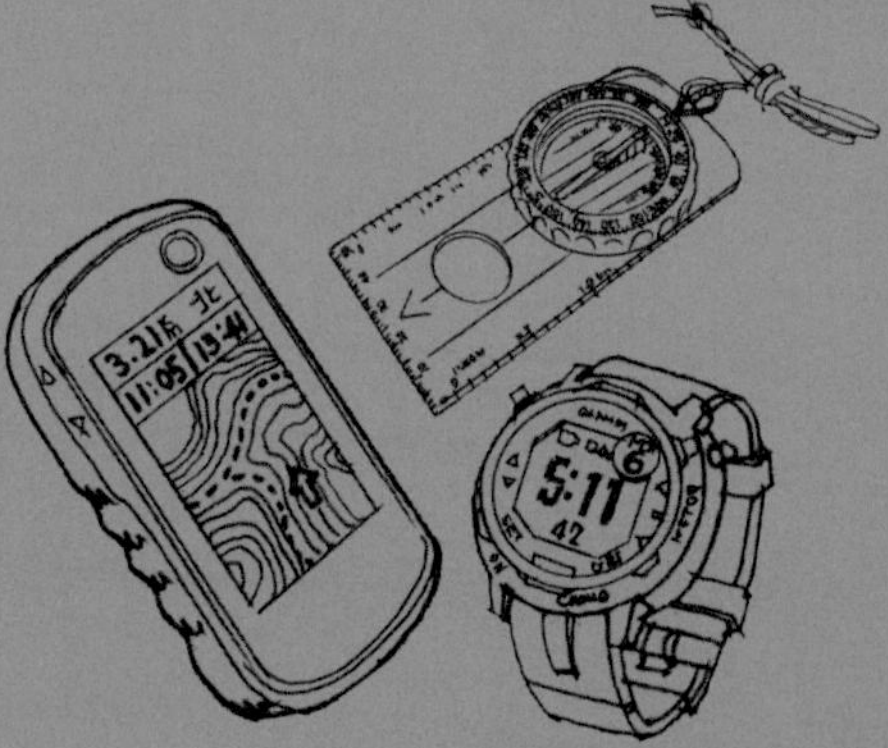

使いやすい地図の折り方

広げやすく、見やすく、擦れを防ぐ

2万5千分の1の地形図を広げてみると、縦460㎜×横580㎜と意外に大きい。購入時には筒状に丸められているが、当然そのままの状態で山へ持っていくわけにはいかず、事前に折り畳む必要がある。

地図の折り方は、現場で広げやすく、見やすくすることが大原則。ゆえに、地図の余計なところは見ない、もしくは見なくてもよいように折るのが基本だ。

地図の折り方ひとつとっても人によってさまざまな流儀がある。よって、これが正解というものはないが、ここでは私が普段から実践している方法を紹介したい。

地図の部分のみが見られるように折り込んでいく。手順は左のページの図を参考にしてもらうとして、ここでは重要なふたつのポイントをおさえておきたい。

まずひとつは最初の枠取りにある。地図を裏返し、余白の四隅のうち、山の名前が入っているほうを残して、そのほかを斜め45度に折り込む。こうすると畳んだときに地図のタイトルと縮尺が表にくるため、複数の地図を同時に持ち歩く場合や収納した際にも、すぐに目的の地図を取り出しやすい。

もうひとつのポイントは、擦れやすい部分をカバーすること。図の❸❹で地図を最終的に四つ折りにすると、山折りになった地図の真ん中の部分は擦れたり破れたりして見にくくなってしまう。そこでここを折る場合、中央の山折り部分を左右に合わせるのではなく、1㎜ほどずらし、高さが低くなるように折る。そうすることによって、センターの部分が擦れにくくなる。

地図の折り方

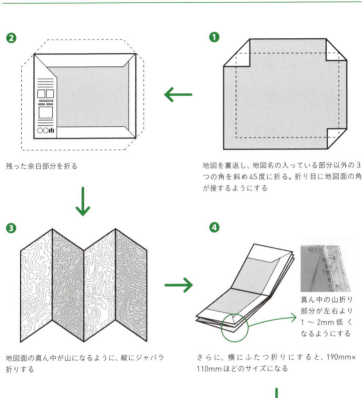

❶

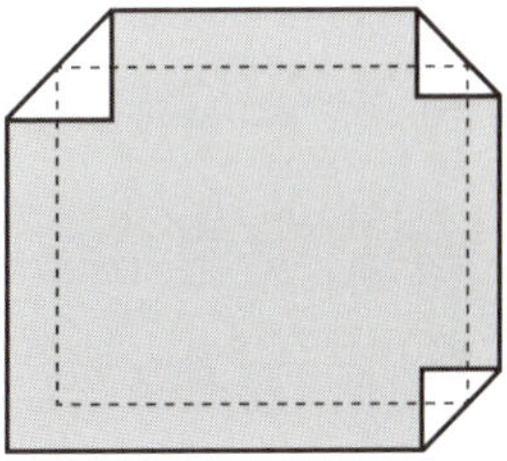

地図を裏返し、地図名の入っている部分以外の3つの角を斜め45度に折る。折り目に地図面の角が接するようにする

❷

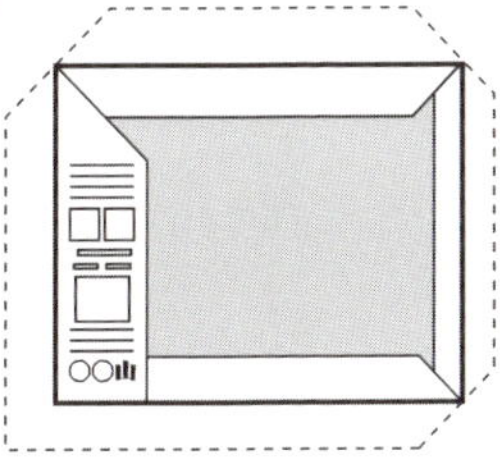

残った余白部分を折る

❸

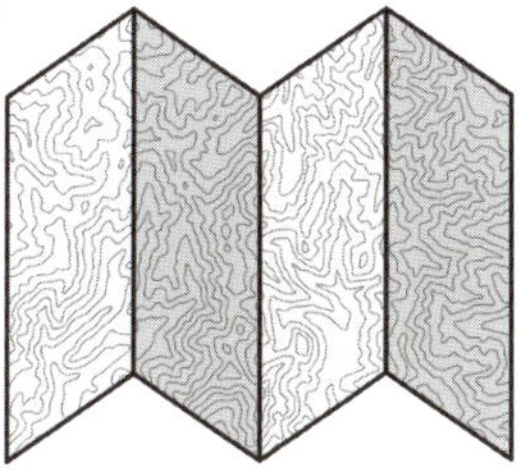

地図面の真ん中が山になるように、縦にジャバラ折りする

❹

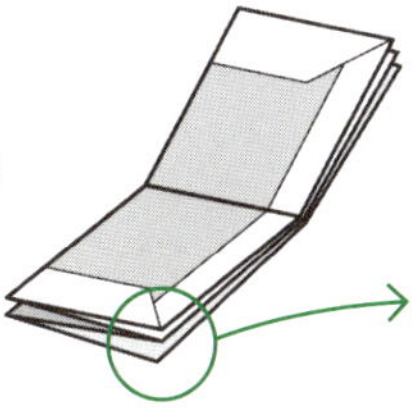

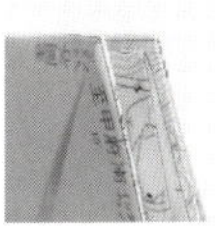

真ん中の山折り部分が左右より1～2mm低くなるようにする

さらに、横にふたつ折りにすると、190mm×110mmほどのサイズになる

❺

裏返すと、地図名と縮尺が出るので見やすく、使いやすい

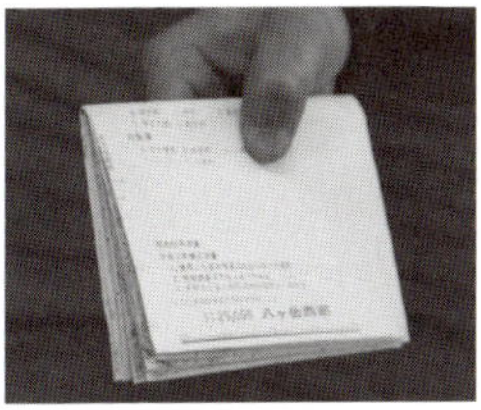

地図名と縮尺を表にしてさらにふたつ折りにすると、よりコンパクトに

使いやすい地図の携行法

防水性、耐久性の高い専用マップケースを

現場で地図を携帯する際にもっとも大切なのは防水性だ。とくに地形図は紙製なので、濡らしてしまっては使いものにならなくなってしまう。よって、必ず防水性のあるものに収納しておく。

ただし、食品などを入れるポリエチレン製のファスナー付き袋は使わないようにしたい。なぜなら、温度変化が激しい山、とくに雪山では、ポリエチレン製品は硬化して裂けてしまうことがあるからだ。いくら一日使い捨てだと考えても、バックパックに入れているだけでも破れて穴が開いてしまうこともさえある。

そこでおすすめしたいのが地図用の防水マップケース。実際に地図を使うときには、四つ折りにして使いたい面を上にしてケースに入れる。

できれば中～大型のケースが便利だ。なぜなら、現場では地図以外にホワイトアウトナビゲーションマップを並行して使うこともある。そう考えた場合、マップケースの片側に必要なエリアの地形図を入れ、もう一方にナビゲーションマップを入れる。さらに同じ場所にコンパスも入れておけば、現場で探さずにすぐに取り出せ、有効に使える。また、マップケースには必ずひもをつけること。肩から襷《たすき》掛けをすれば、常に両手を使える状態にしておくことができる。

現場での携帯性、防水性などを考慮すれば、地図の収納には専用のマップケースが最適だ

マップケースの使い方

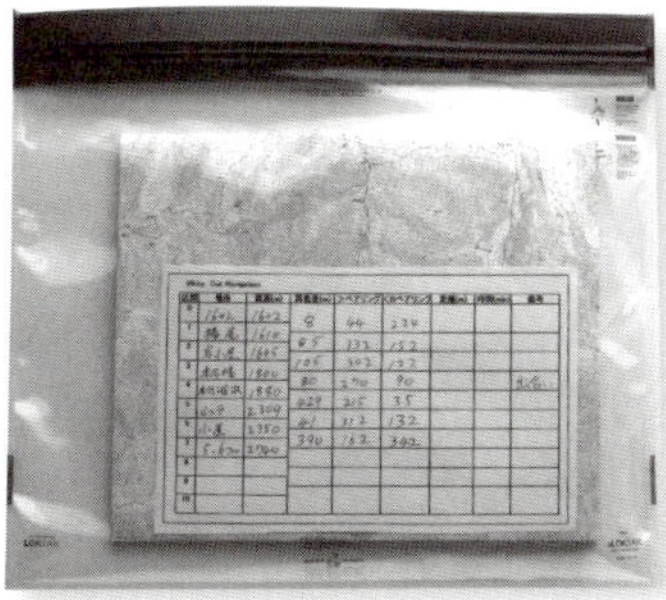

反対側にはコンパスやホワイトアウトナビゲーションマップなど、地形図と併用するものを入れておくと便利

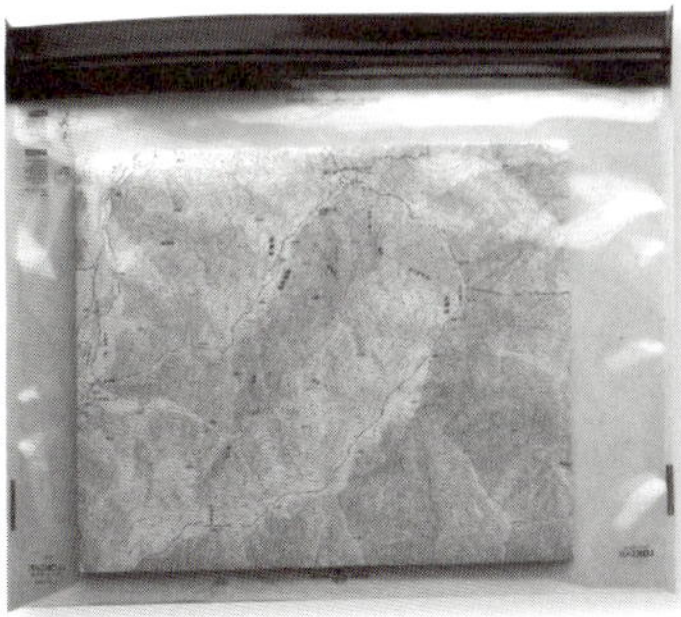

表側には地形図を、必要なエリアが上面にくるように四つ折りにして収納する

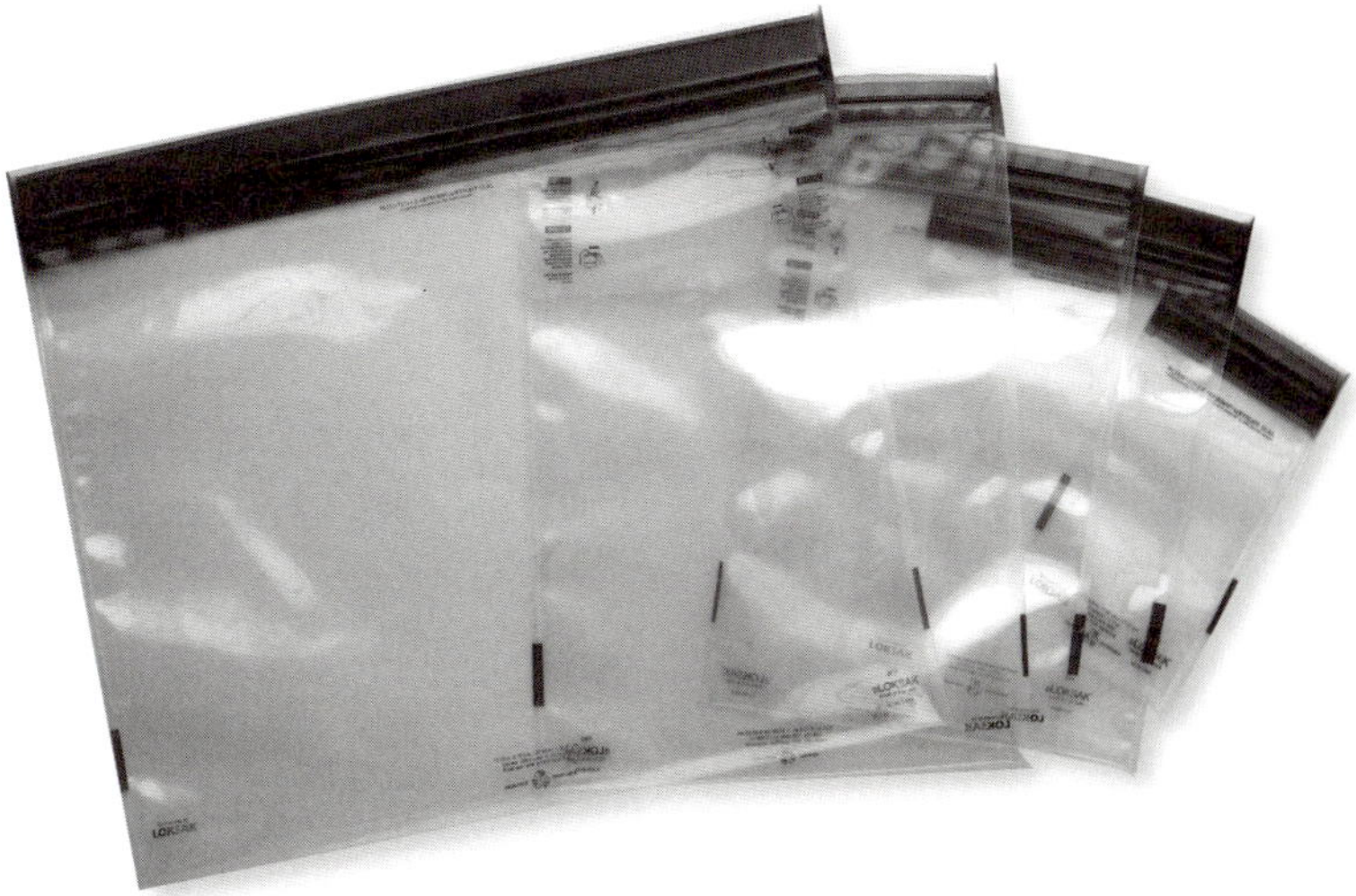

非常に破れにくく、ストレッチ性の高い防水ケース。ダブルジッパーで60m（200ft）防水と心強い。透明なので、地図を入れての使用も可能

LOKSAK 防水マルチケース（さまざまなサイズあり）

地図の保管方法

必要な地図をすぐに探し出せる工夫を

地図の収納・保管方法も人によってさまざまだと思う。私の場合、地形図を山の山域によって分類、整理して収納している。

具体的には、八ヶ岳、北アルプスの南部と北部。なぜなら北アルプスはエリアが広いからだ。そして、南アルプス、中央アルプス、丹沢、奥多摩といった具合に分けている。

収納については、使いたいときにすぐに地図を取り出せるように、引き出しないしプラスチックのケースに入れ、先ほどの山域ごとに大きな紙で仕切りを入れて整理している。

また、海外の地図は国内とは別に分けている。大きくは「アメリカ」「ヨーロッパ」など国や地域で区切り、そのなかでさらに山域ごとに分けている。

たとえばヨーロッパアルプスなら、イタリア北東のドロミテ地方、フランスのシャモニー地方、スイスのツェルマット地方など。とにかく大事なことは、ひと目でどこのエリアであるかわかるようにしておくことだ。

そのほか、メモ用に書き込んだものと磁北線以外は無記入のものと同じ地図を2枚所有する場合も、必ず同じ場所に入れておくようにしたい。そうしないと、同じ地図を2枚使う場合、探す手間がかかって非常に面倒だからだ。

また、保管の際は、地形図を平積みで重ねておくのはNG。目的の地図が探しにくいので、必ず折り畳んだ地形図を立てた状態で横に並べていくようにする。

エリア、国別で整理保管する

国、エリア、山域ごとに分類し、名前を書いた見出しの仕切り紙で整理されている。こうしておくことで、いつでも必要な地形図がすぐに取り出せるようにしている。また、地形図だけでなく、メモやホワイトアウトナビゲーションマップなども一緒に保管する

地形図は紙製のため、濡れやスレに弱い。登山から戻ったらすぐに乾燥させ、破れた箇所には裏からテープを貼るなどして補修しておく

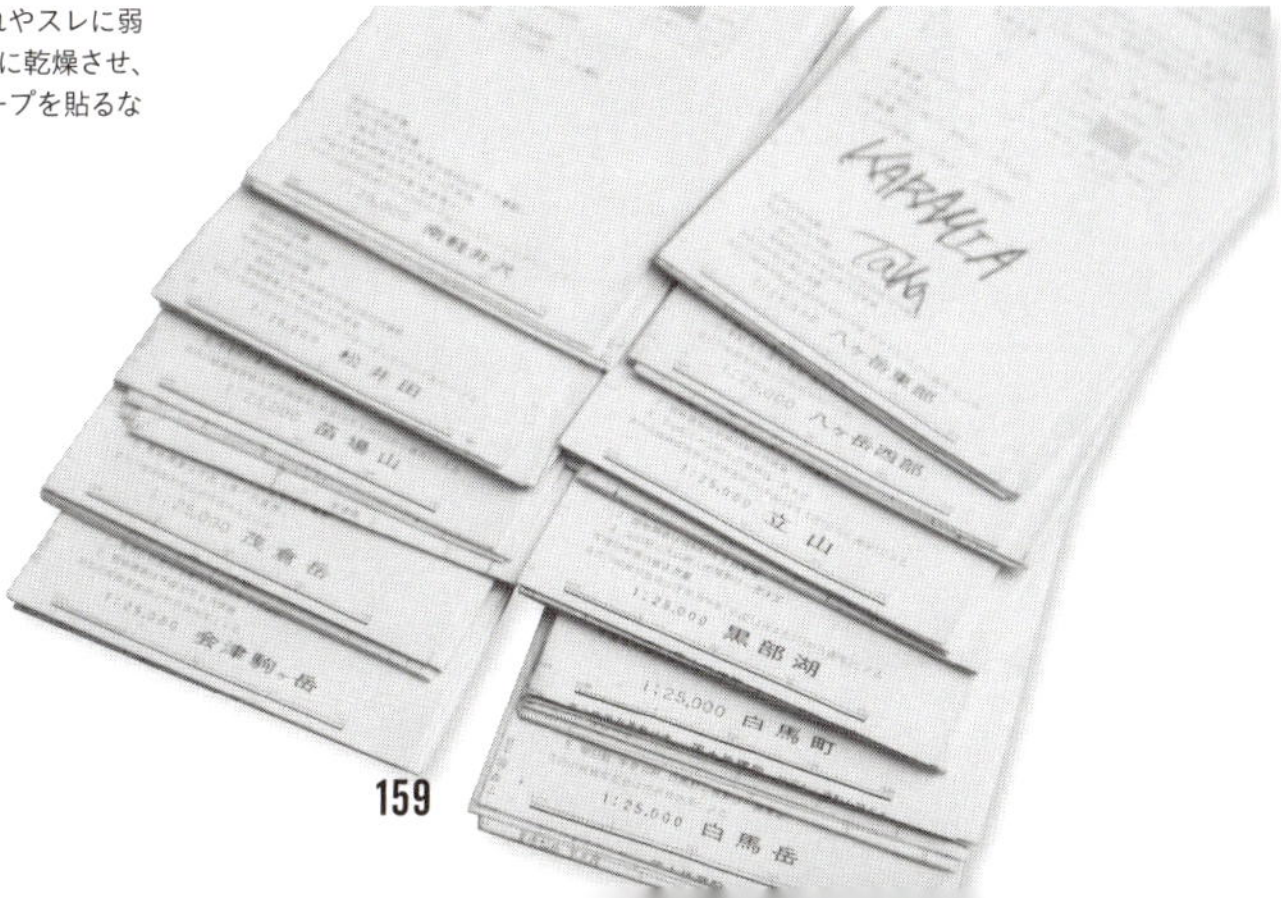

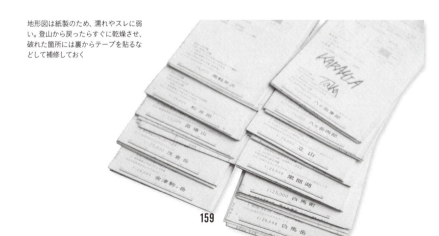

スマートウォッチを使いこなす

位置精度とバッテリーに注目

近年のGPSはものすごく進化している。ひと昔前まではハンディタイプのGPSが主流であったが（現在も現役の製品はあり）、今はスマートウォッチやスマートフォンにも当たり前のようにGPS機能が搭載され、どちらかというとそちらが主流になってきている。とくにスマートウォッチは使いやすく多機能で人気が高く、多くの登山者が愛用している。

ところで、「GPS」とはアメリカの位置情報システムの名称であって、厳密には全球測位衛星システム（GNSS）と呼ぶ。日本のシステムの名称は「みちびき」、ロシアは「GLONASS」、EUは「Galileo」、中国は「BeiDou」である。少ない衛星で測位するよりも、より多くの衛星から位置情報を受信したほうが、位置精度は高くなる。つまり、スマートウォッチに搭載された位置情報システムの精度は、受信できる衛星の数に依存する。製品スペックに受信できる衛星の数が記載されているので、位置情報精度の参考になる。最低でも4機、理想は8機以上から受信できると信頼性が高い。ただし室内や、屋外でも谷間などでは電波を受信しにくく、精度が低くなることも忘れないように。

位置精度のほか、バッテリーの持ちにも注目したい。スマートウォッチのバッテリーは、一般的な時計よりもバッテリーの消費が激しい。万が一遭難したときのことを考えて、一泊二日の登山行であればGPS機能を使用しても70〜100時間持つものだと安心だ。

位置情報発信機能搭載のスマートウォッチ

登山用スマートウォッチ

COROS VERTIX 2S

GPS、GLONASS、Galileo、BeiDou、およびQZSSなど複数のGNSSに対応しており、信号の受信精度が高く、厳しい環境でも正確な位置情報を提供してくれる。複数の周波数を使用して測位精度を向上させるデュアル周波数GNSS対応で、谷間などの厳しい環境でも位置精度への影響が少ない

画像提供：ロータス

各国の測位衛星システムの状況（2024年8月時点）

国	測位衛星システム	稼働中の衛星数
アメリカ	GPS	28
ロシア	GLONASS	24
中国	BeiDou	44
欧州	Galileo	23
日本	みちびき	4
インド	NAVIC	7

スマートウォッチ使用の注意点や追跡機能

　GNSSを使う場合には、事前に地形図を頭に入れておいたほうが、より効率よく使用できる。等高線を把握することで、GNSSの情報、地形図、現場の状況を照らし合わせ、より精度の高いマッピングが可能になる。

　したがって、位置情報を受信できるスマートウォッチがあれば地図やコンパスはいらないかというと、それはまったくあり得ない。スマートウォッチは機械物だ。壊れるということがあるし、バッテリーが切れることもある。現場では地図のマストアイテムであるコンパス、そしてできれば高度計も用意し、スマートウォッチを併用することがなにより望ましい。ちなみに、登山向けを謳っているスマートウォッチであれば、高度計機能がついているものも多い。

　そして、スマートウォッチの誤作動にも注意したい。手首にスマートウォッチをつけると、手首を動かしたときにボタンを押してしまうことがある。少なくともこのボタンにロック機構があるものを選びたいが、それでもボタンに触れてしまうということは意図せずロックが解除されて誤作動が起きやすくなると私は考えている。このような意図しないロック解除の対策として、私が使っている「COROS VERTIX 2S」は画面を180度反転させることができる。そのため、ボタンを肘のほうに向けて装着することが可能で、これなら手首を動かしてもボタンに触れることがない。

　また、スマートウォッチの位置情報システムは、あくまで自分がどこにいるかを確認するもので、たとえば遭難したときに第三者が遭難者の位置情報を追跡するものではない。ただし、以下のような特定の機能を使用することで、それが可能になる場合がある。

　一部のスマートウォッチには、緊急時に指定した連絡先へ位置情報を送る緊急連絡機能をもっている（Apple Wacthの「緊急SOS」機能やGarminの「Live

ボタン（リューズ）が肘側にくれば、手首を動かしても間違ってボタンを押してしまうことはない。画面を反転させる機能は、全面液晶のスマートウォッチならではの機能といえる

ハンディタイプの位置情報発信機のほうがより安定した位置情報を得られるが、かさばるし、汎用性が低い。対してスマートフォンとほぼ同様の機能に加え携帯性にも優れるスマートウォッチは、今や登山ではなくてはならないものかもしれない

「Track」機能など）。そのほか、専用のアプリを使用して位置情報を追跡することも可能である（Google Mapsの「位置情報共有」機能など）。

しかし、上記の機能は電波圏外では使用不可である。滑落して動けなくなった、天候が急変した、災害に巻き込まれたなど、そういった事故が起きやすいのは電波が届かない山奥である場合が多い。そう考えると、無意味な機能ではないが、過信は禁物である。

スマートフォンと地図　スマートフォン活用術——❶

街から山へ

現在の日本ではひとり一台（もしくは複数台）といってよいほど携帯電話が普及している。そのなかでも近年の携帯電話の主流となっているスマートフォンはパソコンと変わらない性能をもつほど高性能化しているうえ、数多くの地図やナビアプリを見つけることができる。

先のページで紹介したスマートウォッチでも各種登山ルート図アプリを使用することはできるが、画面が小さく使いにくい。ではスマートフォンだけでも用が足りるのではと思うかもしれないが、それぞれの使いやすいところが違うという棲み分けがあるし、スマートフォンとスマートウォッチを連携して使用する機能（たとえば第三者による位置追跡機能）などもあるので、やはりどちらも最大限利用する価値のあるものである。

とはいえ、スマートフォンも万能ではない。たとえば街でグーグルマップを利用して目的地まで案内してもらう、というような経験はよくあると思う。それで道に迷うような多少のトラブルがあったとしても街では大きな問題はない。

しかし、登山においては街では問題にならないようなことが大きな事故につながることもある。これからスマートフォンの地図アプリを登山に活用しようと考えている場合は、その欠点や注意点をよく把握して、いきなり本番の登山で使うようなことはせず、まず慣れている山で練習しながらメリットやデメリットを理解して、徐々に使いこなしていくのがよいだろう。

スマートフォンでできること

　スマートフォンは特定の機能をもった専用機器ではなく、パソコンのように好きなソフトウェア（アプリ）をインストールすることでさまざまな機能を自由に搭載できる。ここでは、地図に関わる機能に絞るが、地図以外にも登山に役に立つアプリはたくさんあるため、ぜひ自分で探して試してほしい。たとえば天気予報に関するアプリなどは登山に役立つ代表的なものだろう。

　スマートフォンはハードウェアとして大きなタッチスクリーンや電話としての機能以外にも各種のセンサーをたくさん搭載している。機種にもよるが地図アプリに関係ありそうなものだけでも、イメージセンサー（カメラ）、位置情報システム、温度計、気圧センサー、ジャイロ、加速度センサー、電子コンパスなどがあげられる。

　地図アプリはこれらの各種センサーを利用して紙の地図だけでは得られない情報や利便性を提供することができる。位置情報システムや気圧センサーがあれば現在地、現在高度を提供することができるし、ジャイロ、加速度センサー、電子コンパスを使用すれば移動速度、方向を知ることができる。これらのセンサーは最近のスマートフォンではだいたい搭載されているが、実際の精度は機種によって違いがある場合がある。機能や精度にこだわりたい場合は、仕様や性能などを比較して、機種を検討するのがよいだろう。

　そして、他の重要な要素としては防水・耐衝撃性が挙げられる。防水性があれば、雨の日や雪山でも安心して利用することができる。また、頑丈であることを売りにしているスマートフォンやタブレットもあるが、ケースやカバーを工夫することで耐衝撃性を強化することも可能だ。自分にとって重要な要素は何か？　性能や使いやすさか？　画面の大きさか？　軽さか？　防水防塵性か？　よく考えて機種を選択してほしい。

スマートフォン上の地図アプリ

スマートフォン活用術——②

「マップ」アプリは登山には使えない

スマートフォン用の地図アプリは山ほどあってここですべてを紹介するのは不可能だ。検索エンジンで「スマホ 地図」などと入れて検索すれば、いくらでも見つけることができる。そもそもスマートフォンには購入時にすでに「マップ」が搭載されている。このアプリの中身はｉＯＳではアップル製の地図アプリで、アンドロイドではグーグルマップだ（ｉＯＳでもグーグルマップはダウンロード可能）。目的地の名称を入力すればすぐにその位置が出てきて、しかも案内までしてくれる。操作はスムーズでわかりやすいし地図も見やすい。普段であれば何の問題もなくこれらを利用している人も多いだろう。であれば、そのまこれを登山に使用すればいいのではないだろうか？

しかし、残念ながら「マップ」アプリをそのまま登山に利用することはまず無理である。

実際に山岳地帯の地図を「マップ」アプリで見ればわかるが、これを見ながら登山道を歩くのは不可能だ。必要な情報が一切記載されていない。当然地図の情報が不足しているので山のなかの目的地まで案内することもできない。また、これは携帯電話を持って山を歩いたことがある人ならすぐわかると思うが、現在でも山ではかなりの場所で圏外になることが多い。このような状態だと地図データをダウンロードできないので、地図が表示されない。地図が見られなければ地図アプリとしてまったく用をなさない。これらが「マップ」アプリを山のなかで利用できない理由である。

ダウンロード型の地図アプリを選ぶ

　逆にいえば、これらの問題を解決できる地図アプリが登山に「使える」地図アプリである。つまり、地図の精度が登山に使うことのできるレベルであること。具体的にいえば、登山地図や地形図のレベルであること。ストリーミング型の地図アプリでなくダウンロード型の地図アプリであること。ストリーミング型のアプリであっても、ダウンロードの機能があれば問題ない。これらは登山用の地図アプリとして最低限の機能である。これらを満たしたうえで、さらに操作性や機能を見ながら地図アプリを探していけばよい。

　これらを前提として、どのような地図アプリを選べばよいのだろうか？ まずは地図アプリを使う目的を考えよう。純粋に紙の地図の代わりに地図アプリを使ってナビゲーションしながら山を歩くためなのか？ 自分が歩いた道や山を記録したいのか。山座同定したいのか。それぞれの目的によって最適なアプリは異なるので、自分が利用したい機能を搭載したアプリを探そう。もちろん容量がある限りアプリはいくらでもインストールすることができるので、必要な機能をもったアプリを複数使っても問題はない。

　これらの条件を自分で考えたうえでアプリを検索すると、それでもたくさん見つかってどれを選べばよいのか困るのではないだろうか？ アプリには無料のものと有料のものがあり、無料のものであればとりあえず使ってみればよいが、有料（またはダウンロードは無料だが追加の機能や地図が有料のものもある）のアプリだと、どれがいいのかわからないこともあるだろう。一般的には有料のアプリのほうが、高機能で安定していて、サポートも良いことが多いが、無料がダメということではない。実際に有料のアプリより使いやすくて高機能な無料のアプリも存在する。このあたりはいろいろ試したり、現場で使ってみながら自分に合うものを見つけるしかないだろう。

すぐに使える地図アプリ
スマートフォン活用術——③

アプリ版「山と高原地図」

iOS / Android

紙の登山地図で有名な昭文社の『山と高原地図』のアプリ版は、目的に合わせて買い切り版（山と高原地図アプリ）とサブスク版（山と高原地図ホーダイ）のふたつから選べる。買い切り版の特徴は日本百名山をはじめ、主要な山岳エリアを収録しており、山と高原地図の1エリアが650円でダウンロード可能。GPSを使って地図上で現在位置の把握ができ、登山軌跡を記録することができる。サブスク版の特長は月額500円または年額4800円で山と高原地図のすべての地図が使い放題（初回ダウンロードから7日間は無料）。もちろん、買い切り版の機能はすべて利用可。アプリ上で登山計画が作成できるほか、山域の特徴やコースガイドなど役立つ情報が満載の付録冊子も読むことができる

山と高原地図アプリ

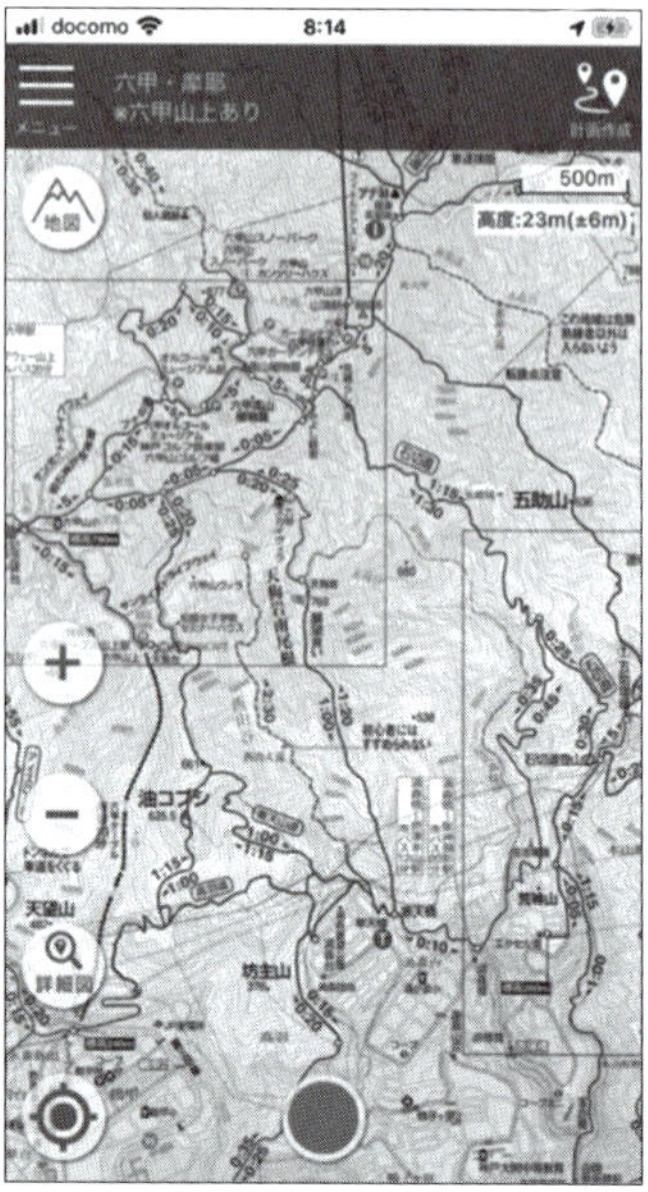

山と高原地図ホーダイ

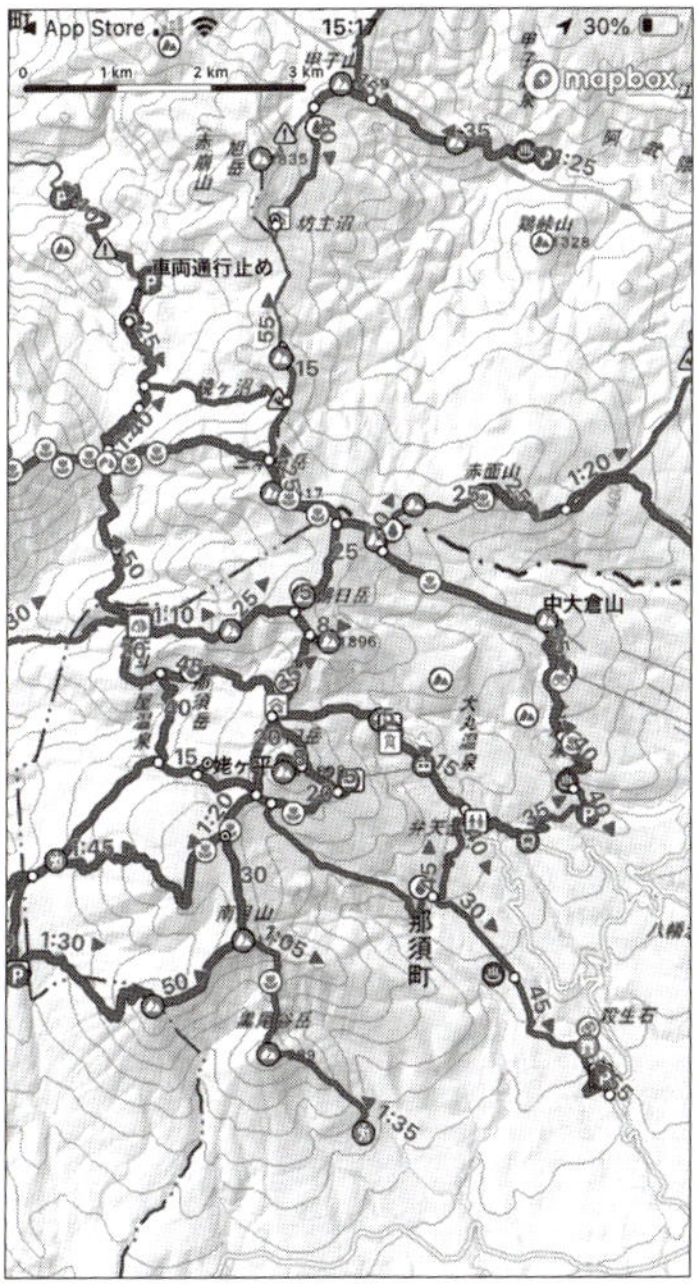

YAMAP

iOS / Android

国土地理院1/25000地形図上に登山ルートを表示してくれる。そのため、紙の地図と照らし合わせながらマッピングしやすい。事前に地図データをダウンロードしておけばオフライン状態でも地図を使用することが可能。位置情報システムも利用できるのはもちろん、自分が通ったルートや時間、距離、標高などといったデータを記録するアクティビティーログを確認することもできる

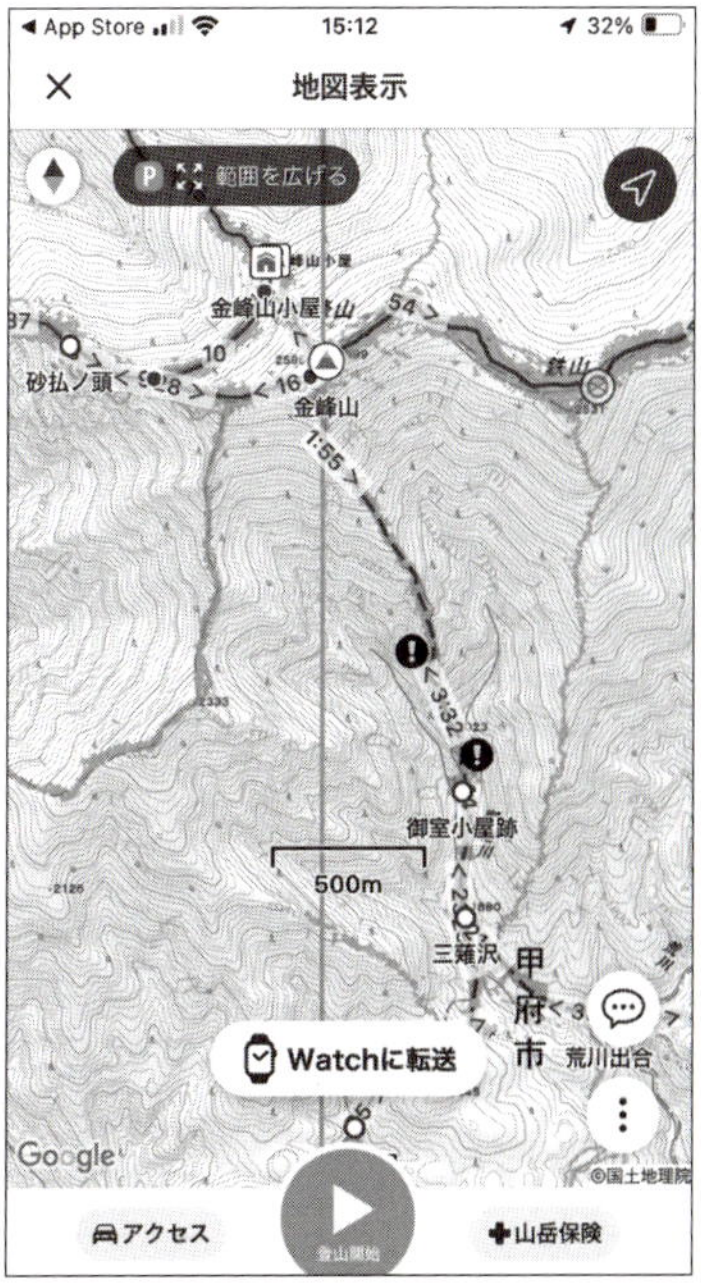

ヤマレコ

iOS / Android

登山中のさまざまな記録を共有できる登山者用情報共有アプリだが、登山ルートの確認や位置情報システムを用いた現在地の確認、ルートナビゲーション機能など、登山ルート専用アプリにも引けを取らない機能性が魅力。位置情報の共有機能も搭載しており、万一のときにも安心である。豊富な情報とコミュニティー機能が充実しており、登山計画を立てるヒントが満載

地図アプリの基本的な使い方

スマートフォン活用術──④

山行計画から登山終了まで

地図アプリを実際の登山に利用するにはどうしたらよいだろうか？　実際のアプリを例にとってみよう。ここでは「ヤマレコ」を参考にするが、他のアプリも基本的には同じである。

ここでは仮に、長野県北安曇郡白馬村にあるエイブル白馬五竜スキー場のゴンドラ駅「アルプス平駅」から「五竜岳」を往復する一泊二日の山行を計画してみよう。「ヤマレコ」を開いたら、画面下部にある「マイページ」を表示して「山行計画」の「もっと見る」をタップする。切り替わった画面下部に「＋新しく計画を立てる」があるのでタップすると、目的の山域を選択できる画面に切り替わるので、山名を直接入力するか、近いエリアの名前をタップすれば、国土地理院1/25000地形図に切り替わる。

そうしたら、スタート地点となる「アルプス平駅」を探し、タップするとそこがスタート地点として登録される。1日目は五竜山荘でテント泊を行い、翌朝に五竜岳をめざす予定とする。このように、通過点をどんどんタップしていけば、自動的にルートを

スタート地点（この山行計画では「アルプス平駅」）をタップすると、スタート地点が設定される

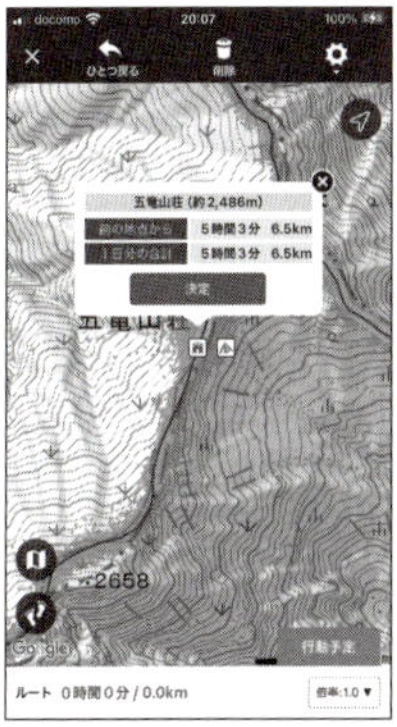

経由地や目的地を順にタップしていき、[決定] をタップすると、ルートが設定される

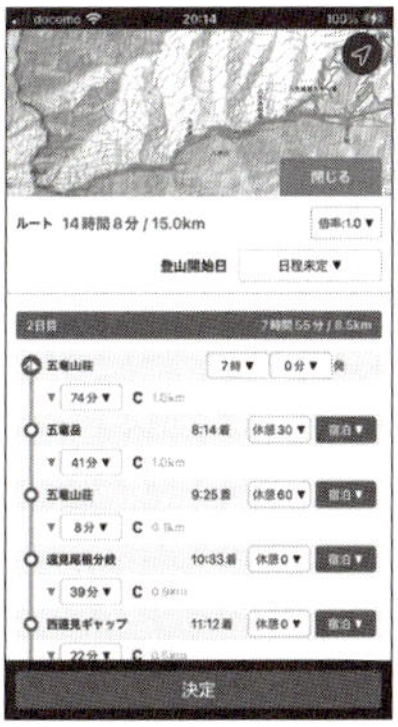

[行動予定] では、コースタイムや休憩、宿泊などの時間割を設定できる

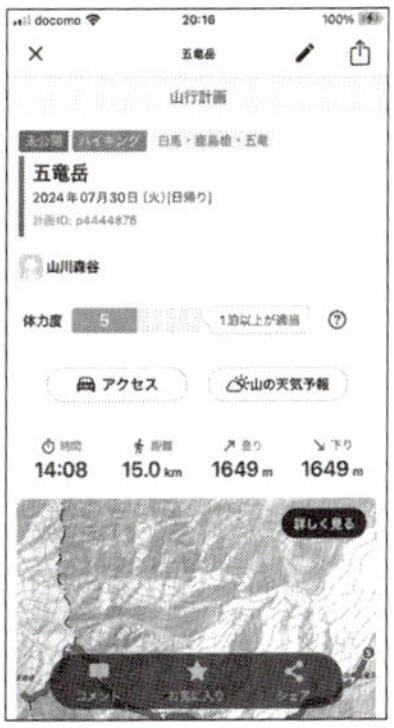

出来上がった山行計画。全体のコース時間や距離、標高差などを確認できる

作成してくれる。ルートが決まったら、右下にある［行動予定］をタップしてみよう。各ポイントまでのコースタイムや休憩時間、宿泊予定など細かな時間割を調整できる。ちなみに、コースタイムの横にあるアルファベットは、そのコースの難度である。

　コースの細かな計画が決まったら、画面下部にある［決定］をタップ。次に日程やメンバー、装備など、より詳細な計画を編集する画面に切り替わる。ここまで作成した計画は、そのままオンライン上で登山届として提出することも可能。

　すべての項目が決まったら、右上にある［保存］をタップすると、この計画の地図をダウンロードするか聞かれるので、［ダウンロード］をタップ。これで計画の作成、地図の準備ができた。実際に山行する場合は、画面下部の［登山開始］をタップすればＯＫ。位置情報システムがオンになっていれば、ルート上に自分の位置が表示され、自分がどこを歩いているのかひと目でわかる。

登山で利用するときの注意点

スマートフォン活用術――5

モバイルバッテリーは必携
登山中には機内モードに

登山でスマートフォンを利用するときに気をつける点がいくつかある。まずはバッテリー。スマートフォンは本来、緊急時の電話やメールなどの連絡手段としての機能も重要で、いざというときにバッテリー切れで使えないのでは困る。とくに地図アプリを山行中に利用するとバッテリーの消費がさらに早まる。

確実なのはモバイルバッテリーを持っていくこと。これは必携といってよい。どの程度の容量が必要かは、スマートフォンの機種、使用頻度、使っているアプリ、山にいる日数などで変わるので、実際に経験しながら決めていく。行動不能などで予定以上に必要になる場合もあるので、余裕をもった容量のものを選択しよう。

また、登山中はバッテリーを節約するようなことも大切だ。登山特有といえば、圏外が多い。携帯電話は圏外時にキャリアの通信方式にもよるが大きく電力を消費する。そのためバッテリー節約のために普段は電源を切っておきたい。しかし、通話にしかスマートフォンを使わないのであればそれでもよいが、頻繁に地図を見たいのであれば、電源ONの時間がかかるし、そもそも電池消費もかえって大きくなってしまうこともある。というわけで、登山中には機内モードを利用するのがよいだろう。スマートフォンでいちばん電力を消費するのは、画面を見ているとき。ディスプレイが大きく電力を消費し、画面を見ているということは何かをしていることなので、CPU／GPUの消費電力も大きくなる。機内モードにしてスタンバイしておけば、実は電力はほとんど消費されない。ちゃんと設定しておけば、1日たっても数%も減らないはずだ。機内モードにするとGPSがOFFになってしまう機種もある。機内モードでも個別にGPSをON／OFFできる機種は、地図を見るときだけONにするのがよいだろう。トラッキングをする場合は、GPSを常にONにする必要があり、この場合は短時間で多くの電力を消費することは覚悟しなければいけないので、モバイルバッテリーは大きめの容量が必要になる。

機内モードをONにすると通信機能がOFFとなり、A-GPSが利用できないため、GPSが現在位置を特定するためにかかる時間が大幅に長くなることにも注意が必要だ。場合によっては数分かかることもある。このようなときはいったん機内モードをOFFにすることによって、すぐに現在地が特定できることもあるので、地図アプリを使って現在地を知りたいときには一時的に機内モードをOFFにすることもアリだ。その場合トラッキングしていない限りアプリを終了したら、再び機内モードをONにするのを忘れないように。

また、スマートフォンでは機能のON／OFFだけではなく、使用しているアプリでも消費電力が変わる。とくにアンドロイドではその傾向が顕著だ。山行中では使用しているアプリはなるべく減らすことがバッテリーを持たせるコツである。歩きはじめる前に、いったんすべてのアプリを終了して、さらに一度電源をOFFにして再度ONにするとよいだろう。また、アプリを終了しても、通知機能をもっているアプリが電力を消費することもある、代表的なアプリとしてはSNSやメッセンジャー系(フェイスブックやラインのようなアプリ)がある。これらは面倒だが歩いている最中は機能をOFFに(常駐しないように)することをおすすめする。どちらにせよ機内モードONでは何も受け取ることはできないのだから。

Column 6

紙の地図はもういらないか？

　スマートフォンの地図アプリを登山で積極的に使うようになると、紙の地図を使う機会がほとんどないことに気づく。バリエーションルートのトポを見るようなときにはまだ紙を利用することもあるが、通常の登山道の範囲を歩くような山行の計画を立てるときにはタブレット上で登山地図や地形図を見て、実際の山行でもスマートフォンで地図を確認するだけで十分だからだ。

　では、紙の地図はもういらないのかというと決してそんなことはない。まずスマートフォンは故障や電池切れが起こる。スマートフォンが故障して使用できないときに、地図を見られないのは非常に危険だ。

　またスマートフォンを利用したナビゲーションだと基本的に現在地がわかるため、地図読みの技術が必要ないかのように勘違いしてしまうが、それも非常に危険だ。まずGPSは万能ではないということを知る必要がある。スマートフォンはA-GPS(AssistedGPS)やWPS(WiFi-based Positioning System)を利用して現在地を特定する精度を上げているが、山中ではこれらはほとんど機能しない。山中では本来のGPSの精度しかないので、たとえば樹林帯や周りが岩で囲まれているなど、空がよく見えない場所では現在位置の精度が大幅に落ちてしまうこともある。

　そのときはアプリ上に表示されている現在地が間違っていないかどうかを確認する必要がある。アプリ上には現在位置の精度(誤差)が表示されている。この数字が大きいときには、表示されている現在地が本当に正しいかを確認しないと危険なのだ。なぜならGPSを使えるときは、つい現在位置は常にわかっていると考えがちだからだ。しかし50mの誤差でも、たとえば、道迷いの起きやすい明瞭ではない尾根の分岐点で違う尾根を下りてしまうようなことは簡単に起きてしまう。とくに雪山などで視界が悪いときや明瞭な登山道がわからないときなどは、この誤差が致命的になる。

　最初から現在地がわからず、紙の地図のみでナビゲーションしようとすれば、周りの地形の目視や高度計、コンパス等を駆使して正しいルートを発見しようとするが、GPSがあるとつい表示されている現在地を信用してしまい、結果的にGPSが使えないときより道を間違えやすくなってしまうということが起こりうるのだ。

　結果として、スマートフォンの地図アプリを使いこなすためには、まず紙の地図を使った基本的なナビゲーション技術が重要であることは言うまでもない。

Chapter7

地図を持って出かけよう

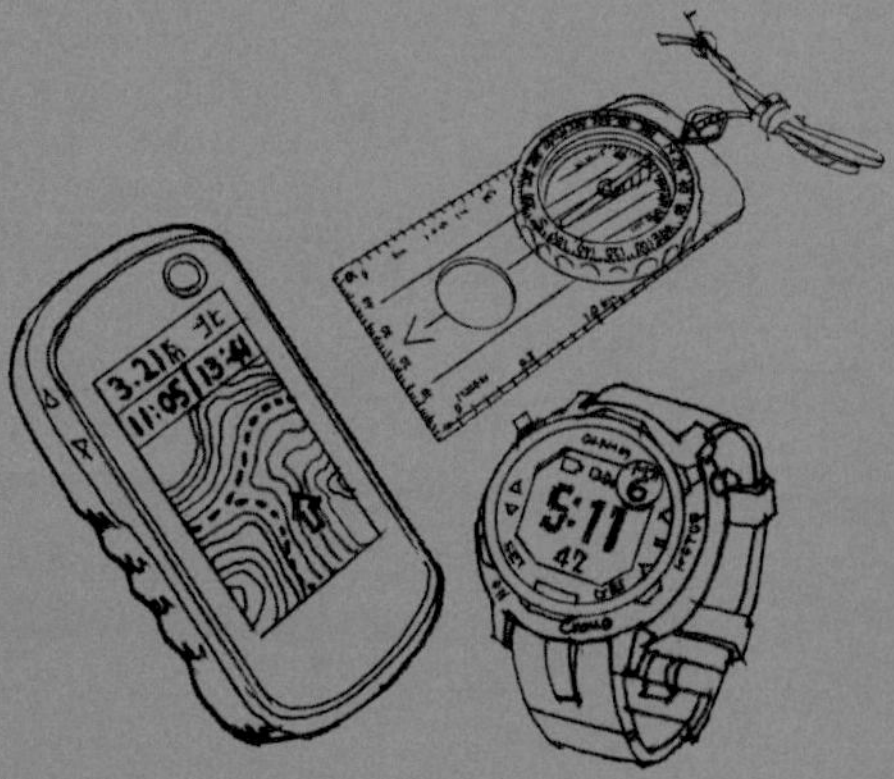

地図がなければ登山計画書はつくれない!!

登山計画書は必ず提出しよう

登山計画書とは、登山の際に作成・提出する、登山に関する計画や緊急連絡先などを記入した書類のことで、「登山届」「登山者カード」「入山届」などとも呼ばれる。提出先は、最寄りの警察、山の管理施設のほか、家族、所属している団体など。提出は基本的に任意だが、群馬県谷川岳、富山県剱岳、岐阜県北アルプスなど、自治体によっては各種の条例により登山届の提出が義務づけられた例もある。万が一、山で遭難してしまった場合、一枚の登山計画書が捜索のための貴重な情報となる。登山の際には、義務の有無を問わず、必ず提出するよう心がけてほしい。

では、具体的に登山計画書に何を記入するのか。まずは、住所、連絡先、緊急連絡先、所属団体などのメンバーリスト。次に行動計画だ。自分がどういうルートを通り、どこに向かい、どこに下りてくるか。登山の全行動のこれらを明記しなくてはならない。

ここで必要になってくるのが地図である。登山計画書の作成でいちばん大切なのはここかもしれない。慣れないうちは、登山用地図を活用するとよいだろう。登山用地図には、コースタイムや山小屋の有無と営業期間、水場などが記載されているので、スケジューリングがしやすくなるだろう。さらに慣れてきて、登山用地図には詳しく載っていないコースを歩く場合などは、国土地理院の地形図からルート、コースタイムを割り出さなくてはいけない。ここまでの知識を生かし、自分なりのコーススケジュールを作成していこう。

登山計画書とは?

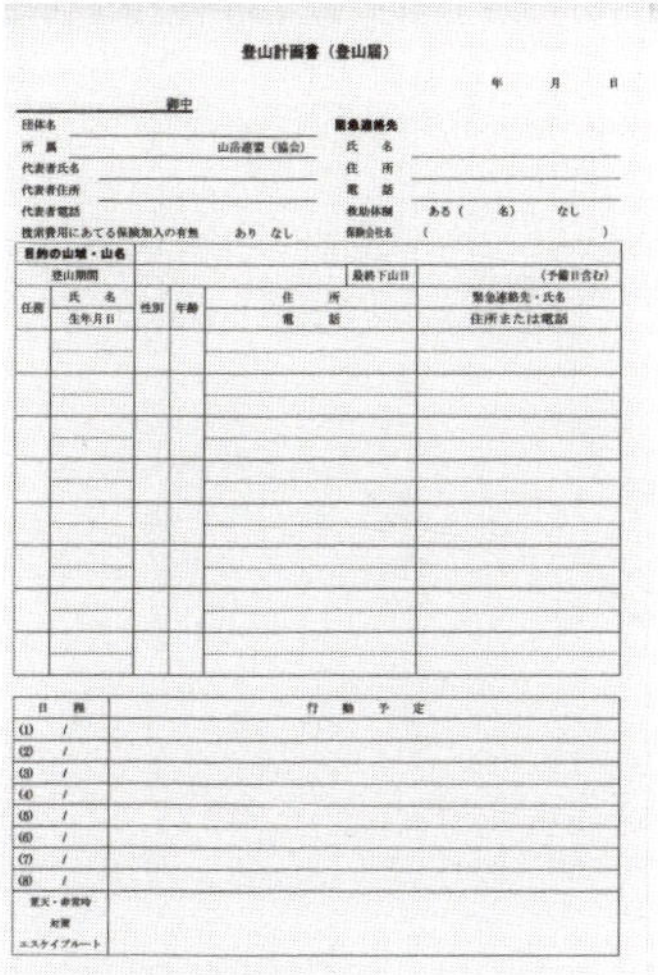

登山計画書（登山届）

年　月　日

御中

団体名
所　属　　山岳連盟（協会）
代表者氏名
代表者住所
代表者電話
捜索費用にあてる保険加入の有無　あり　なし

緊急連絡先
氏　名
住　所
電　話
救助体制　ある（　名）　なし
保険会社名（　）

目的の山域・山名					
登山期間			最終下山日		（予備日含む）
任務	氏　名 生年月日	性別	年齢	住　所 電　話	緊急連絡先・氏名 住所または電話

日　程	行　動　予　定
(1)　/	
(2)　/	
(3)　/	
(4)　/	
(5)　/	
(6)　/	
(7)　/	
(8)　/	
荒天・非常時 対策 エスケイプルート	

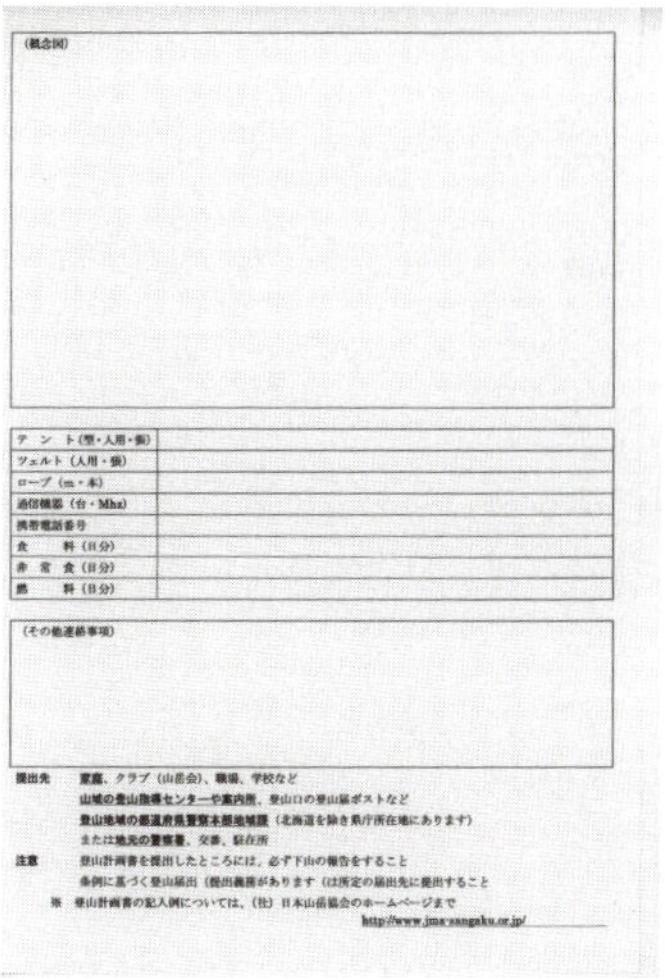

（概念図）

テ　ン　ト（型・人用・張）	
ツェルト（人用・張）	
ロープ（m・本）	
通信機器（台・Mhz）	
携帯電話番号	
食　　料（日分）	
非　常　食（日分）	
燃　　料（日分）	

（その他連絡事項）

提出先　家庭、クラブ（山岳会）、職場、学校など
山域の登山指導センターや案内所、登山口の登山届ポストなど
登山地域の都道府県警察本部地域課（北海道を除き県庁所在地にあります）
または地元の警察署、交番、駐在所
注意　登山計画書を提出したところには、必ず下山の報告をすること
条例に基づく登山届出（提出義務があります（は所定の届出先に提出すること
※　登山計画書の記入例については、(社) 日本山岳協会のホームページまで
http://www.jma-sangaku.or.jp/

登山計画書の例。書類の様式はさまざまだが、記入項目は、団体名、所在地、緊急連絡先、記入者、電子メールアドレス、登山開始日時、下山予定日時（予備日）、山域名、登山口までの交通手段、ルート、保険加入の有無、携帯品などが必須と考えてよい。提出は任意だが、自治体によっては条例により義務化されている。詳細は、各自治体の警察本部生活安全部地域課、あるいは日本山岳協会のHPなどで確認できる

多くの登山口には登山届専用のポストが設置されている。登山計画書、または備え付けの用紙に記入したものを投函する。また、出発前には家族や周囲の人に登山計画書とあわせ、必ず行き先を伝えておくことを忘れずに

行動予定を立てる

次に登山計画書に記入するための行動予定の立て方について説明したい。コースタイム以外に地図を見て予想できるものとしては休憩ポイントがある。自分がどのくらい歩き、どのくらい休憩するかを地図から割り出すのだ。最近では2時間歩いて、少しの休憩というのが、ひとつの目安となっている。以前は1時間歩いて10分休憩という考え方があったが、通常はあまりおすすめできない。せっかく体が慣れてきたところで休憩を挟んでしまうことになるからで、一定のペースで歩きにくくなってしまうのだ。

休憩ポイントで大切なことは、安全な場所であること。周囲が崖や崩れやすい沢、または雪崩の起きやすい場所は避けたい。もっとも安全なのは、山小屋だろう。山小屋は天気の悪いときでも雨風をしのげるし、食事もとれる最高の休憩ポイントである。また堰堤や橋などの大きな目標物も休憩の目安になるだろう。

もうひとつは山頂。ただし、山頂は休憩できる場所なのか、できにくい場所なのかを予想しておく。もし目標の山頂が森林限界を越えていて、吹きさらしの地形であれば、天気の悪い日などは暴風にさらされて低体温の危険に見舞われる場合もある。したがって、ここの山頂でのんびりご飯を食べてよいのか、それともピークハントの目標として写真を撮るだけですませるのかは、地図から読み取ることができる。

地図を見てコースタイムがわかったら、そこから出発時間と終了時間を計画したい。そうすると、現地までの交通手段などのスケジューリングも見えてくる。まずは山での行動予定を立て、そのあとに出発時間を割り出そう。そこから休憩しやすい場所を決めたら、実際に行動予定を表や図に書き出してみよう。

山小屋や橋などの人工物のほか、山頂や分岐点などの自然の目標物も休憩場所の目安に

行動予定の立て方

❶地図から全体のコースタイムを割り出す。

↓

❷登山の開始時間と終了時間を決める。
（自宅の出発時間、現地までの交通手段も）

↓

❸コース内の休憩ポイントを決める。

↓

❹行動予定表に書き出してみる。

登山用地図や地形図から全体のコースタイムを割り出したら、全行程を一日で歩けるのか？　場合によっては宿泊が必要なのか？　まずは無理のない十分な日程を考える。そのうえで、登山の開始時間と終了時間を決め、そこから時間を逆算し、現地までの交通手段や自宅の出発時間を割り出す。いわば自宅出発から帰宅までを含めたおおよそのコースタイムが固まったら、今度は登山コース内の休憩ポイントの選定に移る。目安は2時間に1回の割合での休憩だ。最後にすべてを行動予定表に書き出す

登山用地図にないエリアやバリエーションルートなどを選ぶ場合は、地形図からキルビメーターで測る

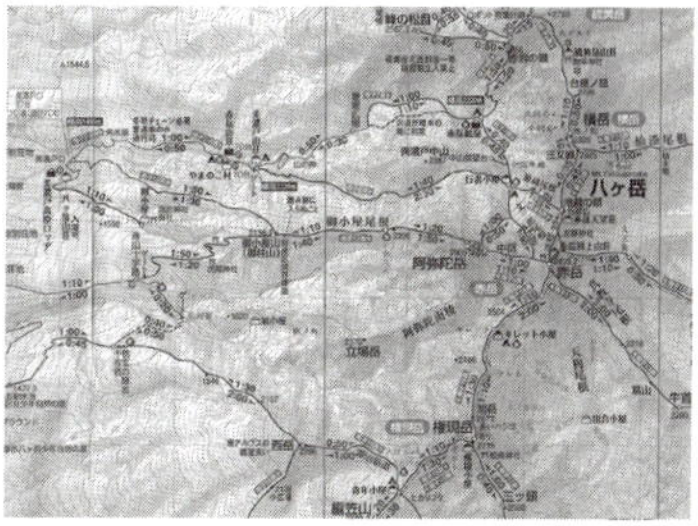

コースタイムがわかる登山用地図が便利。『山と高原地図 槍ヶ岳・穂高岳 上高地 2024』（昭文社）より

実際にコースタイムを計算してみよう

最後に、実際の地図を使ってコースタイムの計算をしてみよう。まず、自分の歩く速度がわからなくてはいけない。これは第4章の「コースタイムを予測する」で解説したように、ひとつの目安として平地で1時間4km歩けるとする。要するにスピードは時速4kmとなる。もうひとつ考えなくてはいけないのが、標高差である。これも1時間で350m登れることを目安にした。よって、時速は0・35kmである。

さらにここでは登山の全コースタイムを計算するため当然、下山時のスピードもあわせて考えなくてはならない。第4章でも紹介したように、下山時の目安では標高差を1時間で400m下れる。すなわち速度は0・4kmだ。ただし、これらはあくまでもひとつの目安であり、場所によってはこれよりも時間がかかるケースもある。たとえば、鎖場や梯子、または道がぬかるんでいたりすると、より時間がかかることもある。不安な場合は、登りも下りも同じ時間の算出法でも問題はない。ここで示した速度は、初心者または歩くのが遅いゆっくりとしたペースでの目安である。今後の登山を経験し、自分のペースを把握できれば、より明確にコーススケジュールを組むことができるだろう。

左ページは八ヶ岳の美濃戸口からの硫黄岳登頂ルートを例に、実際にコースタイムを計算してみたものだ。午前10時に登山口である❶美濃戸口を出発し、途中の❷赤岳山荘、❸堰堤で休憩をとりながら登り、午後3時までに宿泊先である❹赤岳鉱泉に到着。翌朝、目的の❺硫黄岳山頂に向かい、その後下山。下りのコースタイムは登りよりも2時間ほど速い約5時間48分を設定し、午後3時半までに美濃戸口へ戻ってくる計算だ。行動予定を立てる際の参考にしてほしい。

登山計画書の作成は、コースタイムを計算し、行動予定表を書くことから

コースタイムの計算（美濃戸口〜硫黄岳山行の例より）

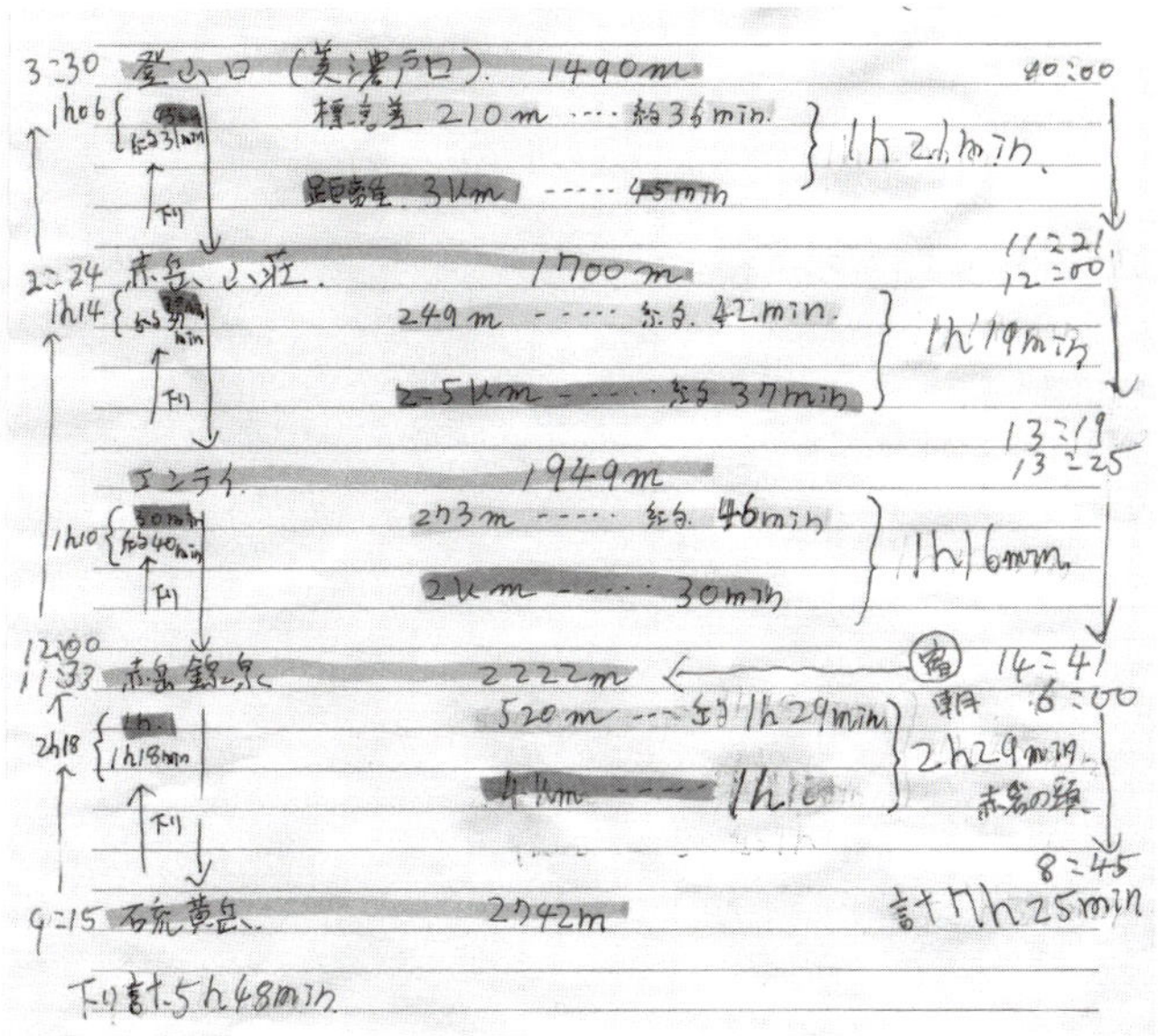

表の右上から下に向かって登りコース。左下から上に向かって下りコース。その日の午後3時までに山小屋に到着できるようコースタイムには十分に余裕をもたせておくのが基本

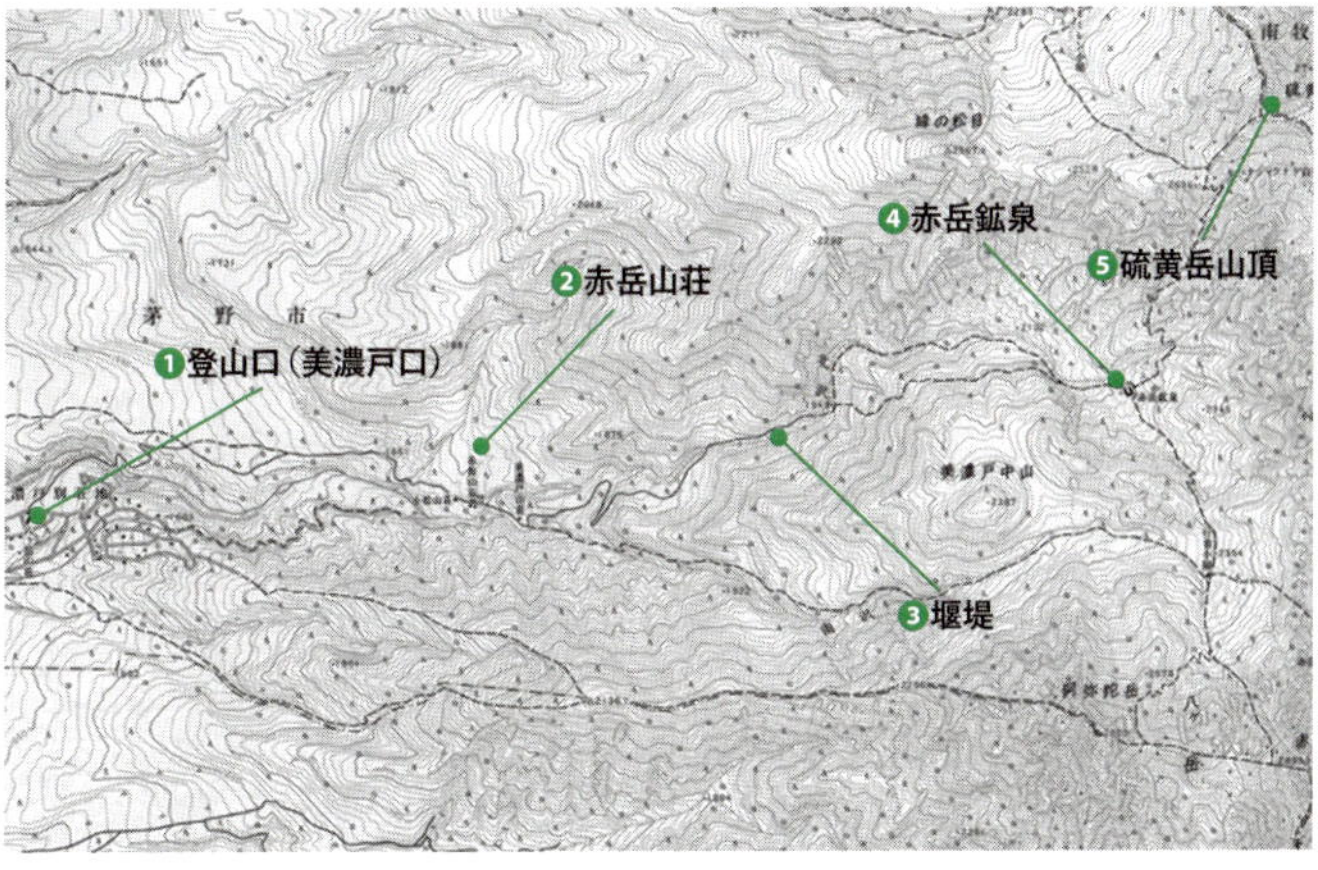

渓流魚に会いに行く

ロードマップと地形図で釣りを組み立てる

登山やクライミング、バックカントリースキー以外の山でのアウトドアアクティビティーで地図を使うことがあるとすれば渓流釣りだろうか。

では、実際にどんな場面で地図を使うのか。少なくとも初めて釣行する川のことはまったくわからない。釣り人は魚を釣ることが目的なので、さまざまな情報を手に入れようとするだろう。人から聞いたり、現在ではインターネットでもさまざまな情報を入手できる。そして、集めた情報からおおまかなポイントを絞り込んだら、今度は地図の出番だ。まずは首都圏別のロードマップなどを使い、目的の川までどういう道のりで行くかを決める。私の場合は車を使うことが多いので、現地までのアクセス、またはそこに駐車場はあるのかなどを調べる。さらに細かい情報を得るためには、2万5千分の1の地形図を使用する。山登りと同じで、行ったことも見たこともない場所を地形図からイメージしていく。たとえば、ここは道路から近いから入渓しやすいとか、ある場所は民家があるので釣りをする時間に配慮が必要など、すべて地形図から判断していく。ほかにも、地図では川の太さは数kmにわたって同じ太さで描かれているが、実際に行ってみると場所によって水量には大きな変化が見られたりする。水量は釣りのしやすさや魚の着き場所（ポイント）にも大きな影

渓流魚に会いに行く旅

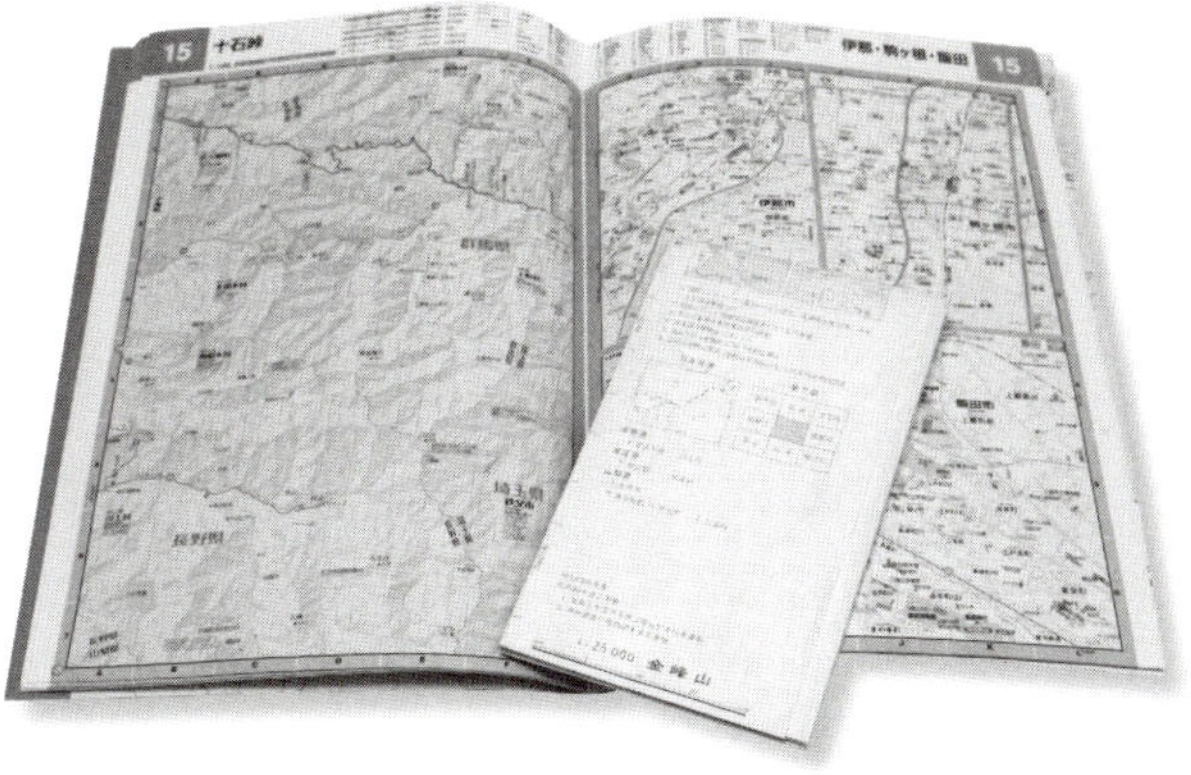

都道府県別のロードマップは、釣り場までのアクセスはもちろん、川の水系や周辺の山域の様子までおおまかにわかるため大変便利な地図。さらに詳細な情報は地形図から読み取れる
『ライトマップル長野県道路地図』（昭文社）

響を与えるため、それを事前に見抜いておきたい。地図では同じ川幅でも、周りにゴルジュ帯などの表記がある場合、そこは水が一ヶ所に集まりやすいので、水量が多いと予想できる。その代わり、岸側が岩などで切り立ち、川幅は狭いと考えられるため、木などに引っかからないように釣りをしなければならない。さらに、このような狭まったエリアは鉄砲水や急激な増水が起こっても逃げられない可能性が高い。どこへ逃げればよいか、どこで引き返すべきかなどは地形図を見て事前に判断しておきたい。川の近くに林道などがあればそこへ逃げ込むこともできるので、林道マークには注意を払っておこう。逆に同じ川の太さでも、周りの等高線がゆるやかな傾斜を示していれば、それだけ広々とした感覚であり、川の落差も少ないということが予想できる。つまり、そこは川の水量も少ない、もしくは川幅が広いなど、さまざまな情報を読み取ることができる。それにより、使用する竿など、釣りの道具立てにもつながる。それらも含め、すべては地形図からイメージできる。

雪がないと行けないルート

八ヶ岳・中岳沢～［速い］［楽］［雪崩危険有］

冬になると積雪により登山道が通行不能になるため、山頂へのルートが閉鎖されることはよくある。

一方で、逆に雪がないと行けないルートというものも存在する。時期や条件によってそのルートを利用することで、普段より効率よく歩けたり、夏場ではアプローチできない場所へ行けたりすることもある。その多くは、夏場はヤブに覆われていたり、ガレ場だったり、行動するにあたって歩きにくい場所。そこに雪が積もることにより、快適に歩くことができるようになるケースのことをさす。

そんな場所の代表として、八ヶ岳から阿弥陀岳に向かうルートに中岳沢というものがある。夏場は尾根伝いに樹林のなかを歩くルートが一般的で、急峻なガレ場が続く谷側はどちらかといえば中・上級者向きのバリエーションルートである。ところが、ひとたび雪が積もるとガレ場が埋まって歩きやすくなるため、この谷状のルートをダイレクトに歩くことによって、登り下りとも、尾根を伝うコースよりもコースタイムが速くなるメリットがある。

ただし、デメリットもある。それは雪山のため、当然、雪崩の危険性が高いこと。とくに中岳沢はいわゆる谷状の地形をしているため、谷自体の両側からだけでなく、周りの尾根からも雪崩が発生するおそれがある。事前に地形図で谷の形状を改めて確認しておくことはもちろん、現場での積雪、天候の状況などを把握して、慎重に利用しなければならないコースである。

積雪期の中岳沢（写真左寄りの谷状の地形部分）。雪に覆われ歩きやすく、コースタイムは短縮できるが、アバランチリスクは高い

剱岳・平蔵谷～［滑落危険低］［雪崩危険有］

また別の意味で、雪が積もっていないと行けないルートがある。それは剱岳のエリアだ。

通常、剱沢小屋から出発し、剱岳をめざす場合には、別山尾根経由で前剱を経て進む。冬も夏も同じルートだが、前剱は急峻な尾根が続く危険なエリアとして知られる。下の地形図をあわせて見ていただきたい。前剱の尾根、とくに西側は等高線の間隔が極端に狭く、所々でガケになっているのがおわかりだろうか。さらに、雪が降ると斜面が硬くなり、夏に増して滑落の危険が高くなる。

そこで積雪期、または残雪期には、別ルートである平蔵谷から登り下りするルートを山小屋も推奨している。この平蔵谷は、夏であれば落石も多く、ガレ場のため、通行は困難だが、積雪があることによって快適に移動しやすくなるコースに変わる。ただし、八ヶ岳同様、雪崩の危険性も認識しておく必要がある。

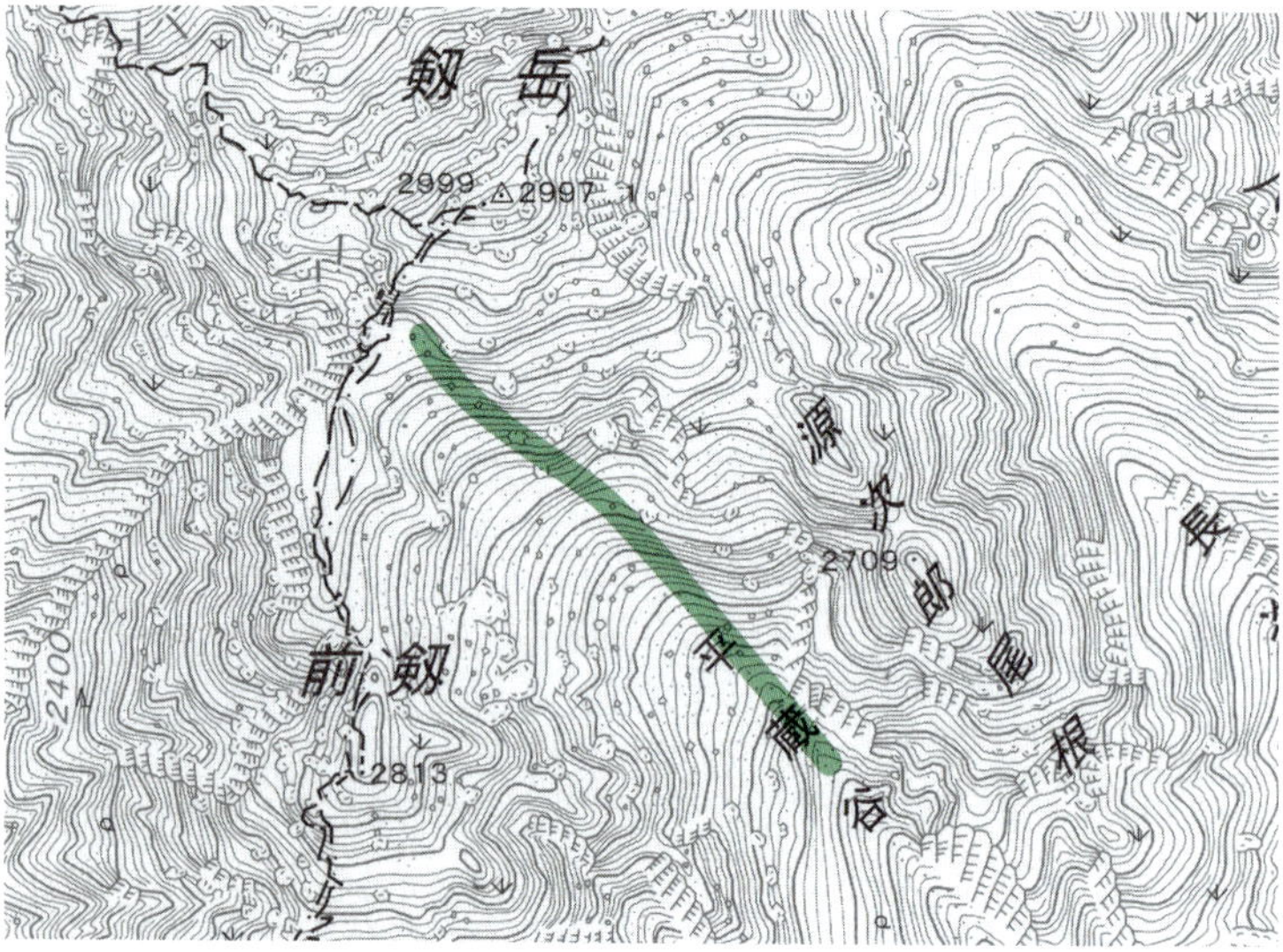

白馬岳・主峰～［期間限定］［雪崩危険有］

さらに、積雪時の特徴的なルートがある。白馬岳の主稜だ。これは非常に限られた期間にしか登ることができない特殊なコースだ。

というのは、時期が早すぎると雪が多すぎて登山口に行くことすらできず、逆に時期が遅すぎると地形の特性上、雪が割れたりして非常に危ないルートとなるからだ。年によっては、ゴールデンウィークのほんの数日しか行けないということもある。

白馬岳のようなルートは非常にまれな形態といえるだろう。そのため、5月の連休は非常に混みやすく、日本を代表する登山ルートのひとつといっても過言ではない。もちろん、限られた期間とはいえ、季節柄、雪崩への備えはきちんとしておきたい。

主峰へ向けての直登はアイスクライミングさながらの雰囲気のなかで行われる

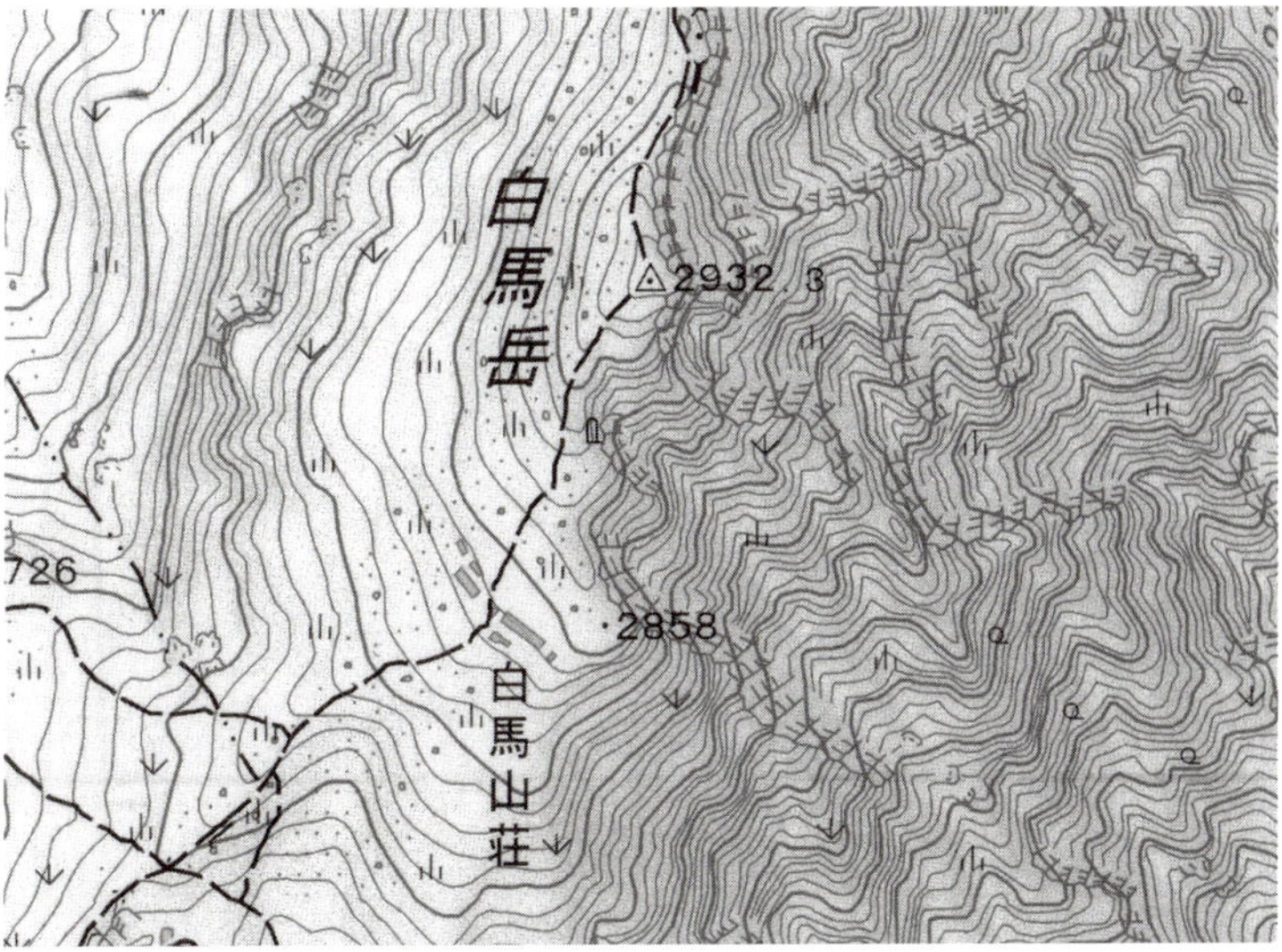

あとがき

私は山岳ガイドという仕事柄、地図の読み方をレクチャーする機会はこれまでたびたびあったが、それらをひとつの本にまとめるのは今回が初めての経験であり、改めて人に伝えることの難しさを痛感した。

過去を振り返ってみると、私は子どもの頃から地図と関わってきた気がする。成長するにつれさまざまな種類の地図を知り、目的に応じて使い分けるようになった。さらに、現場では地図がすぐに傷んでしまうことに気づき、テープでの補強など、地図をいかに使いやすくし、なおかつ耐久性を高めるか試行錯誤もした。これまで山やアウトドアの現場では、地図があって助かったこと、苦い経験、失敗したことは数えきれないほどある。それらの経験をもとにこの本をまとめてみた。

ところで、海外の登山用地図には日本の地図では見られない独特の表記がある。たとえば氷河がそうだ。基本をマスターしていればすぐに慣れるが、やはり最初は混乱した。また、初めてその山域を訪れる際には、登山用の地図だけでなく、道路マップも必要だ。日本国内であればカーナビも使えるが、やはり全体像を捉えるには紙の地図がいちばんだと思う。ましてや海外では現地に到着してから地図でルートを調べるよりも、事前に自宅などで計画することが効率から考えても望ましい。地図を使いこなすというのは、まず自分が求めているのは何かを明確にし、その内容に合った地図を選ぶことから始まると思う。たとえば、私がヨーロッパに行くときは、道路マップ、山岳マップ、トポと最低3種類は持参し、実際それらはフルに活躍している。

近年、登山においてもスマートフォンやGPSといった便利なデジタル機器の普及が進んでいる。にもかかわらず、山での道迷いの報告はあとを絶たない。私はそうした便利なアイテムを否定しないし、むしろ私自身すすんで導入している。しかし、そうしたデジタル機器を使いこなすには、やはり読図の基本は欠かせない。コンパス、高度計、そして地図をきちんと理解したうえで使わなければ大きな落とし穴にハマってしまう。

また、地図を使いこなすことでアウトドアでの楽しみもより倍増すると考えている。現場においてはもちろん、事前の計画段階から夢を膨らませ、それを現実化することも醍醐味のひとつだ。行ったことがない場所について、できるだけ事前に情報を集め、実際に行く計画を立てていく。登山をはじめアウトドアでは、この計画を立てる作業が8割を占めるといっても過言ではない。とくに登山ではきちんと計画が立てられた時点ですでに7割は成功したといえる。

本書では読図の基本から応用について、段階的にできるだけわかりやすく解説を進めたつもりだ。ただし「知る」と「理解する」では意味合いが違う。頭ではわかっていていても、実際の現場で活かすためにはさらなる努力や工夫も必要だ。本書の内容を繰り返し確認し、大事な部分はノートに書き写してもいい。それらをもとにぜひ実際の現場で練習してみてほしい。本書が読図についてさらに理解を深めるための一助になれば幸いに思う。

また、本書では迷ったときの対処方法についても触れているが、いちばん大事なのは、やはり迷わないための準備をすることだ。事前に地図を利用して行動計画をしっかり立てることの重要性を改めてご理解いただきたい。

最後に、この本を作成するにあたり、私の不得意な分野をサポートしてくださった皆さま、商品サンプルを提供してくださったメーカーの皆さま、原稿作業場所を提供してくださった皆さま、写真を提供してくださった皆さま、そして編集制作関係者の皆さまに、この場を借りて厚くお礼申しあげます。

水野隆信

参考文献

『地形図の手引き』(日本地図センター)
『地理情報データハンドブック』(日本地図センター)
『読む・知る・愉しむ 地図のことがわかる事典』(日本実業出版社)
『知って楽しい地図の話』(新日本出版社)
『ヤマケイ アルペンガイド14 北岳・甲斐駒・仙丈』(山と溪谷社)
『フリークライミング 日本100 岩場③ 伊豆・甲信 増補改訂版』(山と溪谷社)
『東京起点 沢登りルート120』(山と溪谷社)
『登山技術全書⑥ アルパインクライミング』(山と溪谷社)
『丹沢の谷110 ルート』(山と溪谷社)
『山スキールートガイド105』(本の泉社)
『高尾山・景信山 陣馬山 登山詳細図』(吉備人出版)
『チャレンジ! アルパインクライミング 南アルプス・八ヶ岳・谷川岳』(東京新聞出版局)
『山と高原地図 槍ヶ岳・穂高岳 上高地 2024』(昭文社)
『ツーリングマップル 2014 年版 関東甲信越』(昭文社)
『ライトマップル長野県道路地図』(昭文社)
『バックカントリー120 ルート』(ユーリード出版)
『東京周辺の沢』(白山書房)
『地図の読み方がわかる本』(地球丸)

この本に使用している下記ページの地図および地図記号の出典

国土地理院発行の20 万分1 地勢図、5 万分1 地形図、2 万5 千分1 地形図、
2 万5 千分1 土地利用図、2 万5 千分1 土地条件図、
2 万5 千分1 沿岸海域地形図及び1 万分1 火山基本図
P11、P13、P15、P21、P22-23、P25、P33、P35、P37、P39、P40-41、P43、P45、P47、P65、P67、P69、P71、P87、P89、P95、P99、P101、P103、P105、P107、P109、P111、P113、P125、P143、P144、P146、P149、P181、P185、P187-189
海上保安庁図誌利用20240304号

※本書は、『読図の基本がわかる本』水野隆信(地球丸) 2015 年2 月刊の単行本初版第一刷を底本として、一部加筆・修正を加えて再編集したものです。おもに、スマートフォンやアプリ、スマートウォッチに関しての内容を更新・追記しています。

水野隆信（みずの・たかのぶ）

1976年、東京都生まれ。幼い頃から山登りとスキーに夢中になり、学校卒業後、山やスキーの専門会社に入社。会社に所属しながら自分の登山と並行し山岳ガイドの修業を始め、2001年に登山ガイド資格を取得。仕事とガイド業を両立させながら、2004年に専業ガイドとして独立。ロッククライミングやバリエーションルートのガイドなどで一年の大半をロープとともに過ごす。日本山岳ガイド協会認定山岳ガイドステージⅡ、スキーガイドステージⅡ。著書に『ヤマケイ登山学校　ロープワーク』『新版　読図の基本がわかる本』（いずれも山と溪谷社）がある

新版
読図の基本がわかる本

2024年10月5日　初版第一刷発行

著　者　　水野隆信
発行人　　川崎深雪
発行所　　株式会社 山と溪谷社
〒101-0051東京都千代田区神田神保町1丁目105番地
https://www.yamakei.co.jp/
印刷・製本　大日本印刷 株式会社

■ 乱丁・落丁、及び内容に関するお問合せ先
山と溪谷社自動応答サービス　TEL.03-6744-1900
受付時間／11:00〜16:00(土日、祝日を除く)
メールもご利用ください。
【乱丁・落丁】service@yamakei.co.jp
【内容】info@yamakei.co.jp
■ 書店・取次様からのご注文先
山と溪谷社受注センター
TEL.048-458-3455　FAX.048-421-0513
■ 書店・取次様からのご注文以外のお問合せ先　eigyo@yamakei.co.jp

※定価はカバーに表示しております。

Printed in Japan　ISBN 978-4-635-53078-1

デザイン　草薙伸行、村田 亘、溝端早輝（PLANET PLAN DESIGN WORKS）
カバーイラストレーション　北村公司
本文イラストレーション　小倉隆典
写真　水野隆信、なかのまさき、小舟企画
校正　五十嵐柳子
協力　ICI 石井スポーツ（新宿東口ビックロ店）、アメアスポーツジャパン、イワタニ・プリムス、ガーミンジャパン、キャラバン、ケンコー社、石神井計器製作所、Teton Bros.、ピクセン、ミザールテック、モチヅキ、八ヶ岳山荘、LOTUS
編集協力　小舟企画
編集　鈴木幸成（山と溪谷社）